中国氢能技术发展研究报告2024

RESEARCH REPORT ON THE DEVELOPMENT OF CHINA'S HYDROGEN TECHNOLOGY 2024

中国产业发展促进会氢能分会◎著

中国经济出版社
CHINA ECONOMIC PUBLISHING HOUSE
·北京·

图书在版编目（CIP）数据

中国氢能技术发展研究报告 2024 / 中国产业发展促进会氢能分会著. -- 北京 : 中国经济出版社，2025. 3. -- ISBN 978-7-5136-8107-0

Ⅰ. F426.2

中国国家版本馆 CIP 数据核字第 2025MW2748 号

策划编辑　姜　静
责任编辑　王西琨
助理编辑　马伊宁　井　铭
责任印制　李　伟
封面设计　明辉堂

出版发行　中国经济出版社
印 刷 者　北京富泰印刷有限责任公司
经 销 者　各地新华书店
开　　本　710mm × 1000mm　1/16
印　　张　13.75
字　　数　208 千字
版　　次　2025 年 3 月第 1 版
印　　次　2025 年 3 月第 1 次
定　　价　78.00 元
广告经营许可证　京西工商广字第 8179 号

中国经济出版社　**网址** http://epc.sinopec.com/epc/　**社址** 北京市东城区安定门外大街 58 号　**邮编** 100011
本版图书如存在印装质量问题，请与本社销售中心联系调换（联系电话：010-57512564）

《中国氢能技术发展研究报告 2024》
编 委 会

序 言

氢能产业具有科技含量高、产业链条长、带动能力强的特点，是新兴产业的重点发展方向。发展氢能在促进我国能源转型、保障能源安全、构建现代化产业体系、形成新质生产力等方面具有重要的战略意义。

氢能作为清洁高效的能源载体和重要的工业原料，已成为推动全球经济绿色转型的关键力量。近年来，我国积极推动氢能全产业链技术攻关及产业示范，在政策体系持续完善、企业加大投入力度、市场供需逐步释放的合力推动下，实现了跨越式的发展。积极有序推进氢能产业高质量发展是我国加快构建清洁低碳安全高效的新型能源体系，稳妥有效推进碳达峰碳中和的重要举措。当前，我国氢能产业正在摆脱传统产业发展路径，迈向绿色化、多元化、高端化和数智化的新发展阶段。在此过程中，准确把握科技创新作为第一生产力的内涵，开展氢能全产业链技术的系统性研究十分重要。

《中国氢能技术发展研究报告 2024》(简称《报告》) 编写团队——中国产业发展促进会氢能分会通过多次赴产业链各环节企业调研，与氢能领域专家、企业家广泛交流沟通，历时 1 年完成《报告》。《报告》以开展我国氢能全产业链技术发展研究为核心，围绕氢能“制储输用”各关键环节，从技术与产业发展现状、不同技术路线对比、核心技术与关键装备水平、国内外技术水平对比等方面进行了全面分析。

阅读《报告》可以系统性地了解我国氢能技术发展现状和未来趋势，为社会各界在氢能产业相关政策制定、学术研究、产品研发、企业经营、金融投资等方面提供科学参考。

《报告》指出，随着我国风电、光伏等新能源发电进入高占比阶段，绿氢正在成为破解可再生能源消纳难题和实现用能终端深度脱碳的关键路径，由此推动基于可再生电力的水电解制氢技术及绿氢应用技术成为氢能产业发展的主要方向。在氢制取环节，我国在化石能源制氢和工业副产氢提纯技术方面达到国际先进水平，在电解水制氢技术方面也取得了积极进展。ALK 电解槽能耗等方面达到国际先进水平，单槽产氢量国际领先，核心材料基本实现国产化。PEM 电解槽单槽产氢量快速接近国际领先水平，膜电极制备、电堆集成等技术与国外先进水平基本相当，质子交换膜、催化剂等核心材料国产化替代进程加快。SOEC 电解槽系统已达百千瓦水平，从材料到系统设计的技术体系已基本成形，电解质、阴极材料和阳极材料等核心材料研发均已实现突破，目前正处于单槽规模放大阶段。AEM 电解槽已完成 500 kW 单槽和兆瓦级集成样机开发。

在氢储运环节，气、液、固三相协同发展，大规模储氢与长距离输氢技术是当前的重点研究方向。基于压力容器的气态储运技术成熟度高，是当前我国氢储运的主要形式，相关装备基本实现全产业链技术自主可控，站用储氢容器、Ⅲ型储氢气瓶等产品已具备较强国际竞争力。地下储氢技术研究进入工程验证阶段。天然气管道掺氢技术完成多项关键技术验证，掺氢输送和随动掺氢技术基本成熟，千公里级纯氢长输管道建设稳步推进，大排量压缩机具备量产能力。低温液氢技术快速进步，真空冷箱、透平膨胀机、正仲氢转化器等核心装备具备国产化能力，大型氢液化装备已迈上 10 t/d 等级。乙基咔唑、苄基甲苯等有机液体储氢技术已进入试点示范阶段。稀土系、钛系、镁系等金属固态储氢技术处于国际领先水平，已形成从材料研发到装备制造的完整产业链。

在氢应用环节，我国氢能应用技术呈现从单一交通领域向能源、冶金等领域加速拓展态势，传统化工领域用氢逐步从灰氢向绿氢过渡。在交通领域，质子交换膜燃料电池（PEMFC）技术已具备较高成熟度，电堆功率等性能接近国际先进水平；氢内燃机热效率达到 45%，多家企业完成样机开发；氢加注技术日益成熟，压缩机、加氢机等关键装备国产化率持续提高，加氢枪等核心零部件完成国产化开发。在能源领域，我国已经初步掌握了固体氧化物燃料电池（SOFC）技术从原材料制备、单电池批量生产制备、电堆组装到系统设计开发的全流程技术；煤电锅炉掺氨技术达到国际先进水平；国产中型纯氢燃气轮机实现关键突破，重型燃气轮机机组完成 30% 掺氢改造与验证。在化工领域，适应宽波动性的绿氢柔性合成氨技术已处于工程化阶段；二氧化碳（CO_2）耦合绿氢制绿色甲醇技术进入中试阶段；绿氢合成航空燃料技术已从实验室阶段迈向工程化阶段。在冶金领域，富氢高炉氢冶金技术已取得阶段性成果，氢基竖炉氢冶金技术整体仍处于起步阶段。

当前，我国在氢能领域已取得了显著成就，但也面临着原始技术创新能力不强、基础科学和共性技术研究基础薄弱、新兴领域应用技术成本较高、产业规模整体偏小等诸多挑战。百舸争流，奋楫者先；千帆竞发，勇进者胜。

面对新一轮科技革命和产业变革的机遇与挑战，我们应充分发挥新型举国体制优势，瞄准氢能领域科技前沿和“卡脖子”技术，加强基础研究与应用研究融通创新，推动多学科交叉融合发展，强化引领性原创技术供给能力，为全面建设创新型国家和世界科技强国，实现经济社会绿色可持续发展提供“氢动力”。

中国科学院院士、中国石油大学教授　徐春明

2025 年 1 月

前 言

当今世界正处于新一轮科技革命和产业变革的重要时期，化石能源枯竭、全球气候变化等问题成为人类文明进步的重要挑战，可持续发展已成为时代的主题。作为人类生存与发展的重要基础，能源产业向绿色低碳转型已成必然之势。全球各国立足自身经济社会发展阶段，结合资源禀赋和产业结构特点，积极发展绿色能源技术，加快构建清洁低碳、安全高效的新型能源体系。氢能作为清洁高效的能量载体，在全球能源变革浪潮中的重要性日益凸显，已成为能源转型的重要发展方向。中国是世界上最大的能源生产国和消费国，大力发展氢能已成为中国提高可再生能源利用水平、保障能源安全、推动能源低碳转型、满足能源增长需求、实现经济社会可持续发展的重要路径之一。

科技创新是引领氢能产业发展的第一动力，在能源安全新战略和碳达峰碳中和目标的指引下，顺应全球技术发展大势，瞄准氢能关键领域，聚焦产业发展需求，开展我国氢能全产业链技术研究，系统梳理氢能全产业链技术发展现状，详细分析产业链各关键环节不同技术路线特点，客观评估我国氢能产业各领域技术发展水平，对明确我国氢能产业技术发展方向、确立关键技术发展目标、加速氢能产业发展尤为重要。

2023 年以来，全球氢能产业发展保持强劲势头，各国政府纷纷从顶层设计角度出发，加速发展氢能产业，推动氢能技术加快成熟。据中国产业发展促进会氢能分会不完全统计，截至 2024 年 9 月，全球已有 52 个国家和地区发布了明确的氢能发展路线图、战略或规划，这些国家和地区占世界经济总量的比例超过 80%。欧盟大力资助氢能技术研发和示范应用，利用氢能银行机制开展可再生氢等项目试点拍卖，促进先进制氢技术规模化应用。同时，通过碳边境税征收等政策提升市场低碳氢需求，促进能源、冶金、化工、交通等领域氢能应用技术发展。日本、韩国等能源对外依赖度较高的国家将氢能视为保障能源安全的重要手段，并依托技术积累，持续加强氢能储运装备和燃料电池等产品研发，积极推动本国氢能技术应用，并以构建氢能国际贸易链为目标，大力发展氢能远洋运输技术。中国和美国可再生资源丰富，且具备较为完整的工业体系，已培育了一批拥有核心技术的氢能产业龙头企业，依托本国巨大的市场潜力，采取构建本国氢能产业生态与推动产业和产品对外出口并重的氢能发展战略，全面推动氢能各领域技术创新与产品迭代。澳大利亚、俄罗斯、沙特等传统能源出口国则以能源出口转型为目标，加快开展国际合作，大力发展低碳氢（包括可再生能源水电解制氢和配备碳捕获、利用与封存技术即 CCUS 技术的化石能源制氢）制备技术及管道输氢与氢基能源转换技术，旨在成为未来全球主要的氢能供应基地。

在氢制取环节，全球水电解制氢技术加速成熟，呈现多元化和大型化发展趋势。电解槽产品快速迭代，众多新技术、新材料、新工艺加速走出实验室。装备性能提升与成本持续降低推动可再生能源水电解制氢成为全球氢能产业发展的主旋律。2023 年以来，产业链技术的不断成熟、用氢需求的持续增加与经济性的日益改善，推动全球低碳氢项目投资热情高涨，项目建设不断提速。从技术路线方面分析，在 ALK 技术方面，得益于技术成熟度和经济性等方面优势，ALK 技术仍是当前水电解制氢的主流技术路线，占 2023 年水电解制氢项目新增装机的 60% 以上。中国和欧盟是全球 ALK 技术的领导者，但所采用的技术路线不尽相同。在质子交换膜水电解制氢（PEM）技术方面，美国、加拿大、德国处于领先地位。中国在 PEM 电解槽设计制造方面已经接近国际先进水平，但在质子交换膜、气体扩散层等关键材料方面，国产产品相较国际领先水平仍有一定差距。在固体氧化物水电解制氢（SOEC）技术方面，近年来 SOEC 技术以其能量转化效率高，无须使用贵金属催化剂等优势发展迅速。美国和欧洲凭借其在固体氧化物燃料电池（SOFC）技术方面的优势在 SOEC 技术研究与应用方面保持领先。中国 SOEC 技术研发起步较晚，虽然部分性能指标已接近世界先进水平，但整体来看对比国外先进水平仍然存在一定差距。在阴离子交换膜水电解制氢（AEM）技术方面，AEM 技术整体仍处于工程化初期阶段，2024 年以来呈现加速发展态势。德国是全球 AEM 技术的领导者之一。中国在电堆集成和系统能耗等方面与国际先进水平保持同步，但在产品寿命和可靠性等方面仍待验证。

在氢储运环节，伴随氢能应用场景的不断拓展，氢储运技术呈现多元化发展态势，已形成了高压气态储氢、地下储氢、管道输氢、低温液态储氢、有机液体储氢、液氨储氢、配位氢化物储氢、吸附储氢等十余种技术路线。总体来看，高压气态储氢仍是当前技术成熟度最高、应用最为广泛的储氢技术。在管道输氢方面，美国是全球纯氢输氢管道技术研究与应用的领跑者。美国在墨西哥湾沿岸建成了全球最大的氢气供应管网，里程长达 965 km，输氢量达到了 150 万 Nm^3/h。在天然气管道掺氢方面，欧盟、美国、日本和加拿大是先行者，目前全球已开展了 50 余个示范项目，天然气掺氢比例为 5%~30%，多数国家目前的最高掺氢比例为 20%。在液氢储氢方面，美国、欧盟和日本处于领先地位，其中美国氢液化能力超 200 TPD，约占全球氢液化产能的 40% 以上，单套装置最大产能达到 34 TPD。在液氢储运装备方面，美国同样保持技术领先，Gardner Cryogenics 与 Chart 公司已在全球建成超过 800 个液氢储罐。在有机液体储氢方面，根据载体不同分为苯 / 环己烷路线（简称苯路线）、甲苯 / 甲基环己烷路线（简称甲苯路线）、萘 / 十氢萘路线（简称萘路线）、乙基咔唑/十二氢乙基咔唑路线（简称咔唑路线）和二苄基甲苯/十八氢二苄基甲苯路线（简称苄基甲苯路线）等技术路线，目前以苄基甲苯路线、甲苯路线以及咔唑路线为主。日本开展甲苯路线有机液态储氢技术研究和应用较早，德国苄基甲苯路线处于全球领先地位，中国企业在苄基甲苯路线和咔唑路线均有布局，相关技术研究和应用达到国际先进水平。在固态储氢方面，中国、美国、日本对固态储供氢材料与应用技术开展了大量研究，保持技术领先地位。其中基于化学吸附的 AB 型、AB2 型、AB3 型、AB5 型以及 V 基固溶体、Mg 基储氢合金等技术相对成熟，基于物理吸附的碳纳米管、金属有机框架物、共价有机框架材料等储氢载体仍处于研究阶段。

在氢应用环节，全球氢能应用仍以合成氨、合成甲醇、石油炼化等传统工业领域应用为主。近年来，交通、能源、冶金等新兴领域氢能应用技术不断进步，应用规模稳步提升。交通领域作为氢能技术应用的先导领域，氢能乘用车和商用车产品快速迭代，全球已形成了相对完整的产品矩阵，氢能汽车的应用规模也在持续扩大，但相较 2023 年，2024 年氢能交通领域，尤其是燃料电池汽车推广增速有所放缓。质子交换膜燃料电池（PEMFC）作为氢能交通领域应用的核心装备，已成为全球氢能技术研究的重点领域。从系统集成方面来看，中国多家企业均已完成 300 kW 级 PEMFC 系统开发，达到国际领先水平。在质子交换膜、催化剂等核心材料方面，日本、美国和欧洲仍然在全球范围内保持技术领先。与燃料电池汽车技术推广增速放缓不同，2023 年以来随着氢及氢基衍生物动力技术持续成熟，氢及氢基衍生物在航运领域的应用需求快速增长。其中，甲醇燃料船舶多为集装箱船，氨燃料船舶以散装货船和油轮等液货船为主，氢燃料船舶则多为拖船、游轮、渡轮等小型船舶。航空领域氢能应用技术近期以可持续航空燃料（SAF）掺混应用为主，截至 2024 年 9 月，美国材料实验协会（American Society of

Testing Materials，ASTM）已许可了包括油脂加氢（HEFA）、费托合成（FT）等在内的 11 种 SAF 工艺路线并规定了对应掺混比例。在能源领域，氢能的主要应用技术包括燃料电池热电联供、氢燃气轮机和氨煤电机组。目前燃料电池热电联供技术以 PEMFC 和 SOFC 为主，中国 PEMFC 技术处于国际先进水平，氢电转化效率已达 68%；美国、日本、欧洲等在 SOFC 技术研发与应用方面处于领先地位，SOFC 发电效率可达 60% 以上，热电联产综合效率可达 90% 以上。在氢燃气轮机方面，美国、日本和欧洲凭借其在燃气轮机领域的技术优势，在氢燃气轮机研发制造方面保持领先。在煤电机组掺氨方面，中国和日本技术发展较快。在化工领域，以清洁替代应用为主。随着绿氢及其衍生物需求的日益增长，中国、欧盟、日本、美国等均制定覆盖全生命周期的绿色认证标准，但 CO_2 阈值各有不同。在冶金领域，目前氢冶金技术包括富氢高炉冶金、氢基直接还原冶金、富氢熔融还原冶金三大技术路线，其中氢基直接还原冶金又分为氢基竖炉直接还原冶金和基于流化床的氢基直接还原冶金。高炉富氢冶金和氢基竖炉直接还原冶金是当前的重点研究方向。墨西哥、美国和瑞典等国的氢基竖炉直接还原技术相对成熟，并已建立了较为全面的标准体系，主流的氢基竖炉直接还原工艺主要有 MIDREX、HYL、PERED 三种。

总体来看，交通运输作为当前阶段氢应用技术成熟度和商业化程度最高的领域，其用氢需求预计将在 2025—2035 年率先进入爆发式增长阶段；同时，电力及储能领域氢应用技术也正在快速成熟，预计于 2030 年以后进入大规模商业化应用，并保持 10 年以上的快速增长期；冶金领域氢能替代潜力巨大，虽然改造周期较长，但仍将是未来全球氢气需求增长的主要动力之一；相对于交通运输、电力储能以及冶金领域等新兴领域用氢需求，化工领域氢应用技术相对成熟，更加偏重于用绿氢替代现有灰氢进行化学品的生产加工。

《报告》着眼于我国氢能全产业链技术发展现状与趋势，围绕氢能“制储输用”各关键环节，从技术与产业发展现状、不同技术路线对比分析、核心技术与关键装备水平、国内外技术水平对比等方面进行了全面梳理分析，同时立足全球氢能前沿技术研究方向与我国氢能产业发展需要，对氢能全产业链各关键环节技术发展方向提出了科学建议。

为充分翔实地完成中国氢能技术发展研究工作，中国产业发展促进会氢能分会联合 30 余家氢能产业龙头企业与知名院校，组建了涵盖产业链各环节的研究团队。历经近 1 年时间，团队多组人员分别赴北京、上海、海南、浙江、四川、福建、山东、内蒙古、吉林、辽宁、黑龙江、新疆等地开展实地调研，并与数十位氢能领域专家、学者和企业家进行了广泛的沟通交流，组织各类研讨会 30 余场，最终形成《报告》。氢能产业具有产业链条长、覆盖领域广、技术路线多的特点，因此受研究过程中收集的基础资料和编写人员水平所限，《报告》难免有疏漏之处，敬请批评指正。

中国产业发展促进会氢能分会

2025 年 1 月

目　录

表目录

图目录

第1章 中国氢能产业技术发展现状

氢能作为一种来源丰富、应用广泛的清洁能源，通过可再生能源发电与水电解制氢和氢储能等技术耦合，可以有效地促进风电、光伏等波动性可再生能源消纳，实现清洁能源的大规模跨季节储存和跨地域调配；同时，氢能兼具能源与材料双重属性，通过氢电耦合模式可与交通、能源、工业等领域连接，实现可再生能源的高效利用，促进用能终端深度脱碳，对经济社会可持续发展具有重要意义。

中国作为世界第二大经济体，随着经济持续快速发展，对于能源的需求也在不断增长，为我国践行新发展理念、推动经济社会全面绿色转型、建设美丽中国带来了一系列新机遇、新挑战。发展氢能已成为我国应对气候挑战、保障能源安全、推进绿色低碳转型、破解发展制约的重要途径之一。2024 年《政府工作报告》中首次将氢能列为前沿新兴产业，提出“加快前沿新兴氢能、新材料、创新药等产业发展”。2024 年 11 月 8 日，《中华人民共和国能源法》经十四届全国人大常委会第十二次会议正式表决通过，氢能从法律层面被纳入能源管理体系，进一步明确了氢能在我国能源体系中的重要地位，为我国氢能产业健康可持续发展发展奠定了重要基础。

氢能产业具有技术密集度高、产业链条长、覆盖领域广和带动作用强的特征。中国作为唯一拥有全部工业门类的国家，氢能产业发展基础扎实、优势明显，积极发展氢能产业已成为我国发展新质生产力、培育新产业、创新新模式、形成新动能、塑造新优势的重要举措。在政策的积极引导与大力支持下，我国氢能产业发展已从推动关键环节技术攻关和交通领域先导示范向开展全产业链技术突破和多领域规模化应用全面转变，产业链各环节技术研究也从整机制造向核心材料研发与基础研究逐步深入。总体来看，我国氢能产业链技术整体已进入工程化向商业化过渡的关键阶段，产业链各环节关键工艺与技术已基本完成突破或处于突破前夕。核心装备及材料在性能方面与国际先进水平的差距正在快速缩小，部分领域已达到国际先进水平。

具体来看，在氢制取环节，基于可再生电力的水电解制氢技术是氢制取产业发展的主要方向，逐步从并网型向离网型过渡。碱性水电解制氢（ALK）、质子交换膜水电解制氢（PEM）、固体氧化物水电解制氢（SOEC）、阴离子交换膜水电解制氢（AEM）多种技术路线均取得了积极进展。ALK 电解槽能耗等方面达到国际先进水平，单槽产氢量达到国际领先水平，国内企业在带压圆槽和常压方槽两条技术路线均有布局，核心材料基本实现国产化替代。PEM 电解槽单槽产氢量快速接近国际领先水平，膜电极制备、电堆集成等技术与国外先进水平基本相当，质子交换膜、催化剂等核心材料正在进入国产化替代阶段，碳纸材料实现技术突破，正在向工程化阶段迈进。SOEC 电解槽系统已达百千瓦水平，从材料到系统设计的技术体系已基本成形，YSZ（氧化钇稳定的氧化锆）电解质及 Ni-YSZ 阴极和 LSM（镧锶锰）、LSCF（镧锶钴铁）阳极材料等 SOEC 核心材料均已实现突破，目前正处于单槽产氢量放大阶段。AEM 电解槽已完成 500 kW 单槽和兆瓦级集成样机开发。同时，海水直接制氢等多种新型制氢技术路线不断成熟。

在氢储运环节，气、液、固三相协同发展，大规模储氢与长距离输氢技术是当前的重点研究方向。基于压力容器的气态储运技术成熟度高，是当前我国氢储运的主要形式。万标方级中压球罐、90 MPa 站用储氢容器、35 MPa Ⅲ储氢瓶等装备基本实现全产业链技术自主可控，产品已具备较强国际竞争力，30 MPa 长管拖车、70 MPa Ⅳ 型储氢气瓶已完成技术开发和工程化验证，进入小规模示范应用阶段。地下储氢技术研究进入工程验证阶段。天然气管道掺氢技术完成多项关键技术验证，掺氢输送和随动掺氢技术基本成熟，千公里级纯氢长输管道建设稳步推进，大排量压缩机具备量产能力。低温液氢技术快速进步，真空冷箱、透平膨胀机、正仲氢转化器等核心装备具备国产化能力，大型氢液化装备已迈上 10 t/d 等级。乙基咔唑、苄基甲苯等有机液体储氢技术已进入试点示范阶段。稀土系、钛系、镁系等金属固态储氢技术处于国际领先水平，已形成从材料研发到装备制造的完整产业链。

在氢应用环节，我国氢能应用技术呈现从单一交通领域向能源、冶金等领域加速拓展态势，传统化工领域用氢需求逐步从灰氢向绿氢过渡。在交通领域，据不完全统计，截至2024年9月，我国燃料电池汽车累计销量已达22228辆，质子交换膜燃料电池（PEMFC）技术较为成熟，电堆集成工艺与电堆功率等方面接近国际先进水平，质子交换膜等核心材料已完成国产化研发，除碳纸外均具备批量供货能力；氢内燃机已完成样机开发，热效率突破45%；氢加注与加氢站EPC集成建设技术/能力日益成熟，我国加氢站建成数量稳居全球首位，1000 kg及以上规模的大型加氢站建设数量稳步提升，站用储氢容器、站用压缩机、卸气柱、加氢机等关键装备国产产品市占率持续提高，加氢枪等核心零部件完成国产化开发。在能源领域，基于水电解制氢技术与燃料电池技术的电—氢—电最高转换效率已接近50%；SOFC系统达到百千瓦水平；已完成300 MW煤电机组35%比例掺氨燃烧验证，煤电锅炉掺氨技术达到国际先进水平；国产中型纯氢燃气轮机实现关键突破，重型燃气轮机机组完成30%掺氢改造与验证；基于PEMFC与SOFC技术的分布式供能技术及掺氢/氨燃烧发电技术将成为构建新型能源体系的重要支撑。在化工领域，适应宽波动性的绿氢柔性合成氨技术已处于工程化阶段；CO_2耦合绿氢制绿色甲醇技术进入中试阶段；绿氢合成航空燃料技术已从实验室阶段迈向工程化阶段，传统化工领域中的绿氢替代呈上升趋势。在冶金领域，富氢高炉冶金是近中期我国钢铁行业减碳的主要路径；氢基竖炉冶金工艺处于起步阶段，以引进吸收国外技术为主。

总体来看，氢能在交通、能源、化工、冶金等领域应用技术将在2030年前后步入成熟期，各领域绿氢需求总量有望达到500万t左右。2030—2040年将是我国氢能技术应用的快速推广期，预计我国各领域绿氢需求将快速提升至2800万t左右，交通、化工和能源领域将是这一时期主要应用方向（见图1-1）。2040—2050年，我国绿氢需求将保持持续增长，预计将达到6700万t左右。预计到2050年，氢能在我国能源体系中的占比约为9%，成为我国能源体系的重要组成部分。

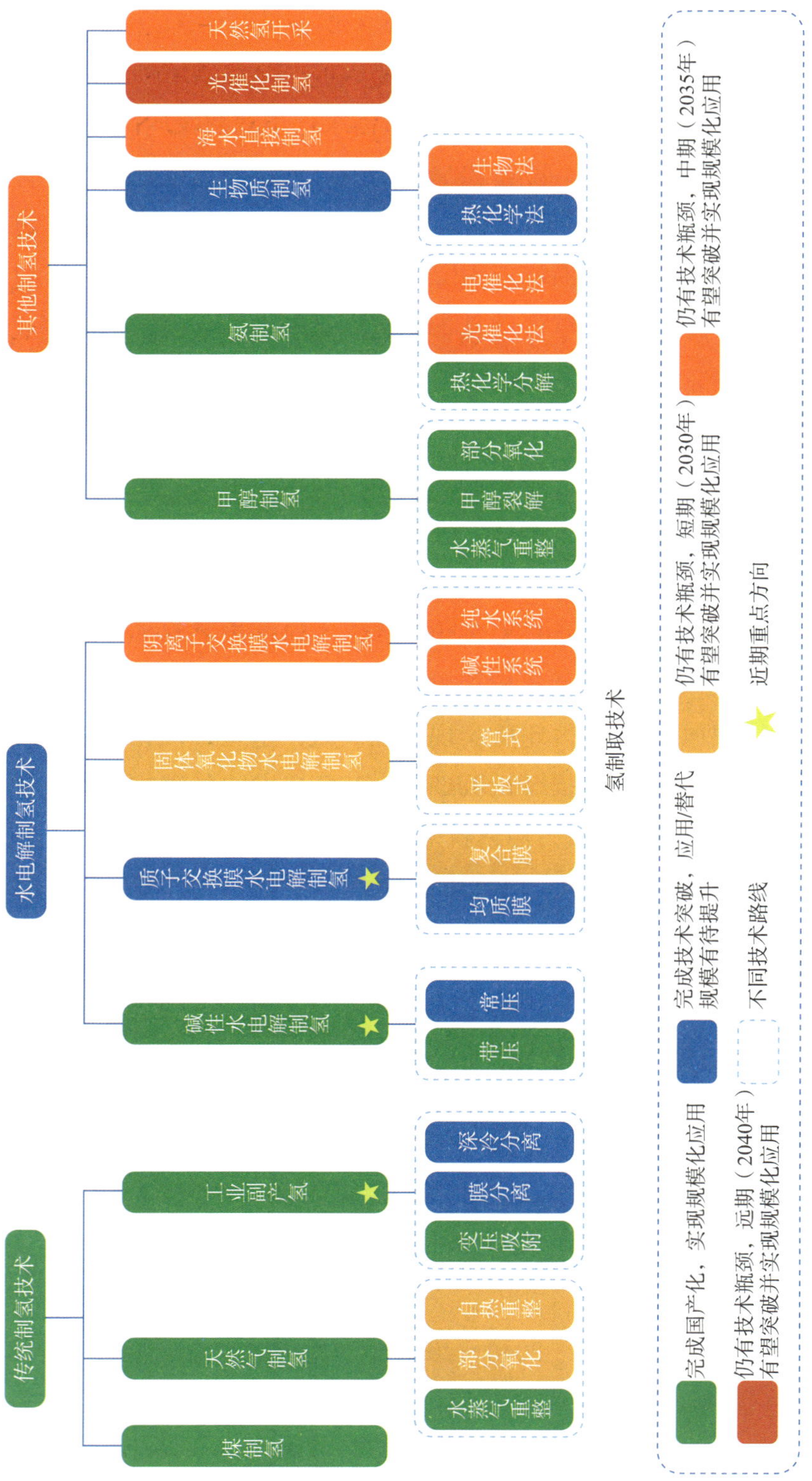

图 1-1 氢能产业链技术全景图

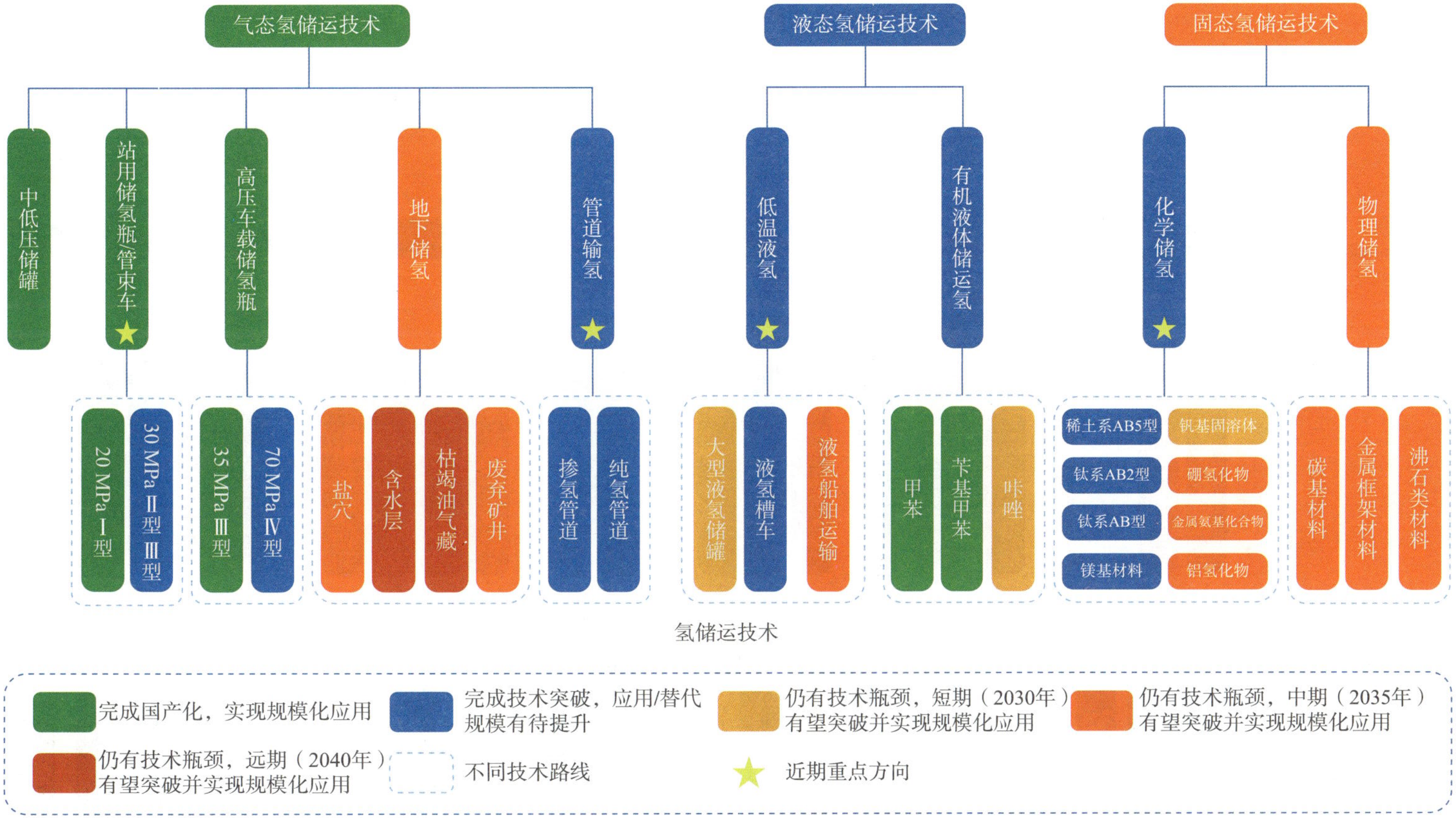

图 1–1　氢能产业链技术全景图（续）

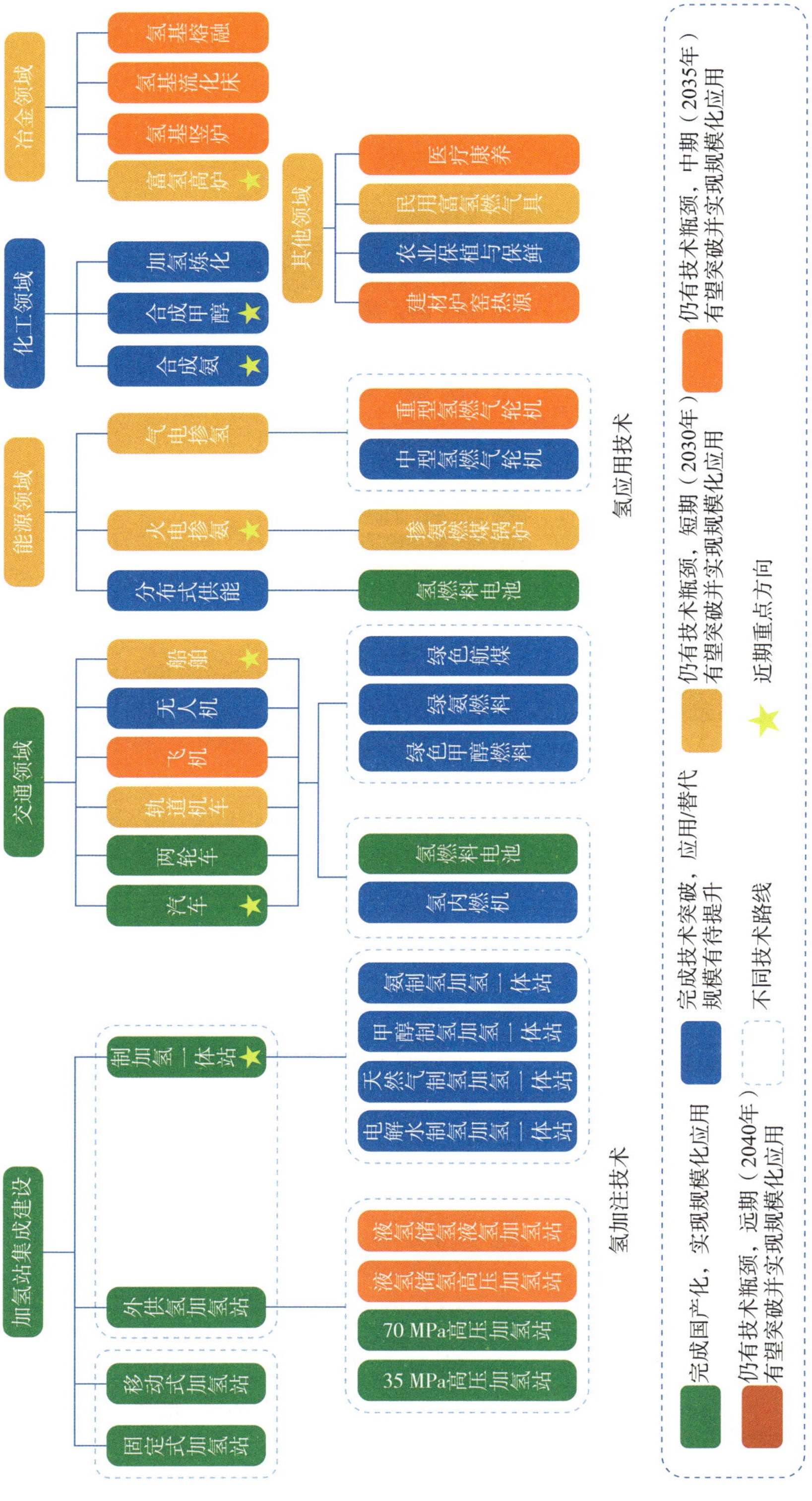

图 1-1 氢能产业链技术全景图（续）

资料来源：中国产业发展促进会氢能分会整理制图

第2章 氢制取产业技术发展现状

2.1 传统制氢技术发展现状

目前，以煤炭、天然气为代表的化石能源制氢和以焦炉煤气、氯碱尾气、丙烷脱氢等为代表的工业副产氢提纯仍是我国氢气制取的主要途径。据中国产业发展促进会氢能分会数据库统计，截至 2023 年 12 月，我国氢气产能约 4960 万 t/a，包括煤制氢、天然气制氢和工业副产氢在内的传统制氢方式仍是我国主要的制氢工艺，占我国氢气总产能的 97.3%。值得注意的是，虽然我国工业副产氢产能巨大，达到 1495 万 t/a，但中国产业发展促进会氢能分会调研发现，其中约 80% 已通过联产甲醇、氨或进行工艺调节等方式综合利用，剩余可用于外供氢气产能仅 286 万 t/a 左右。

2.1.1 煤制氢技术

2.1.1.1 煤制氢技术发展概况

煤制氢综合成本低，是现阶段我国技术成熟度最高、应用规模最大的制氢技术，已完全实现国产化。煤制氢工艺包括煤气化、变换、变压吸附（PSA）等主要流程（见图 2–1），具有原料成本低、装置规模大、技术成熟度高等优点，但其也存在装置占地面积大、配套设施多、单位装置投资高、工艺流程较长、操作相对复杂等不足。此外，煤制氢碳排放量高、气体分离成本也相对较高。从元素利用角度来看，煤炭中的主要元素碳仅用于提供制氢热量，最后以温室气体二氧化碳的形式排入大气，并没有得到充分利用。

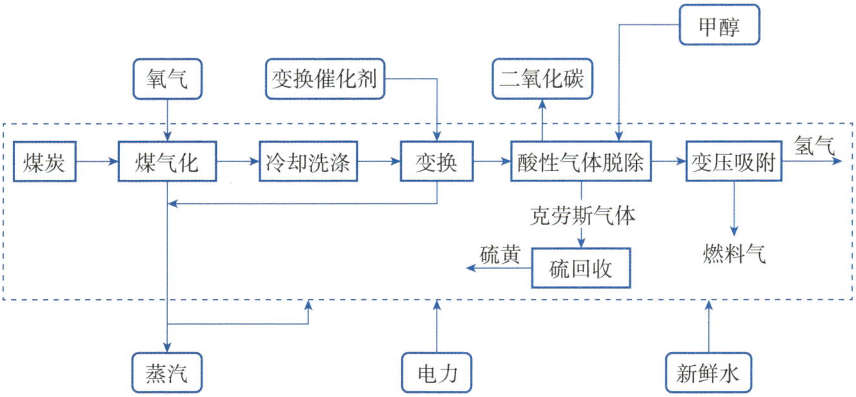

图 2–1 典型煤制氢工艺流程

资料来源：程婉静，李俊杰，刘欢，等．两种技术路线的煤制氢产业链生命周期成本分析［J］．煤炭经济研究，2020，40（3）：82–84.

2.1.1.2 核心技术与关键装备

（1）煤气化

煤制氢技术是通过煤气化工艺，先将固体的煤转变成气态产品，然后经过催化转化转换制取氢气（见图 2–2）。气化过程是以煤或煤焦为原料，以氧气（空气、富氧或工业纯氧）、水蒸气为气化剂，在高温高压下通过化学反应将煤或煤焦中的可燃部分转化为可燃性气体的工艺过程。气化炉（煤气发生炉）是气化的主要场所，也是煤制氢系统的核心设备之一。

（2）一氧化碳变换

一氧化碳变换的作用是将煤气化产生的合成气中的一氧化碳变换成氢气和二氧化碳，并通过调节气体成分，满足后续加工要求。一氧化碳变换技术的发展源于变换催化剂的进步，变换催化剂的性能决定了变换流程及其先进性。铁 – 铬（Fe–Cr）系催化剂适用于中高温变换工艺，其操作温度较高，原料气在经变换后，一氧化碳的平衡浓度相对较高，但 Fe–Cr 系催化剂抗硫能力差，因此适用于总硫含量单位浓度低于 80×10^{-6} 的气体。

铜 – 锌（Cu–Zn）系催化剂适用于低温变换工艺，通常串联在中高温

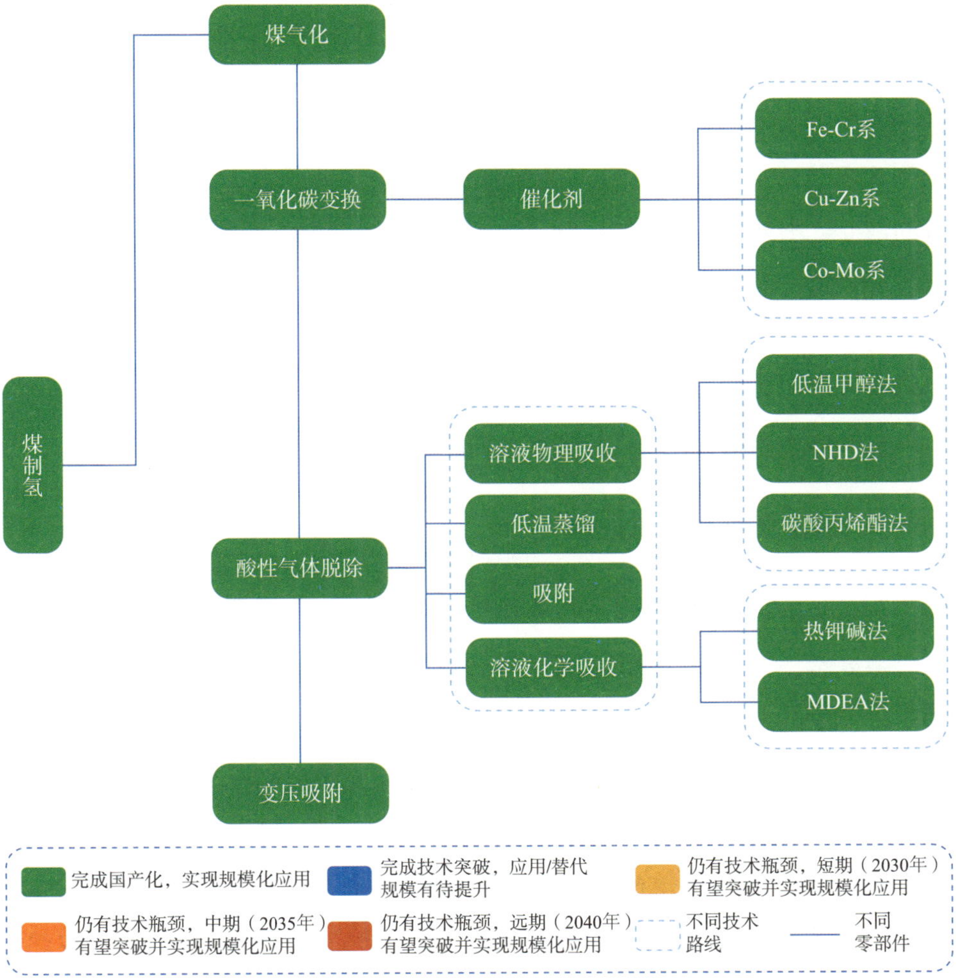

图 2-2　煤制氢技术图谱

资料来源：中国产业发展促进会氢能分会整理

变换工艺之后。Cu-Zn 系变换催化剂的抗硫能力较差，适用于硫含量单位浓度低于 0.1×10^{-6} 的气体。

钴 - 钼（Co-Mo）系催化剂适用于宽温耐硫变换工艺，其操作温区较宽，适合高浓度一氧化碳变换且反应过程不易出现超温。Co-Mo 系变换催化剂的抗硫能力极强，对硫含量无严格要求。得益于 Co-Mo 系变换催化剂在抗硫能力、宽温区适应性以及低能耗等方面优势，在煤炭制氢装置中，一般采用 Co-Mo 系催化剂和耐硫变换工艺。

（3）酸性气体脱除

酸性气体脱除的方法主要分为溶液物理吸收、溶液化学吸收、低温蒸馏和吸附四大类，其中以溶液物理吸收和溶液化学吸收应用最为广泛。溶液物理吸收法适用于压力较高的场景，溶液化学吸收法适用于压力相对较低的情况。国外溶液物理吸收法主要为低温甲醇洗法，应用较多的溶液化学吸收法主要有热钾碱法和 N– 甲基二乙醇胺（MDEA）法。国内应用较多的液体物理吸收法主要有低温甲醇洗法、聚乙二醇二甲醚（NHD）法、碳酸丙烯酯法，应用较多的溶液化学吸收法主要有热钾碱法和 MDEA 法。其中低温甲醇洗法能耗相对较低，并且可以在脱除二氧化碳的同时完成精脱硫。

2.1.2 天然气制氢技术

2.1.2.1 天然气制氢技术发展概况

天然气制氢是化石能源制氢技术中较为成熟的一种技术，具有流程简单、装置可靠、单位投资成本低等优势，是目前全球氢气的主要制备工艺，约占全球氢气总产量的 50%。但我国天然气储量相对较少，因此国内天然气制氢规模相对较小。天然气制氢主要分为水蒸气重整制氢、部分氧化制氢和自热重整制氢等技术路线，其中部分氧化制氢和自热重整制氢技术仍处于工程化阶段。天然气水蒸气重整制氢主要包括预热、脱硫、转化炉、变换和 PSA 提纯氢等工艺过程（见图 2–3）。目前，我国已实现包括工艺设计、关键设备、高温催化剂等在内的天然气水蒸气重整制氢技术的完全国产化。一般工业规模的天然气制氢的甲烷单位消耗量为 0.42~0.45 Nm^3/Nm^3 H_2，制氢设备规模多为 5000~100000 Nm^3/h。

2.1.2.2 核心技术与关键装备

（1）原料气处理

天然气制氢前一般需要对原料气进行预处理（见图 2–4），其主要目的是天然气的脱硫，多采用 ZnO 和 MnO 脱硫剂去除 H_2S 和 SO_2。在压缩原料气时，一般选择较大的离心式压缩机，以满足工业生产需求。

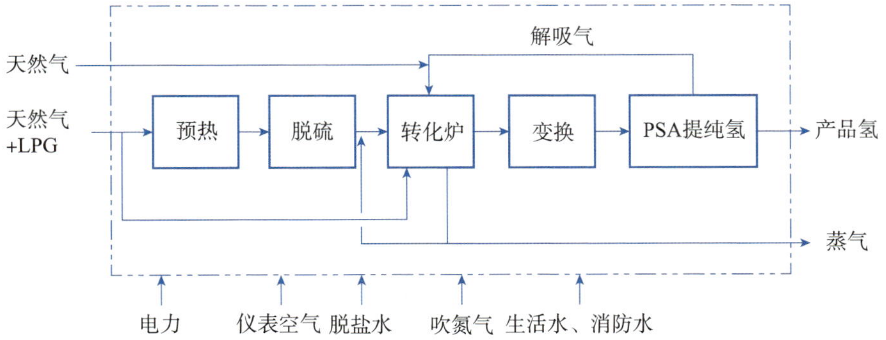

图 2-3 天然气水蒸气重整制氢工艺流程

资料来源：刘旭，赵雨桐，周毅昕 . 天然气转化制氢工艺技术研究［J］. 中国仪器仪表，2024（5）：90-92，96.

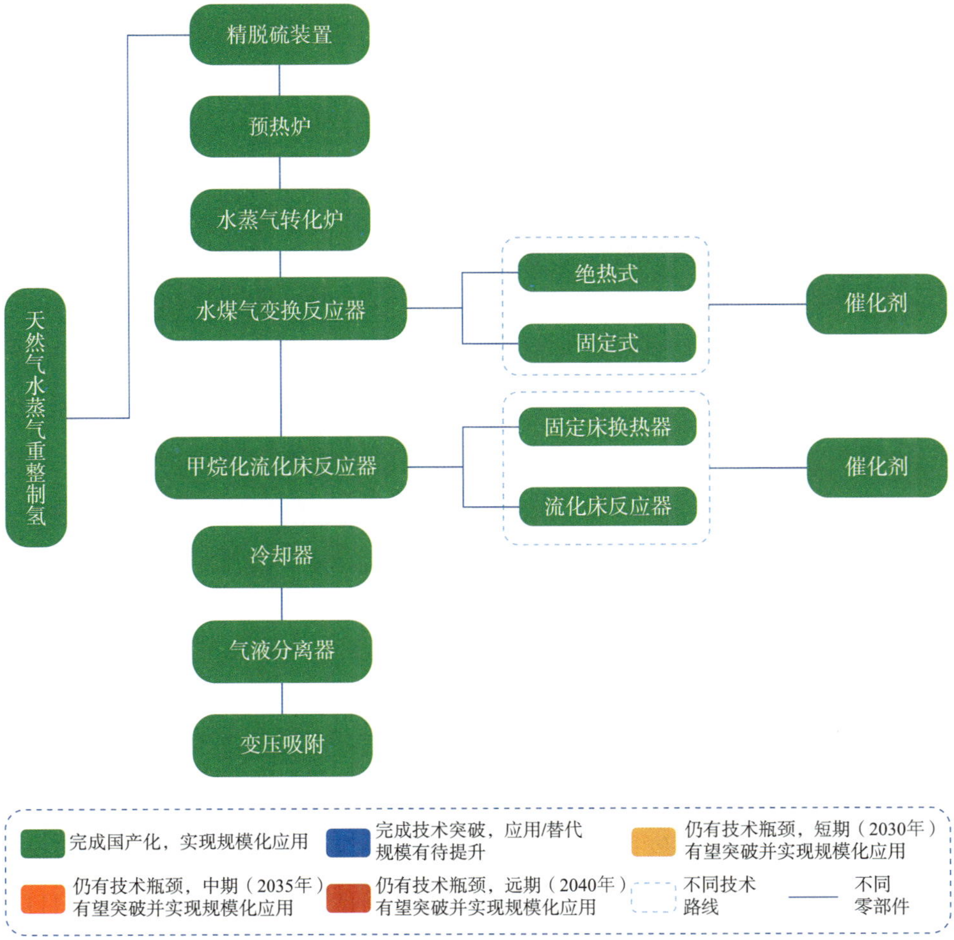

图 2-4 天然气水蒸气重整制氢技术图谱

资料来源：中国产业发展促进会氢能分会整理

（2）水蒸气转化

水蒸气转化过程通常采用水蒸气作为氧化剂，并在镍催化剂的作用下将烃类物质进行转化，得到制取氢气的转化气。转化炉的型式、结构各有特点，上、下集气管的结构和热补偿方式以及转化管的固定方式也不尽相同。在众多转换炉结构中，固定床反应器具有结构简单、寿命长、维护管理便捷等优势，因此目前水蒸气转化炉几乎全部为固定床反应器。

（3）一氧化碳转换

转化炉输入的原料气中含一定量的一氧化碳，变换的作用是使一氧化碳在催化剂条件下，与水蒸气反应而生成二氧化碳和氢气。按照变换温度可分为高温变换（350~400 ℃）和低温变换（低于 300 ℃）。近年来，在变换单元的工艺方面，开始逐步使用一氧化碳高温变换加低温变换的两段变换工艺，以实现进一步降低原料的消耗。同时，在一氧化碳转换过程中，气体以活塞流的形式通过固定床反应器的催化剂床层进行反应，轴向返混较小，因此气体转化率相对较高。固定床反应器根据不同工艺需要，可分为绝热式和换热式两类。目前在大规模工业生产中多采用结构简单的绝热式固定床反应器，其他型式的固定床由于结构复杂、催化剂更换不便、不易处理泄漏、催化剂板结等原因较少采用。一般情况下，为了减小反应器中的气体流速、减小床层的压降，固定床变换反应器普遍采用加压工艺。

2.1.3 工业副产气提氢技术

2.1.3.1 工业副产气提氢技术发展概况

由于工业副产气的杂质成分和含量不同，不同分离方法的效率和效果也不同，且目前氢气含量低于 15% 的原料气暂无法实现大规模提纯。深冷分离法、膜分离法和变压吸附法（PSA）是当前技术成熟度较高且应用相对广泛的工业副产气提纯氢气技术（见表 2-1）。

表 2-1 工业副产气提纯氢气技术路线对比

项目	深冷分离法	膜分离法	变压吸附法
规模 /（Nm^3/h）	50000~200000	100~10000	20~200000
氢气纯度 /%（摩尔分数）	90~99	80~99	99~99.999
氢回收率 /%	92~97	80~98	80~95
操作压力 /MPa	1~8	2~15	1~6
纯化降压 /MPa	0.2	与原料气压力比为 2~6	0.1
原料中最小氢气含量 /%（摩尔分数）	15	30	30
原料气适用性	特定	特定	广泛
原料气预处理	需预处理	需预处理	无须预处理
操作弹性 /%	50~100	20~100	30~110
装置可拓展性	较难	容易	较易
工业化程度	低	高	高

资料来源：中国产业发展促进会氢能分会整理。

（1）深冷分离法

深冷分离法氢气提纯技术是在相同压力下，利用氢气（标准沸点为 -252.75 ℃）与其他气体（氮气、氧气、甲烷、烃类的标准沸点分别为：-195.62 ℃、-185.71 ℃、-161.3 ℃、>-100 ℃）的沸点差异，实现混合气中氢气与其他组分的分离。适用于氢含量相对较低的混合气分离，氢气回收率可达 92%~97%。深冷分离过程中压缩和冷却的能耗较高，因此适用于大规模氢气提纯。深冷分离后的氢气纯度一般为 90%~99%，适合对氢气纯度要求较低的场景，不适合单独用于提纯燃料电池用氢气，往往与 PSA 法结合提纯高纯氢气。

（2）膜分离法

膜分离法的基本原理是利用膜的选择性渗透和特定气体组分的扩散特性，实现气体的分离和纯化。膜分离法具有操作灵活、能源效率高、结构紧凑、占地面积小、环境友好、运行成本低以及可与现有工业化工艺简单集成等优点，适用于压力较高的原料气提纯。但膜分离过程需要升温（70~90 ℃）和精过滤等预处理，产品氢气纯度低，不能把原料气

中的 H_2O、H_2S、CO_2 等杂质含量单位浓度降低至 10^{-6} 级别，不能满足燃料电池等对微量杂质要求较高的氢能装备用氢需求。

（3）变压吸附法

变压吸附法提纯氢气技术是利用吸附剂对杂质气体的吸附容量大于对氢气的吸附容量，具有对杂质气体的吸附容量随压力升高而增加、随压力降低而减小的特性，在高压下将杂质气体吸附，在低压下解吸实现吸附剂再生。变压吸附在常温下分离，不需要复杂预处理，操作方便、启停快、操作弹性大、氢气纯度高，可从各种含氢气体中制取纯度达到99%~99.999% 的氢气，并将多种杂质控制在痕量以下，适合提纯燃料电池用氢气。自 20 世纪 90 年代打破 UOP 等国外公司垄断以来，我国在吸附剂利用率、操作切换频率等方面进步迅速，目前在大型 PSA 装置技术领域已处于全球领先水平，并实现了成套装备的海外出口。随着氢能产业发展，我国在燃料电池用氢气方面已具备先进的 PSA 分离纯化工艺和吸附分离技术。综上所述，变压吸附技术是符合当前我国氢能产业用氢质量需求的主要提纯技术，后续研究将围绕变压吸附展开。

①焦炉煤气提氢

焦炉煤气在利用或进入变压吸附装置提纯氢气之前必须除去粉尘、焦油萘、苯等杂质，以消除对后道工序催化剂或吸附剂的影响，因此净化工艺及净化剂的选择至关重要。干法净化技术为 TPSA 吸附分离—化学催化耦合净化技术。在其工艺流程中，焦炉煤气首先经过除尘脱焦油，保护和提高脱萘剂及后道工序吸附剂的气体吸附效果，然后经脱硫单元脱除无机硫和部分有机硫，再通过脱烃和脱氮化物等单元，脱除大分子高沸点的烃及氮化物（见图 2-5）。焦炉煤气净化满足压缩机原料气要求后进入 PSA 技术提纯氢气。

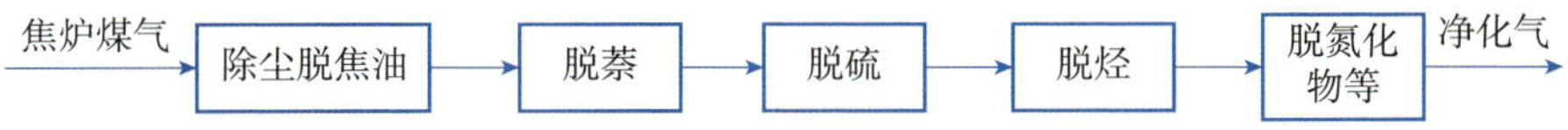

图 2-5 焦炉煤气净化工艺流程

资料来源：中国产业发展促进会氢能分会整理

干法净化技术是当前焦炉煤气净化的主流工艺，可将焦油、萘、苯、无机硫水平控制在 1.0 mg/m^3 以内，且有机硫、氨和氰化氢含量极低。有效地控制各级杂质气体脱除效果，保证下一级吸附剂正常运行是其中的关键，否则会影响后面脱除效果，最终导致净化系统失效。

焦炉煤气提氢可分为常规提氢技术与耐硫变换提氢技术。常规路线为了保证净化精度、控制一氧化碳（CO）、烷烃、总硫及其他微量杂质，氢气收率相对较低，但投资相对较低、占地也相对较小，适合小规模的提氢场景。

耐硫变换提氢工艺为降低硫等杂质控制难度，提高氢气产量和收率，对焦炉煤气进行耐硫变换（见图 2-6），把有机硫转化成容易脱除的 H_2S，保障氢气中的总硫含量；同时把 CO 转变成 H_2 和 CO_2 组分，极大地降低了 CO 含量。耐硫变换提氢工艺的关键在于变换脱硫和两端 PSA 技术综合应用及吸附剂的合理配置，确保 CO、CO_2 和 CH_4 等杂质气体高效脱除，以及 CO 指标精度和有机硫等微量杂质的有效控制。焦炉煤气经过蒸汽变换后，消除有机硫对脱氧催化剂影响，不需要牺牲氢气收率来保证微量杂质精度，从而提高了氢气产量和收率。该工艺在常规工艺基础上增加蒸汽转化炉，因此会导致投资增加和占地扩大，但氢气的总体提纯成本因产量和收率增加而降低，适用于大规模制氢场景。

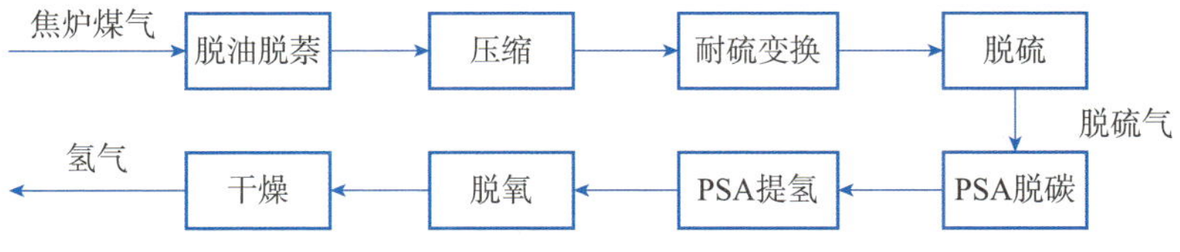

图 2-6　焦炉煤气耐硫变换制氢工艺流程

资料来源：中国产业发展促进会氢能分会整理

②炼厂气提氢

炼厂内副产的可作为制氢原料的气体主要有：催化干气、焦化干气、常压瓦斯、加氢装置低压气、重整干气、乙烯尾气等。炼厂副产气的气体成分普遍较轻，含氢量较高。去除不饱和烃后的炼厂副产气是理想的提氢原料气，否则不饱和烃含量过高会导致催化剂出现严重的结碳现象。炼厂副产气一般分为低压气和高压气（见图 2–7），常见的低压气有轻烃回收尾气、解析气、脱氢尾气等，高压气有重整气、歧化尾气、乙烯尾气等。我国已开发出炼厂气专用吸附剂，实现了一步去除炼厂混合气除氢气以外的所有杂质，可简化流程，降低装置投资，同时专用吸附剂烃类（C2~C3）物质的吸附容量可达 50~80 g/ml，提高了生产效率，目前已在中国石油化工股份有限公司镇海炼化分公司（简称镇海炼化）、中国石油辽阳石油化纤公司、中国石油化工股份有限公司沧州分公司（简称沧州炼化）等大型 PSA 项目中成功应用。

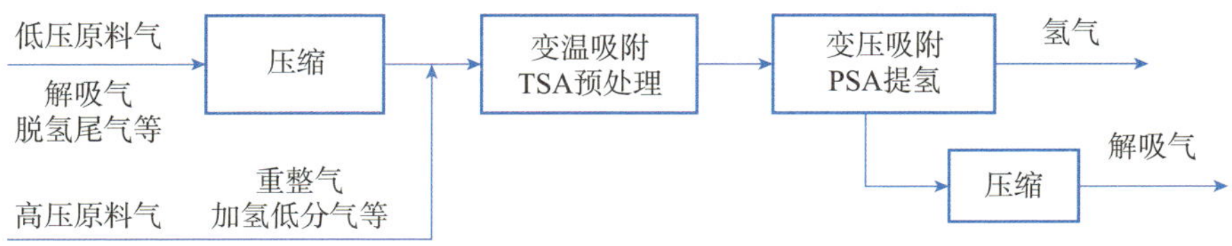

图 2–7 炼厂副产气制氢工艺流程

资料来源：陈健，焦阳，卜令兵，等．炼厂副产氢生产燃料电池用氢气应用研究［J］．低碳化学与化工，2020（45）：66–70.

③氯碱尾气提氢

氯碱工业以工业盐为原料，电解氯化钠等盐水生产烧碱、纯碱、氯气、PVC 等工业产品。富含氢气的氯碱尾气主要有氯酸钠尾气及 PVC 尾气，两种尾气组成相差较大。

氯酸钠尾气氢气含量高，其原料气处理关键在于脱氯脱氧和 PSA 分离纯化，工艺流程相对简单（见图 2–8）。

图 2–8 氯酸钠尾气提氢工艺流程

资料来源：陈健，姬存民，卜令兵．碳中和背景下工业副产气制氢技术研究与应用［J］．化工进展，2022，41（3）：1479–1486.

PVC 尾气含有氢气、氯乙烯、氯化氢等气体，其提氢工艺流程如图 2–9 所示。

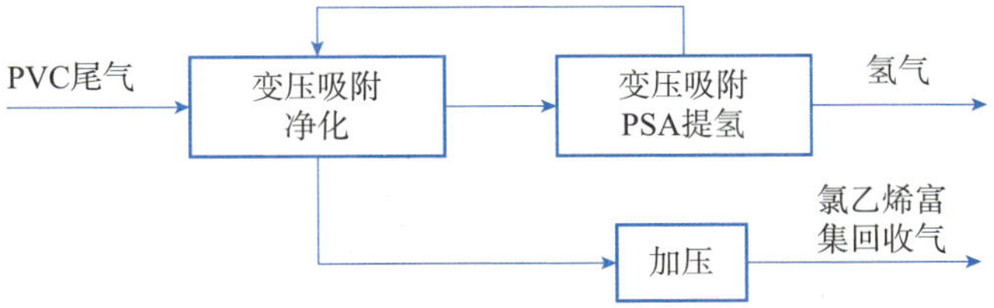

图 2-9 PVC 尾气提氢工艺流程

资料来源：陈健，姬存民，卜令兵.碳中和背景下工业副产气制氢技术研究与应用［J］. 化工进展，2022，41（3）：1479-1486.

PVC 尾气含有氯乙烯和乙炔等高附加值组分，直接排放将造成严重的资源浪费和环境污染，故多采用“净化 + 两段 PSA”法，实现了氯乙烯、乙炔、氢气的回收利用和尾气的达标排放，该工艺具有净化精度高、消耗低、成本低等特点。

2.1.3.2 核心技术与关键装备

（1）设备规模

目前国产 PSA 装置已具备单套提氢产能 10 万 Nm^3/h 以上的生产能力。主要通过在合理及允许的塔径及程控阀通径范围内，减小吸附器直径及程控阀通径，增加吸附器数量，使得同时进料的吸附器数量增加，原料分流后进入单台吸附器的规模处于合理范围内；随着吸附器数量和控制点数的增加，对工艺控制软件的要求也越发严格。国内现有 PSA 装置最大产氢规模为 80000 Nm^3/h，吸附器数量最多为 12 塔。根据实际需要，装置规模可扩大至 14 塔、16 塔、18 塔、20 塔等。

（2）吸附剂

近年来，制氢活性炭吸附剂的研制进步较快。通过改变原料、活化剂及粘结剂等方式，并配合优化吸附剂生产的工艺参数，国产活性炭吸附剂对二氧化碳吸附容量及分离系数水平与国外同类吸附剂指标基本相当。国产分子筛指标优于国外同等吸附剂水平，多年运行效果表明性能完全达到国外同等水平。

工业副产氢变压吸附技术图谱见图 2-10。

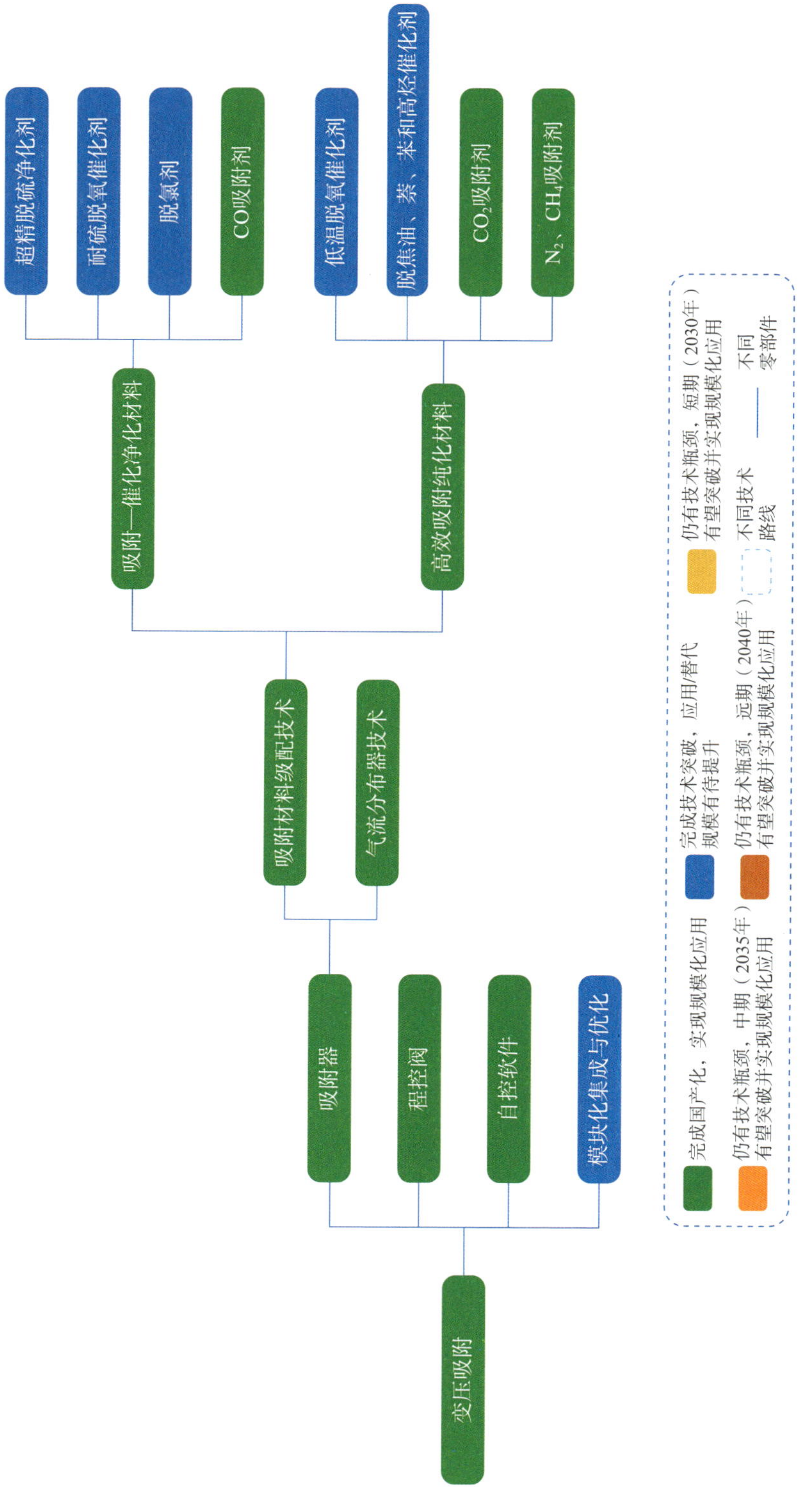

图 2-10 工业副产氢变压吸附技术图谱

资料来源：中国产业发展促进会氢能分会整理制图

（3）吸附器

吸附器是承受交变应力十分频繁的容器，重点在于控制气流在吸附器内的传质行为，避免出现气流偏流、短路或沟流，同时还需具备足够的传质高度。吸附器底部气流板分布是气流分布控制的关键，吸附器直径越大，气流分布控制难度越高。目前，国内大型 PSA 装置吸附器最大直径为 3.2 m，国外装置最大直径为 3.6 m。

（4）程控阀

程控阀是 PSA 装置的关键设备之一，阀门出现内漏会降低 PSA 装置的氢气回收率，阀门外漏会造成气体燃烧甚至存在爆炸的风险。PSA 装置的特点决定了程控阀需频繁动作，单只程控阀每年动作频次可达到 10 万次，同时，阀门还需承受气流反复的强烈冲刷。因此 PSA 装置的程控阀需保证长周期（50 万次以上）运行不出现内外泄漏，普通阀门难以满足要求。国内企业通过密封材料、阀芯结构、内密封结构、外密封结构等方面改进，完成了长寿命程控阀开发并已在大型 PSA 装置上投运，效果良好。

目前国外公司的 PSA 装置大多在均压、冲洗及逆放位置采用可调节性程控阀，程控阀数量少，且通过调节性能精确控制均压、冲洗及排放气流，可减缓气流对吸附剂的冲刷。但 PSA 装置运行一段时间后可能会出现因各可调节性程控阀性能出现差异而装置操作性能下降的情况。国产化 PSA 装置通过在冲洗及排放位置采用两位式程控阀串联调节阀的方式，实现了气流的限流，虽然这种设计程控阀数量相对较多，但可较好地保持 PSA 的操作性能；在均压位置采用两位式程控阀，通过改变阀芯结构及均压管径限流，虽然在控制精度上不如国外装置，但实际运行结果表明，均压过程效果符合工艺要求。

（5）自控软件

为便于原料气工况发生变化后，装置能及时自动调整，使装置尽快处于最佳操作状态，获取最大的氢气回收率，大型 PSA 装置必须具备故障诊断系统、程序切换系统和自适应智能化操作功能。随着国内电子信息技术水平的不断提升，国内企业的大型 PSA 装置控制软件已达到世界先进水平，已成功开发出适用大型 PSA 装置的控制软件，打破了美国霍尼韦尔、日本横河等公司的垄断，目前国产控制软件已实现规模化应用。

2.2 水电解制氢技术发展现状

目前中国是全球电解槽的主要供应商，已形成区域集群发展态势。据中国产业发展促进会氢能分会数据库统计，截至 2024 年 9 月，国内水电解制氢设备厂商名义总产能达到 32 GW，占全球电解槽总产能的 60% 以上。另据 VNZ Insights 统计，截至 2024 年 6 月，全球电解槽交付量已突破 3 GW，其中，中国电解槽交付量达到 1397 MW，占比达 47%，居全球首位。

从技术路线来看，水电解制氢技术可分为碱性水电解制氢（ALK）技术、质子交换膜水电解制氢（PEM）技术、固体氧化物水电解制氢（SOEC）技术以及阴离子交换膜水电解制氢（AEM）技术。其中，ALK 技术仍是当前我国水电解制氢的主流技术，产能占比超过 93%。从产能区域分布看，国内水电解制氢设备厂商产能分布于全国 16 个省份，华东、华北、华南地区产能合计占比 88%，其中华东地区是国内水电解制氢产业主要集聚地，东北、西北地区产能及规划相对较少。从各省份建成产能来看，江苏省、广东省和河北省分列国内现有产能的前三位。

2.2.1 碱性水电解制氢技术

2.2.1.1 碱性水电解制氢技术发展概况

ALK 技术以其成本低和技术成熟度高等优势，成为目前市场的主流选择。根据 2023 年我国公布的招标信息统计，ALK 占招标项目总装机容量的比例约为 92.13%（见图 2-11），而 2024 年上半年公布的 516 MW 电解槽中标公告中，ALK 电解槽占比更是超过了 99%。因此开展ALK技术研究成为企业布局氢能产业的重要切入点。据中国产业发展促进会氢能分会数据库统计，2023年1月至2024年9月我国共发布各类电解槽新品83个，其中ALK电解槽新品占比为49%（见图2-12），除传统电解槽生产企业，隆基氢能、三一氢能、宝石机械、兰石重装、中国中车等新能源、石化、机械、轨道装备制造企业相继发布ALK电解槽产品，截至2024年9月，我国ALK电解槽单体产氢量已达到3000 Nm^3/h。

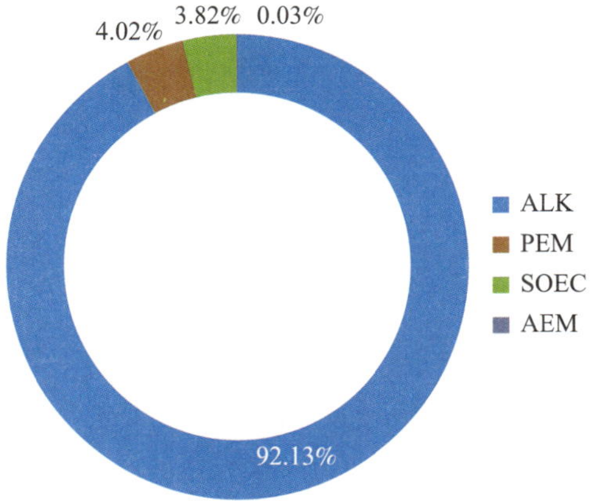

图2-11 2023年中国绿氢项目不同技术路线电解槽占比

资料来源：中国产业发展促进会氢能分会整理

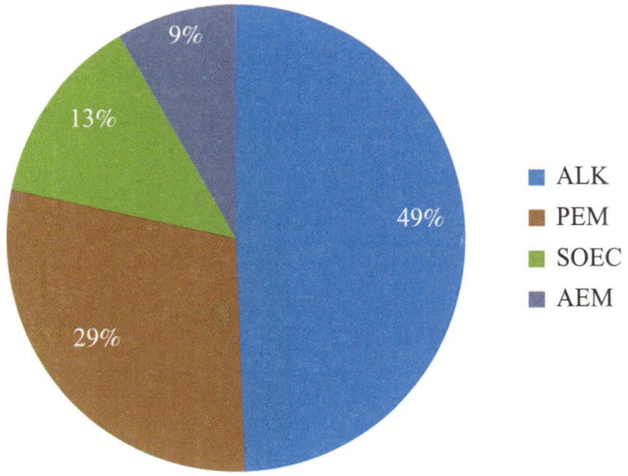

图2-12 2023年1月至2024年9月我国电解槽新品发布分析

资料来源：中国产业发展促进会氢能分会整理制图

ALK 系统主要包括碱性电解槽和燃料电池辅助系统（BOP）。其中，碱性电解槽是 ALK 系统的核心设备，电解槽槽体由端压板、密封垫、电极、主极板和隔膜等关键部件构成。上述材料在国内拥有完善的供应链体系。碱性水电解制氢系统的 BOP 包括电源供应系统、控制系统、气液分离器、纯水系统、碱液系统、补水系统及附属系统（见图 2-13）。目前 PLC 控制系统、分析仪表核心器件和气动阀门等以进口为主，尽管国内已有相关替代产品，但综合考虑产品的价格、性能、可靠性等方面因素，国外产品依然更具优势。同时，由于电解槽普遍采用风电和光伏等具有出力波动性的可再生能源作为输入电源，输配波动性电源功率分配以及协调运行系统正在成为 ALK 系统的“标配”（见图 2-14）。

2.2.1.2 技术路线分析

目前，ALK 电解槽主要分为圆形带压和方形常压两大技术路线。国内 ALK 电解槽企业多采用圆形带压技术路线，相关供应链配套也相对成熟。圆形带压电解槽采用拉杆紧固结构设计，更容易实现压力密封，其耐压性相对较好。通过对电解槽内部加压，可减少电解水过程中产生的气泡，降低电阻；同时，出口氢气压力更高，在某些应用场景下，可节省增压设备投资和中间操作环节。但该路线对于材料耐压性能要求高，存在设计和制造难度大、产品体积大、停机维修成本较高等问题。

方形常压电解槽借鉴成熟的氯碱电解槽设计理念，运用零间隙技术，将电极与隔膜进行“近零贴合”，因此方形常压电解槽相比圆形带压电解槽密封性更好，且内部流场分布更均匀、合理，制造工艺也更为简单，对端板、框架等强度要求低，便于实现大型化。但是为了降低能耗，方形常压电解槽一般采用贵金属电极、复合隔膜和纯镍极板，导致成本较高，且出口压力较低，下游应用需额外配备增压设备。同时，方形常压电解槽多采用模块化设计思路，可兼具 ALK 电解槽寿命长、价格低和 PEM 电解槽启动时间短、灵活性高、电耗低的优点。但是由于单个模块制氢规模小，大规模制氢场景需要大量模块堆叠，造成系统集成复杂度

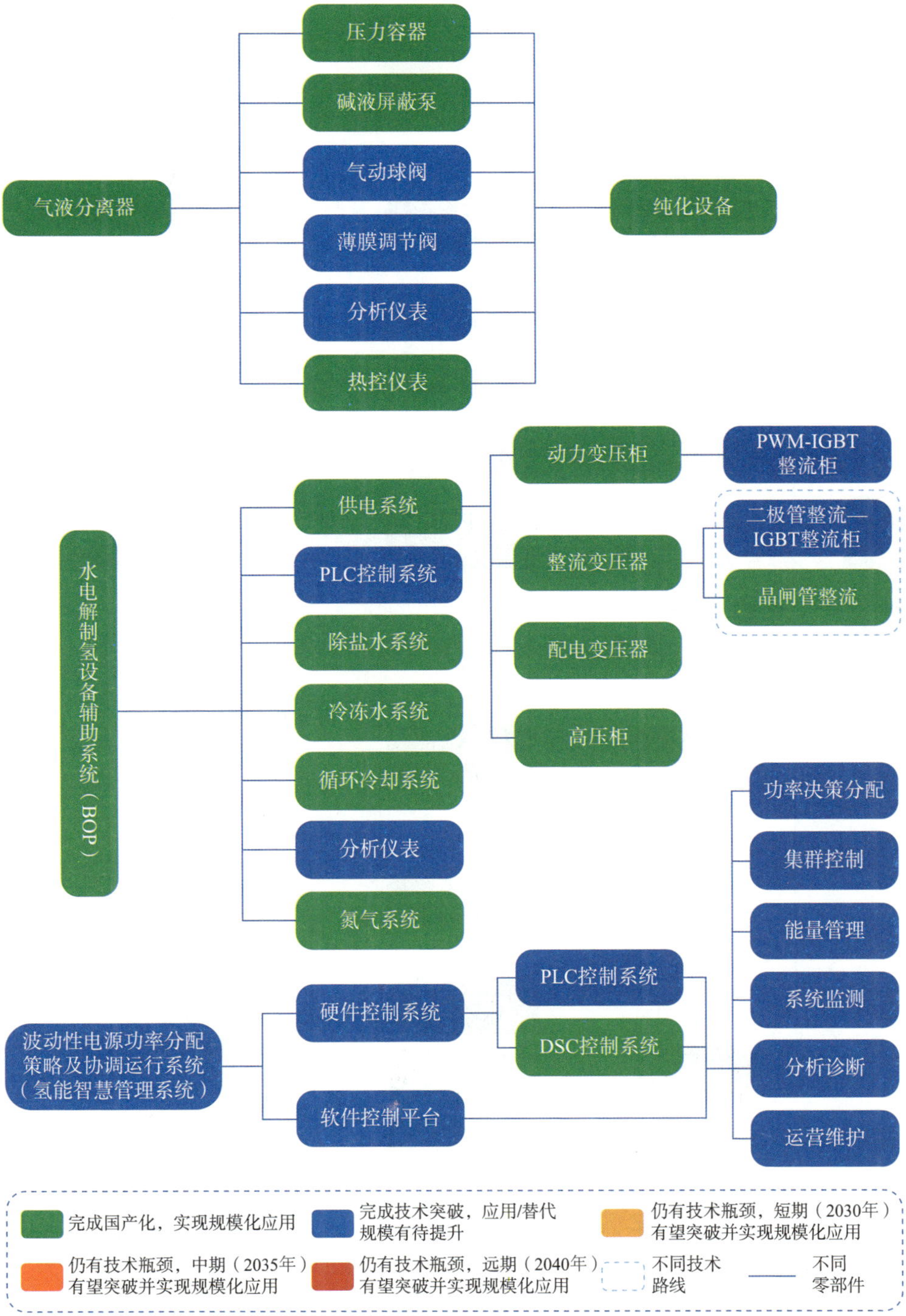

图 2-13　水电解制氢辅助系统技术图谱

资料来源：中国产业发展促进会氢能分会整理

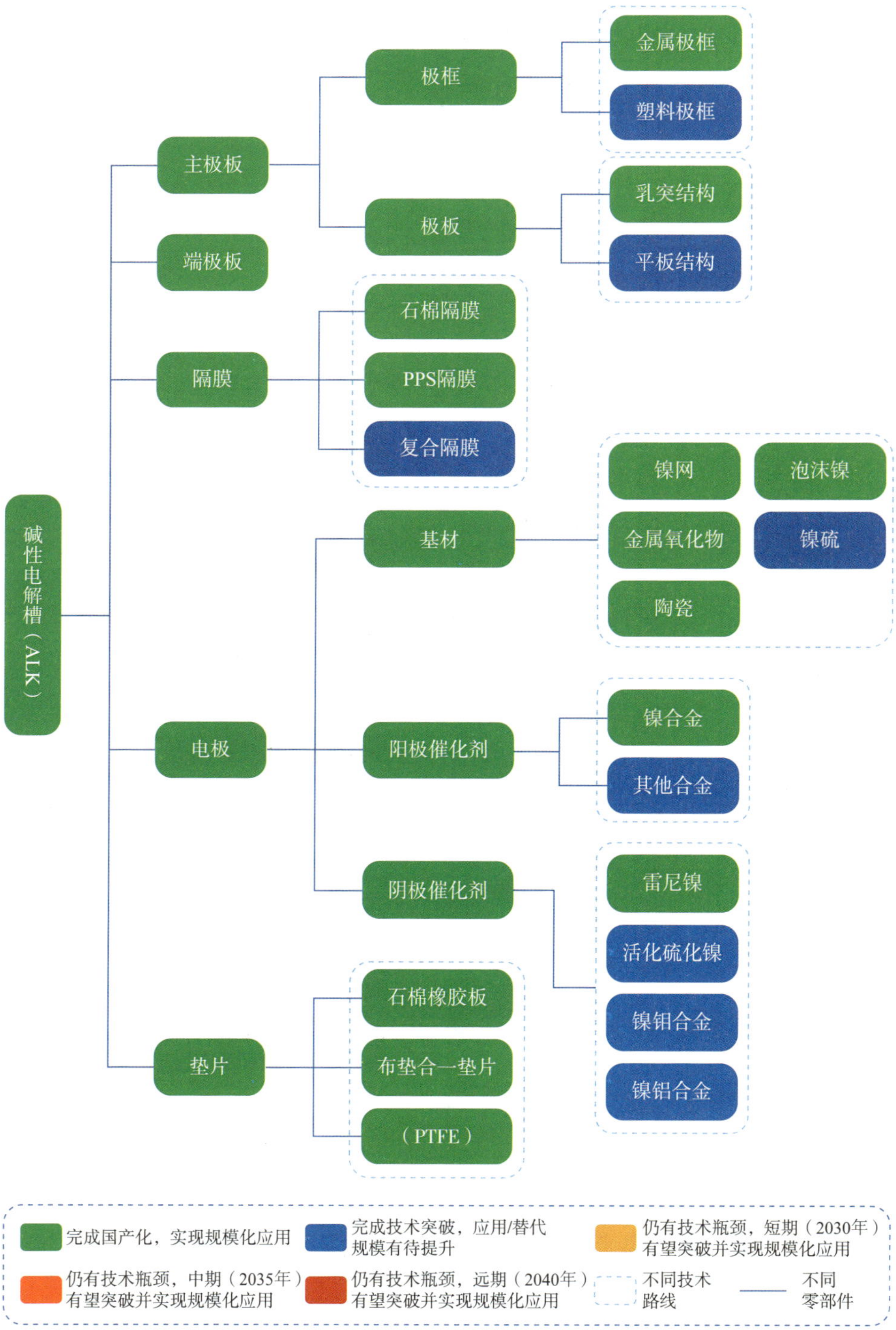

图 2-14　碱性水电解槽技术图谱

资料来源：中国产业发展促进会氢能分会整理

提升，且成本也普遍高于圆形带压电解槽。为了进一步提升电解液的离子溶解浓度，减少电解过程中的气泡，降低电耗和提高电解效率，同时降低二次增压需求，以更好地匹配工业等大规模用氢场景需求，国内企业通过优化结构和模块化设计等方式，已完成 1000 Nm^3/h 方形常压电解槽的开发。

2.2.1.3　核心技术与关键装备

ALK 系统的核心装备是电解槽，电解槽由电极、隔膜和垫片等关键零部件组成。除电解槽，其他组成部分如气液分离器、纯化设备等均已是成熟的产品，除部分气动阀门、热控仪表传感器、分析仪表的核心部件，均已实现国产化。

（1）电极

ALK 电解槽运行时，在直流电的作用下电解小室的两极分别发生析氢反应和析氧反应，因此电极材料须具备较好的耐腐蚀性、较高的电子导电性和催化活性。镍基材料因其在碱性溶液中具有良好的耐腐蚀性和电化学活性以及相对较低的成本，是当前 ALK 电极的优选材料之一。目前国内大型 ALK 电解槽生产企业多采用镍基电极，如纯镍网、泡沫镍，或以镍网为基底，喷涂高效、高活性催化剂。催化剂材料包括雷尼镍、镍钼合金、镍硫、二元 / 多元氧化物材料、陶瓷材料等，其中雷尼镍是现阶段最常用的材料，其他材料仍处于验证阶段。电极材料制备方法主要有热喷涂法、电沉积法和去合金法，其中热喷涂工艺成熟度较高。热喷涂法常采用等离子熔射技术，制备的电极具有成本低、性能稳定等优势，但其催化活性相对较低，且难以沉积形成高活性的纳米结构。

（2）隔膜

隔膜是 ALK 电解槽的重要组成部分，其主要作用有三：一是分隔阴极和阳极，形成阴极小室和阳极小室，防止系统短路；二是避免氢气与氧气混合；三是具有高离子导率，便于 OH^- 由阴极传递至阳极。

目前，聚苯硫醚（PPS）隔膜和复合隔膜是两种主要的隔膜类型。

PPS 隔膜具有较好的机械性能和寿命，但 PPS 隔膜电阻高、泡点压力低，可能导致制氢能耗较高和气体互窜的风险。复合隔膜通过涂敷氧化锆来改善 PPS 织物的亲水性功能，可以进一步提升电解槽的性能，但复合隔膜在稳定性和寿命方面仍需进一步提高。目前，用于 ALK 电解槽的隔膜材料正在经历从石棉到 PPS，再到高性能复合隔膜的迭代过程。

（3）密封垫片

密封垫片是 ALK 电解槽的关键材料之一，兼具密封和绝缘两大作用，直接影响整个 ALK 系统的安全性和可靠性。

常见的密封材料在 ALK 电解槽高温高压和反复起停的情况下，容易发生冷流和蠕变导致出现槽体渗漏，影响电解槽的使用寿命。因此，为保障电解槽长时间稳定运行，密封垫片经历了石棉橡胶板—布垫合一隔膜垫片—聚四氟乙烯（PTFE）填充石棉垫片等多次迭代。目前 ALK 电解槽密封垫片多是通过优质 PTFE 树脂与填充材料复合而成，已实现完全国产化，且性能与国外产品性能基本相当。

（4）制氢电源

制氢电源可分为晶闸管和 IGBT 两类（见表 2–2）。晶闸管凭借其低成本优势，目前仍占据市场主要份额；基于 IGBT 技术的制氢电源在开关控制方面更为精细，频率也更高，相应产生的谐波也较少，整流效率更高，对电网造成的谐波影响较晶闸管整流器大幅降低。因此，在离网制氢趋势下，不同负荷对 IGBT 制氢电源影响较小，因此 IGBT 制氢电源与可再生能源波动性匹配性也更高（见表 2–3）。

表 2–2　晶闸管和 IGBT 两种电源性能对比

性能指标	晶闸管整流电源	IGBT 整流电源	IGBT 整流电源的优势
电能质量	谐波 >6% 功率因数 <90%	谐波 <3% 功率因数 >99%	（1）降低对可再生能源电站并网的影响 （2）无须额外配置 SVG/SVC 或有载调压开关等消谐及功率因数来改善设备，降低初始投资成本及后期运行维护成本，提升系统转换效率

续表

性能指标	晶闸管整流电源	IGBT 整流电源	IGBT 整流电源的优势
无功支撑能力	无	≥ 40%	具备本地无功补偿功能，可替代 35 kV 侧无功补偿装置，降低投资、维护成本和工作损耗。同时可满足电网未来对可再生能源制氢站无功调度的需求
功率调节响应时间	>10 s	<0.1 s	具有快速匹配可再生能源功率波动性特点，避免从电网取电，确保制氢过程中 100% 使用绿电并降低制氢成本
电网波动适应能力	电压和频率波动适应时间 >10 s	± 10% 电压和频率范围内适应时间 <0.1 s	电网电压和频率波动适应能力更强，避免由于电网波动（特别是弱电网环境下）输出电压不受控所带来的风险
散热方式	水冷	风冷	具有智能温控风冷功能，可在 −35~45℃ 宽温区内运行，低能耗，免维护

资料来源：中国产业发展促进会氢能分会整理

表 2–3　不同工作负荷下 IGBT 和晶闸管整流电源系统效率对比

工作负荷 /%	IGBT 整流电源系统效率 /%	晶闸管整流电源系统效率 /%
100	96.57	95.57
75	96.67	95.00
50	97.03	94.16
30	97.00	93.15

资料来源：中国产业发展促进会氢能分会整理

2.2.1.4　国内外技术水平对比

国外 ALK 技术研究起步较早，得益于先发优势和早期技术积累，Thyssenkrupp、NEL 等海外巨头已形成了一系列电解效率高、性能相对稳定的成熟产品（见表 2–4）。随着我国氢能产业的快速发展，近 3 年来，国内一大批能源企业积极布局 ALK 技术，推动我国 ALK 电解槽性能快速提升。目前国内电解槽产品能耗达到国际先进水平，单槽产氢量达到国际领先水平。

表 2–4 国内外电解槽主要参数对比

厂家	氢气容量 /（Nm^3/h）	技术路线	能耗 /（kWh/m^3）	负荷调节范围 /%
Thyssenkrupp	4000	常压模块化	4.5	10~100
NEL	3880（由 8 台 A485 无缝集成）	常压模块化	3.8~4.4	15~100
隆基绿能科技股份有限公司（简称隆基绿能）	3000	带压	4.3~4.5	30~110
中船（邯郸）派瑞氢能科技有限公司（简称派瑞氢能）	3000	带压	4.3	30~110

资料来源：中国产业发展促进会氢能分会整理

在技术路线选择方面，国内外所采用的规模化制氢系统的设计路线不同。国外以低压、模块化路线为主。负荷调节范围更宽，可实现10%~100% 的宽负荷运行。同时，通过使用一定量的贵金属催化剂，其电流密度较大，电解效率更高，但相应设备成本也较高。国内以高压、大标方路线为主。负荷调节范围相较国外低压设计产品较窄，多在30%~110% 负荷调节范围；同时，由于未使用贵金属催化剂，国内电解槽的电流密度相对较低，但设备成本远低于国外同规格产品。在单槽产氢量方面，我国电解槽正在快速向大标方迈进，2023 年 1 月至 2024 年9 月，我国约有 14 款单槽制氢量达 2000 Nm^3/h 的 ALK 电解槽发布，最大单槽制氢量突破至 3000 Nm^3/h，同时已有国内企业开始 5000 Nm^3/h 电解槽的研发制造。

在电极材料方面，国内外技术水平基本相当，国内市场自主品牌产品占有率达到 95% 以上，以雷尼镍 / 镍网电极结构为主。密封垫片材料已实现完全国产化，且性能与国外产品基本相同。

在 PPS 隔膜方面，日本东丽公司长期占据着主要市场份额。近年来，国产 PPS 隔膜技术水平与产能不断提升，自主品牌 PPS 隔膜的市场份额也在逐年增加，但与国外同类产品相比，国产 PPS 隔膜的性能还有待进一步提升（见表 2–5）。

表 2-5　不同类型碱性复合隔膜性能对比

厂商	碳能科技	Agfa
隔膜类型	复合隔膜	复合隔膜
型号	Zirmbrane ®500	Zirfon Perl UTP 500
厚度 /μm	500 ± 50	500 ± 50
泡点 /bar	5.0 ± 1	2 ± 1
孔隙率 /%	60 ± 10	55 ± 10
面电阻 /（Ω · cm^2）	≤ 0.3（30℃、30 wt%KOH）	≤ 0.3（30℃、30 wt%KOH）
抗拉强度 /MPa	≥ 20	—
体涨缩率 /%	<1.5	1.5
最高使用温度 /℃	110	110
厂商	凯瑞新材料	东丽
隔膜类型	PPS 隔膜	PPS 隔膜
型号	SCJQ-H	DL-CZPPS
厚度 /μm	750~950	850 ± 10
气密性 /mmH_2O	650 ± 30	>500
面电阻 /（Ω · cm^2）	0.10~0.20（45℃、20%KOH）	<0.20（60℃）
最高使用温度 /℃	≤ 110	—
吸水时间 /s	≤ 5	<10

资料来源：中国产业发展促进会氢能分会整理

2.2.2　质子交换膜水电解制氢技术

2.2.2.1　质子交换膜水电解制氢技术发展概况

近两年，PEM 电解槽依托其负荷范围宽、与可再生能源耦合度高等优势，在制氢项目中的占比快速提升。随着 PEM 电解槽市场需求的逐步提升，PEM 电解槽供应链加速完善，核心技术快速突破，带动设备成本持续降低。同时，从 2023 年公布的水电解制氢项目披露信息来看，采用 ALK 电解槽与 PEM 电解槽搭配以平衡经济性和加强负荷波动响应能力的新模式正在稳步发展。吉电股份是这一领域的先行者和探索者，吉电大安风光制绿氢合成氨一体化示范项目（简称吉电大安项目）采用 PEM+ALK 混合制氢技术和直流微电网技术，制氢能力达 46000 Nm^3/h，其中 PEM 电解水制氢规模和 ALK 电解水制氢规模分别为 10000 Nm^3/h 和 36000 Nm^3/h。该项目通过两种技术的耦合互补，有效地提升了水电解制氢系统的电源适应性，对我国 PEM 电解槽在大型项目中的规模化应用，以及促进 PEM 制氢技术和产品的迭代具有重要意义。

随着赛克赛斯生物科技股份有限公司（简称赛克赛斯）、淳华氢能源科技（湖南）有限公司（简称淳华氢能）等国内 PEM 电解槽企业技术的不断进步以及深圳国氢新能源科技有限公司（简称国氢科技）、北京亿华通科技股份有限公司（简称亿华通）、上海重塑能源科技有限公司（简称重塑科技）等燃料电池企业的跨界入局，我国 PEM 技术与装备水平快速进步，截至 2024 年 9 月，我国 PEM 电解槽单槽产氢能力最大已达 500 Nm^3/h，达到国际先进水平。在核心零部件方面，膜电极、催化剂、质子交换膜等核心材料的技术研发与国产化替代进程也呈现加速趋势。国产 PEM 电解槽膜电极已进入小批量出货阶段。核心材料的不断突破，有利于国产装备与材料应用规模不断提升，在推动技术成熟度与可靠性提高的同时，带动成本降低，助力 PEM 电解槽加速实现规模化商用。

2.2.2.2 技术路线分析

PEM 水电解技术可按质子交换膜材料的不同，分为均质膜和复合膜两种；根据催化层支撑体的不同，可分为 CCS 法和 CCM 法两种（见图 2-15）。

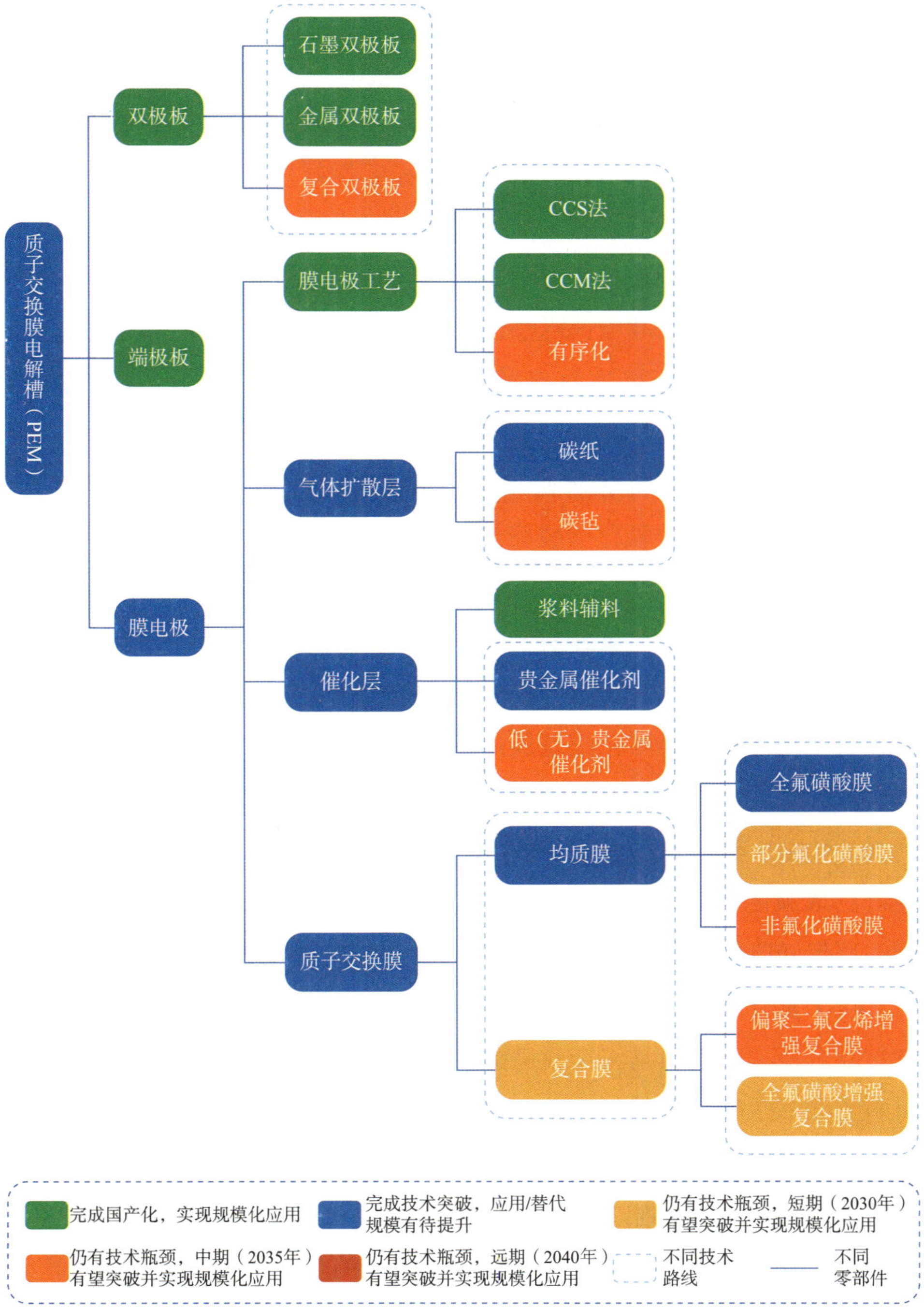

图 2-15　质子交换膜电解槽技术图谱

资料来源：中国产业发展促进会氢能分会整理

（1）均质膜

均质膜根据材料的主链组成和官能团不同，可分为全氟磺酸膜、部分氟化磺酸膜、非氟化磺酸膜、聚苯并咪唑（PBI）/H_3PO_4 膜四种类型，其中，全氟磺酸膜以机械强度高、化学稳定性好，在湿度大的条件下导电率高，低温时电流密度大、质子传导电阻小等优点成为当前最为商业化的电解质膜。部分氟化磺酸膜主要包括辐射接枝膜和以商用氟聚物为主体的共混膜两种。共混改性法的研究主要集中在共混膜材料的选择及共混膜的制备上，一般选取聚砜（PSF）、聚丙烯腈（PAN）、聚偏氟乙烯、醋酸纤维素等高性能高分子材料作为共混制膜材料，近年又开展了对丝素、壳聚糖和甲壳素等医用高分子材料的研究。但是到目前为止，这种技术制备的部分氟化磺酸膜仍停留在试验和中试阶段。非氟质子膜是均质膜的一个重要分支，材料包括聚芳醚基、聚酰亚胺、聚醚酰亚胺、苯乙烯及其衍生物等。聚芳醚基膜由于其可加工性、优异的热化学稳定性、良好的力学性能和低成本等优点，被认为是最有前途的 PEM 优选材料之一。磺酸基团是聚芳醚基膜的质子交换位点，比羧酸和膦酸更容易被引入芳香环，便于 PEM 的性能提升。聚酰亚胺基磺酸膜，特别是磺化六元环（萘）聚酰亚胺，具有优良的化学和热稳定性、较高的机械强度、良好的成膜能力和较低的燃料气体（或液体）渗透能力，被认为是均质膜的理想候选材料。

（2）复合膜

复合质子交换膜是将全氟磺酸树脂加注到具有多孔结构的增强基体材料（如 PTFE、PVDF 等）中形成的复合结构的膜。由于受到全氟磺酸树脂自身强度和制备工艺的限制，均质膜的机械强度较低、溶胀严重，并且厚度较高，目前难以在工业化条件下得到低于 25 μm 厚度的均质膜。

全氟磺酸树脂填充到多孔增强基体材料的微孔内，既可以不阻塞质子传导通道，保持膜的质子传导性能，又可提高膜的机械强度和尺寸稳定性。为了进一步降低膜厚度，提高自身强度和降低溶胀，采用带有微孔的 PTFE 膜对全氟磺酸树脂进行微观增强是目前主流的复合膜制备方法。这种增强工艺并没有改变全氟磺酸树脂的化学特性，但膜的厚度可大幅降低到 10~20 μm，同时其质子电导率得到提高。

（3）催化层支撑体

PEM 电解水技术根据催化层支撑体的不同可分为 CCS 法和 CCM 法两种（见图 2–16）。CCS 法是将催化剂活性组分直接涂覆在气体扩散层，而 CCM 法则将催化剂活性组分直接涂覆在质子交换膜两侧，因此，CCM 法的催化剂利用率更高，质子传递阻力更低，是目前膜电极制备的主流方式。近年来电化学沉积法、超声喷涂法以及转印法也成为新的研究热点并具备应用潜力。这些新制备方法从多方向、多角度改进膜电极结构，克服传统方法制备膜电极存在的催化层催化剂颗粒随机堆放，气体扩散层孔隙分布杂乱等结构缺陷，改善了膜电极三相界面的传质能力，提高了贵金属的利用率，从而提升膜电极的电化学性能。此外，有序化膜电极具有良好的电子、质子、水和气体等多相物质传输通道，可减少膜电极中 Pt 的载量、提升电解效率并延长使用寿命，成为当前主要的研究方向。

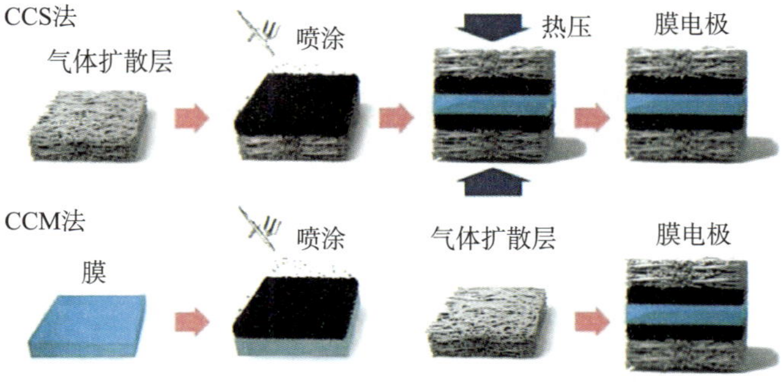

图 2–16 典型 CCS 与 CCM 制备方法

资料来源：钱圣涛，何勇，翁武斌，等. 阴离子交换膜电解水制氢技术的研究进展［J］. 新能源进展，2024，12（1）：1–14.

2.2.2.3 核心技术与关键装备

（1）质子交换膜

近年来，质子交换膜国产化能力稳步提高，东岳、科润、国氢科技等国内企业的技术水平不断提升，国产质子交换膜进口替代趋势明显。目前市场上主要使用的是全氟磺酸质子交换膜，主流的加工方法有热熔融挤出成膜法和溶液流延成膜法两种，但在生产过程中均存在成本较高、尺寸稳定性较差等问题。为改善全氟磺酸质子交换膜存在的问题，进一步提升质子交换膜的性能并降低成本，部分氟化质子交换膜、非氟质子交换膜和复合质子交换膜已成为质子交换膜的主要研究方向。

（2）阳极催化剂

高活性的阳极催化剂对提高电解性能至关重要，PEM 电解槽阳极催化剂以 Ir 以及 IrO_2 等为主，阴极一般采用 Pt 基催化剂。PEM 电解槽电极反应中阳极析氧反应活化过电位远高于阴极析氢反应，因此开发高活性的阳极催化剂并对阳极催化层进行优化，对于降低电解活化极性，提高电解性能至关重要（见表 2-6）。

表 2-6 各种新型催化剂材料及特点

名称	成分	用途	特点
铂合金等	铂钴、铂铜	阴极	降低贵金属含量
铂碳基底改进型	氮掺杂碳载体	阴极	降低贵金属含量，或降低电解电压
二硫化钼	单层纳米二硫化钼	阴极	非金属、价格低，稳定性差，会产生硫化氢
贵金属氧化物	氧化钌、氧化铱	阳极	活性高，但氧化钌会高电压溶解，氧化铱价高
过渡金属氧化物及氢氧化物	镍铁水滑石	阳极	稳定性稍差，强于市面非金属催化剂，潜力大
磷化、硫化、氮化、碳化催化剂	磷化镍铁水滑石、磷化钼	阴极或阳极	对催化性能改善作用明显，稳定性待提高
单原子催化剂	单原子铂	阴极	性能出色，制备成本稍高、稳定性差
MOF 衍生	ZIF-8 衍生系列	阴极或阳极	结构独特，性能优良，潜力大，成本取决于 MOF 种类

资料来源：中国产业发展促进会氢能分会整理

（3）**气体扩散层**

气体扩散层是一种多孔材料，使用石墨、不锈钢、钛等材料加工而成，是影响浓差极化和欧姆极化，决定PEM电解堆性能的重要因素之一。气体扩散层设计过程中不仅需要通过控制孔隙率、孔隙大小、梯度结构和厚度等参数来优化水和析出气体的传质特性，降低浓差极化，而且需要对催化层直接接触的界面结构进行优化设计，尤其是当采用低催化剂载量时，气体扩散层对于催化层面内的电子传导性和物质传输特性有重要影响。由于PEM电解槽的质子交换膜多采用全氟磺酸膜，气体扩散层的工作环境一般为酸性，同时阳极的高电压和富氧环境也会加速材料的老化，因此耐腐蚀性能更高的钛金属是当前PEM电解槽气体扩散层的优选材料，目前主流的工艺是将海绵钛经过机加工形成钛纤维后，将钛纤维进行铺制并经过高温烧结后制成多孔钛毡。

（4）**双极板**

双极板是决定电解槽耐用性的关键因素之一，可采用多种材料，包括钛、石墨和涂层不锈钢等。由于石墨的耐腐蚀性较差且机械强度较低，并不能保证PEM电解槽的高性能与长寿命。钛金属耐腐蚀性好且机械强度较高，是当前双极板生产的主要选择，但随着时间的推移，钛的表面往往会形成钝化氧化层，从而降低其接触电阻和导热性，导致电堆性能下降。镀金钛双极板可有效解决钝化氧化问题，但会增加成本，涂层不锈钢作为镀金钛双极板的低成本替代品，具有较好发展前景，但其稳定性有待提升。

2.2.2.4 国内外技术水平对比

近年来欧美在PEM电解水技术的开发中取得了长足的进步，涌现了一批知名PEM电解水设备研发制造企业。从商业化产品角度看，美国、加拿大、德国在PEM电解槽产品的研究与制造方面处于领先地位。Nel公司的M系列PEM电解槽单槽最大产氢量为492 Nm^3/h，Nel在全球部署了2000多套PEM电解水制氢装置。西门子能源开发的新一代Silyzer 300 PEM电解槽，单槽产氢量为300 Nm^3/h，可通过模块化集成达到2000

Nm^3/h 的制氢能力。康明斯公司研发的 HyLYZER–400–40 系列电解槽，在额定设计工况下产氢量为 400 Nm^3/h，满负荷工况下产氢量达 620 Nm^3/h。PLUG POWER 公司开发的 5 MW 级 PEM 电解槽，氢气产量最大达 1000 Nm^3/h，电堆寿命可达 80000 h。ITM POWER 公司通过模块化结构设计、多堆串联运行，根据用户氢气需求量，可将电解槽并联组合成为大规模的电解槽模块，系统氢气产量可达 1890 Nm^3/h。

在国内，PEM 电解水制氢技术的研发工作起步较晚，但发展迅速。其中，国氢科技 500 Nm^3/h PEM 电解槽额定电流密度 1.8 A/cm^2，额定制氢电耗 4.4 kWh/Nm^3，设备总体技术已达到国际先进水平。

整体来看，国内外 PEM 电解槽性能基本相当，系统集成及 BOP 已实现国产化和规模化量产，虽然国产膜电极市占率快速提升，但膜电极核心材料的国产化能力仍然较弱。

具体来看，国产质子交换膜虽已实现技术突破，但在性能方面与国际领先水平仍有差距，缺少实证数据支撑是制约产品迭代的重要因素（见表 2–7）。目前，“杜邦”“戈尔”等品牌在我国工业级质子交换膜市场仍处于垄断地位，国产品牌仍处于起步阶段。国内催化剂贵金属铂担载量高于国外，催化剂种类与技术和国外相比尚有不足。庄信万丰股份有限公司（简称庄信万丰，Johnson Matthey PLC）和田中贵金属集团仍占市场主导地位。国内已有企业开展气体扩散层的小批量生产，但尚未实现商业化量产，东丽、SGL 依然处于市场垄断地位。

表 2–7　国内外质子交换膜主要参数对比

项目名称	厚度	拉伸强度 横向 / 纵向	尺寸 变化率	电导率		质子电阻
	μm	MPa	%	mS/cm 85℃ /50%RH	mS/cm 80℃ /90%RH	$mohm*cm^2$ 80℃ /30%RH
东岳未来 DMR100	15 ± 1	≥ 30/30	≤ 5	≥ 30	—	—
戈尔 M778.12	12	71/76	≤ 5	—	—	<120

续表

项目名称	厚度	拉伸强度横向 / 纵向	尺寸变化率	电导率		质子电阻
	μm	MPa	%	mS/cm 85℃ /50%RH	mS/cm 80℃ /90%RH	$mohm*cm^2$ 80℃ /30%RH
戈尔 M765.08	8.5	91/96	≤ 5	—	—	<80
杜邦 Nafion Nc700	15	45/45	—	83	—	—
科润 N-3010	12	≥ 32/32	—	—	100	—
科润 N-3015	15	≥ 30/30	—	-	100	—

资料来源：中国产业发展促进会氢能分会整理

2.2.3 固体氧化物水电解制氢技术

2.2.3.1 固体氧化物水电解制氢技术发展概况

SOEC电堆主要由电池片、连接体、密封件、集流网等组件堆叠而成，其中电池片包括阳极、电解质、阴极。由于SOEC电解槽在运行过程中对热能的需求较大，国内外SOEC示范项目主要集中于热能资源丰富或废热较多的场景，如钢铁冶炼工厂、化工合成工厂或者核能发电工厂等。

由于SOFC/SOEC的可逆性极强，且两者制备过程及所用材料基本一致，国内外从事SOEC的企业大多是从SOFC转型而来。目前国内SOEC电解槽单槽功率处于百千瓦级别。随着国内SOEC电解槽在项目中应用规模的扩大，系统集成工艺和设计水平将逐步提升，SOEC电池与电堆供应链将逐渐完善。预计SOEC电解槽将于2025年开始从工程化向商业化迈进，并于2030年达到较高的商业化水平。

近两年，SOEC技术以其能量转化效率高，无须使用贵金属催化剂等优势获得了较多关注（见图2-17）。除了SOFC/SOEC的专业研发制造企业，中广核、国家电网、华电集团、中石油、国家电投等能源央企通过联合开发、自主研制等方式加速布局SOEC技术。但总体来看，由于

SOEC 电解槽成本较高以及耐久性较差和单槽产氢量小等问题仍待解决，SOEC 电解槽目前在电解槽装机总容量中占比较少，不到 1%。同时，由于目前 SOEC 技术还处于研发和示范阶段，规模未能实现商业化，且不同设备制造商所开发的 SOEC 产品结构不尽相同，因此对原材料的个性化、定制化需求较高，导致目前上游的供应体系不统一、不完备。

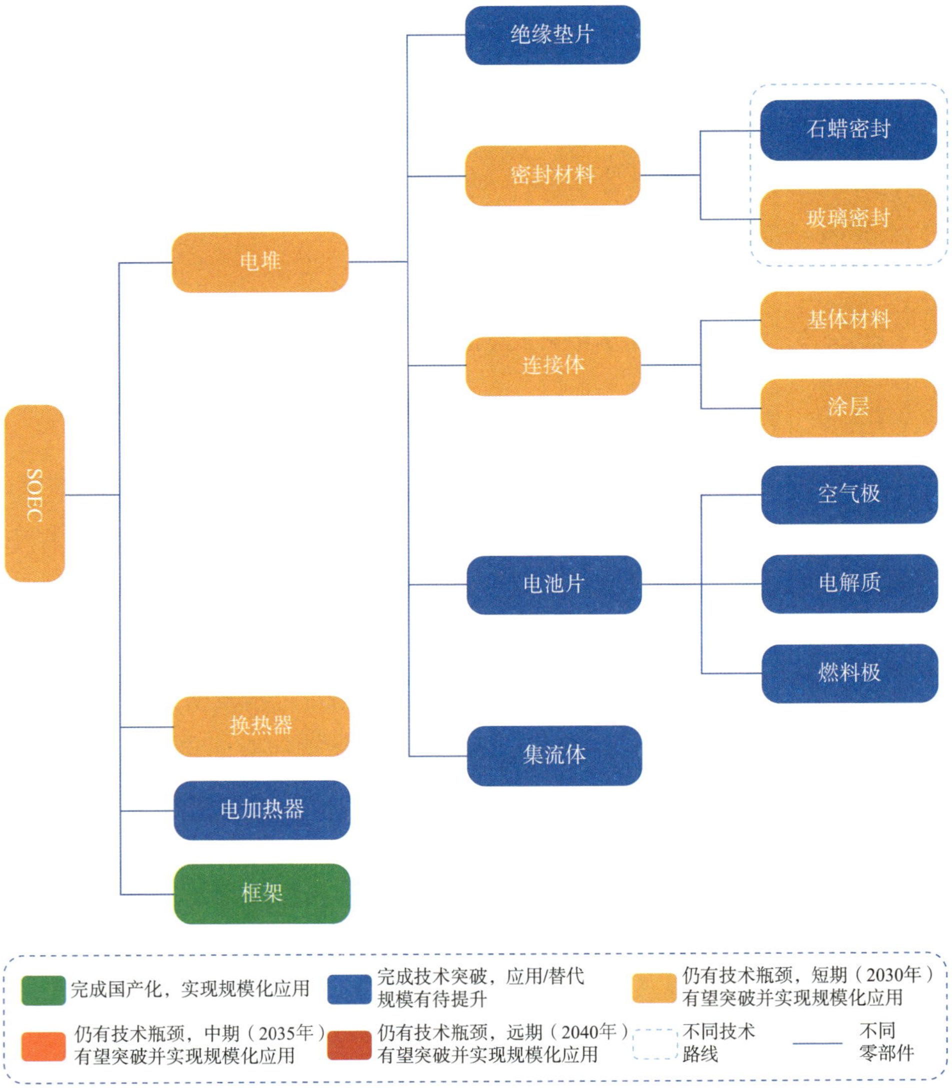

图 2-17　SOEC 技术图谱

资料来源：中国产业发展促进会氢能分会整理

2.2.3.2 技术路线分析

从电池结构来看，主流 SOEC 技术可分为管式结构和平板式结构两种（见表 2-8）。目前平板电池结构是 SOEC 电池的主流结构。

表 2-8 平板式结构 SOEC 与管式结构 SOEC 对比

性能	平板式结构	管式结构
单位面积功率密度	高	低
体积功率密度	高	低
长期稳定性	一般	较好
高温密封性能	必须密封，易泄漏	非必要，不易泄漏
启动速度	慢	快
连接	容易	困难
制造成本	低	高

资料来源：中国产业发展促进会氢能分会整理

（1）管式结构

管式结构通常采用挤压成型的方式制备多孔陶瓷电池支撑结构，并在支撑结构的外表面制备燃料极、电解质和空气极。管式 SOEC 电池结构相对简单，对密封的要求较低，且电池间的应力较小，启动速度较快。但是由于其特殊的制备工艺导致制备成本较高，同时其较长的集流路径也增加了管式结构电池的内阻，导致其电化学性能偏低。

管式结构虽然具有良好的稳定性，但由于其结构原因导致电流密度偏低，国内设备制造商在传统管式结构基础上重新设计了几何形状，以提高其功率密度，其中主要的形状包括：扁管式、瓦楞式、锥形式、蜂巢式和微管式等。

（2）平板式结构

平板式结构的电流流向与电池垂直，电流路径较短，电化学性能较好，且主要部件可通过流延成型和丝网印刷制备，成本较低。缺点是对密封要求较高，并且在温度有较大波动时会产生界面热应力，易造成电池的损坏。目前，平板型结构由于其相对简单的构造和相对低廉的制造成本成为主流的 SOEC 电池结构。

平板结构 SOEC 根据其结构支撑层的不同可进一步分为燃料极支撑电池（FESC）、电解质支撑电池（ESC）和金属支撑电池（MSC）（见表 2–9）。作为最新一代的 SOEC 技术，MSC 采用成本较低的不锈钢材料作为电池的结构支撑层，通过降低 SOEC 陶瓷材料功能层的厚度，不仅降低了电池的材料成本，也降低了 SOEC 的工作温度。另外，MSC 采用的金属支撑也使其具备较好的机械性能和抗热震性能。然而，为了防止不锈钢中 Cr 元素的析出，在金属基底的制备过程中通常需要将金属粉末在氮气或真空等低氧环境下加热，增加了制备过程的难度和成本。另外，由于金属基底材料的熔点较低，在后续电池加工过程中 SOEC 电极和电解质的材料烧结温度受限，易产生其致密性和强度降低以及与金属基底的结合度不足等问题。基于上述潜在的问题，综合来看，MSC 目前依然存在加工流程困难、制造成本偏高、长期稳定性不确定等问题，技术的成熟度不如另外两种技术路线。相比而言，FESC 和 ESC 是目前较为成熟的 SOEC 技术路线。FESC 和 ESC 使用相同的电极材料，即 Y 掺杂 ZrO_2（YSZ）电解质、金属—陶瓷材料复合燃料电极（如 Ni–YSZ）、陶瓷复合材料空气极（如 LSCF–GDC）。二者最大的不同在于结构支撑层的材料、厚度和结构。ESC 以致密电解质层作为电池结构支撑层，其厚度一般为 150~250 mm。空气极和燃料极电极厚度则为 20~30 mm。燃料极支撑电池则将约 400 mm 的金属—陶瓷材料复合燃料电极（如 Ni–YSZ）作为电池支撑层，电解质的厚度减小到 3~10 mm。由于 SOEC 电解质材料的离子电导率普遍偏低，采用厚电解质的 ESC 相比 FESC 通常有着较高的使用温度。但 ESC 电解质更为稳定，且由于电解质电阻占 ESC 整体电池电阻的比例较大，相比 FESC，ESC 通常具有更高的稳定性。由于在相同温度下 FESC 的电解质层较薄，总体电化学性能较好，因此工作温度相对较低。然而由于 FESC 的燃料极支撑层较厚，在高水蒸气含量和高电解电流的条件下，燃料极会发生 Ni 迁移现象，影响 SOEC 电池整体的稳定性。总的来说，FESC 与 ESC 技术成熟度相似，并没有明显的优劣。

表 2-9 平板式不同支撑结构特点对比

指标性能	电解质支撑电池	燃料极支撑电池	金属支撑电池
单位面积功率密度	低，取决于电解质支撑厚度	非常高	高
运行温度	高（800~1000 ℃）	中（700~800 ℃）	低（600~700 ℃）
机械性能	低	高	非常高
热震性能	差	好	非常好
封接	一般	一般	容易封接
制备温度	高（1400 ℃）	高（1400 ℃）	低（1000 ℃）
成型工艺	流延，丝网印刷	流延，丝网印刷	热喷涂，等离子喷涂
制备材料成本	高	一般	低
制备工艺成本	低	低	非常高
技术成熟度	高	高	非常低

资料来源：中国产业发展促进会氢能分会整理

2.2.3.3 核心技术与关键装备

类似于ALK和PEM，SOEC系统的组成也包括电堆和BOP两大部分。电堆是 SOEC 系统的核心，主要由陶瓷材料（如 YSZ、LSM 等）构成，相比 PEM 原材料中的铂族贵金属，SOEC 所用陶瓷材料成本较低。BOP 则包括蒸汽发生器、换热器、压缩机等主要部件。

（1）连接体

热喷涂是目前连接体制备主流工艺，但存在效率低、成本高以及局部变形等问题，因此未来湿法喷涂和 PVD 喷涂等方式将逐步替代热喷涂工艺。调控玻璃软化温度、封接温度等参数可解决玻璃耐热震性能差而导致密封失效造成泄漏的问题。管式 SOEC 支撑体制备方法有挤出法、凝胶注模法和等静压法。平板 SOEC 电池成型方法主要有流延、干压、轧膜等，其中流延法效率高，自动化水平高，成型坯体性能的重复性和尺寸一致性水平高，是优先的 SOEC 成型技术之一（见图 2–18）。金属支撑体具有热启动快、强度高等优势，但制造难度高于陶瓷支撑体。

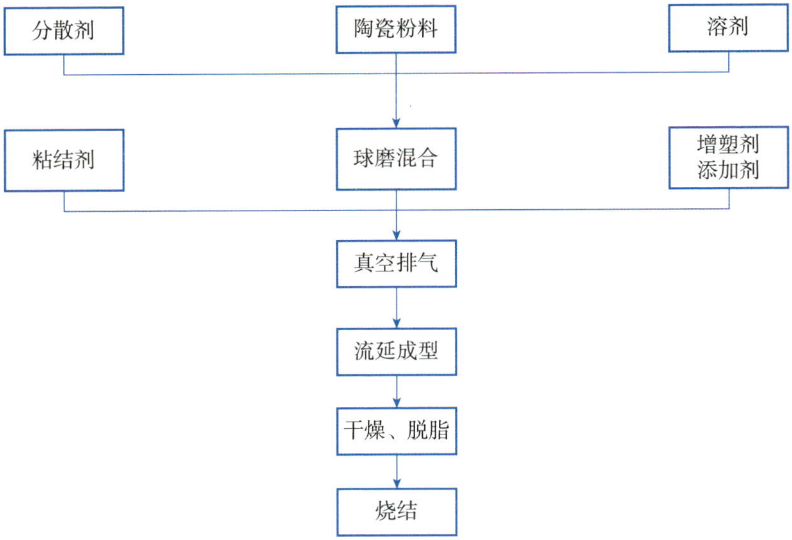

图 2–18　流延成型工艺

资料来源：中国产业发展促进会氢能分会整理

（2）密封材料

密封材料的主要功能包括：防止氢气和氧气在电堆内混合，保持良好的气密性；将阳极—电解质—阴极—连接板粘结在一起组成电堆；将连接板边缘绝缘分离，防止连接板电流短路。SOEC 的运行环境较为严酷，需在 650~1000 ℃的高温下长时间工作，同时启动和停止也会导致急速的升温和降温，因此，密封材料需要在上述环境中保持气密性和耐久性。玻璃和玻璃陶瓷是板式 SOEC 普遍采用的密封材料，通过探索新型结构、开发新材料等途径提升密封性能是当前的主要研究方向。

（3）电极材料

不同于 ALK、PEM 等常温水电解制氢方式，SOEC 的工作温度达到 650~1000 ℃。高温运行环境带来了低电耗的优势，但长期暴露在高温高湿环境中也将导致材料性能衰减，影响电解槽使用寿命。阴极目前多采用 Ni–YSZ 金属陶瓷复合材料，在高温水蒸气的环境下，单质 Ni 容易氧化并蒸发造成 Ni 元素流失，降低电极的催化性能，因此阴极一般采用 Ni 涂层。阳极材料目前多采用 $La_{0.8}Sr_{0.2}MnO_3$（LSM）、$La_{0.6}Sr_{0.4}Co_{0.8}Fe_{0.2}O_3$（LSCF）等钙钛矿结构过渡金属氧化物，这些材料长期暴露在高温高湿环境下，易出现分层、开裂等问题，因此阳极一般采用 Co–Mn 和尖晶石进行涂层保护。

（4）**电堆制造**

电堆集成作为 SOFC 和 SOEC 的核心关键技术，是影响整个行业商业化进程的决定性因素。电堆制造过程分为电堆组件制备加工和电堆组装。即使电堆零部件满足技术指标，但热匹配和机械匹配不当也会影响电堆整体性能和稳定性。尤其是在高温操作环境下，优异的高温热管理系统和余热回收效率可明显降低系统能耗。保证电堆在运行过程中保持稳定压力也是电堆集成的核心技术之一，通过对电堆歧管进口和出口的压力平衡调节，以及管道安全阀调控，可以有效防止电堆内部压力随蒸汽管道压力波动。

2.2.3.4 国内外技术水平对比

由于 SOEC 与 SOFC 技术采用相同的材料及电堆结构，SOFC 的技术积累可以迁移到 SOEC 技术的研发中，加速 SOEC 系统的研究。美国和欧洲因其对于 SOFC 的研究起步较早，项目经验较多，SOEC 技术发展速度较快，目前 SOEC 相关产品已经走出实验室，进入工程化示范应用阶段。

Bloom Energy 作为 SOFC 领域的领导者，在全球已部署超过 1 GW 的 SOFC 发电系统，并于 2020 年开始 SOEC 系统的研发和应用。Bloom Energy 采用电解质支撑平板结构电池及混合式气体流道设计，在超过 800 ℃的工作温度下达到了 3.3~3.9 kWh/Nm^3 氢气的制氢电耗。丹麦的 Topsoe 采用燃料极支撑的平板电池结构，实现了 SOEC 产品在 700~750 ℃的较低温度下运行。目前其第二代 SOEC 电堆可以达到 3.1 kWh/Nm^3 的制氢电耗以及超过 4 年的使用寿命。

国内 SOEC 技术研发起步较晚，目前与世界先进技术相比还存在一定差距，且落地项目不多，但国产 SOEC 产品的部分性能指标已接近世界先进水平。2023 年 2 月上海应用物理研究所承担研发的 200 kW 级 SOEC 项目一次性开车成功，该电堆采用燃料极支撑结构以及混合式气体流道设计，在电堆层面达到了 64 Nm^3/h 的制氢速率以及 3.16 kWh/Nm^3 的制氢电耗。思伟特采用金属支撑型电堆，在系统层面达到了 3.6 kWh/Nm^3 的系统电耗以及超过 84% 的系统效率，基于此技术的 10 kW 级样机也已经完成性能测试正式下线。上海翌晶氢能自主研发的 20 kW SOEC 系统也已搭建完毕进入调试阶段，其系统效率超过 80%，制氢电耗预计可达到 3.8 kWh/Nm^3。

2.2.4 阴离子交换膜水电解制氢技术

2.2.4.1 阴离子交换膜水电解制氢技术发展概况

AEM 作为新兴的电解水制氢技术，目前仍处于工程化的初期阶段，究其原因，主要是 AEM 的离子传输能力弱，热稳定性和化学稳定性尚未达到商业化水平，采用非贵金属基催化剂活性不足，且高温长时间反应过程中膜电极组件中的催化剂易溶解脱落，导致器件整体的电解性能较差。针对上述问题，目前的研究集中于开发高性能非贵金属催化剂、提升膜稳定性和离子导电性等方面。

AEM 电解槽结构与 PEM 电解槽类似，核心组件为膜电极组件（MEA）（见图 2–19）。膜电极组件主要包括阴离子交换膜、离聚物、阳极和阴极催化剂层。AEM 电解槽一般用纯水或低浓度碱性溶液作为电解质。阴离子交换膜是 AEM 电解槽装置中的重要组成部分，其作用是将 OH^- 从阴极传导到阳极，同时阻隔气体和实现电子在电极间直接传递。实际应用中，要求阴离子交换膜具有足够的机械强度，较高的热稳定性、化学稳定性、离子导电性以及电子和气体的势垒作用。由于阳极析氧反应过程和阴极析氢反应过程中存在反应动力学惰性，为增强反应活性和降低能耗，需要在电极上负载高活性催化剂。

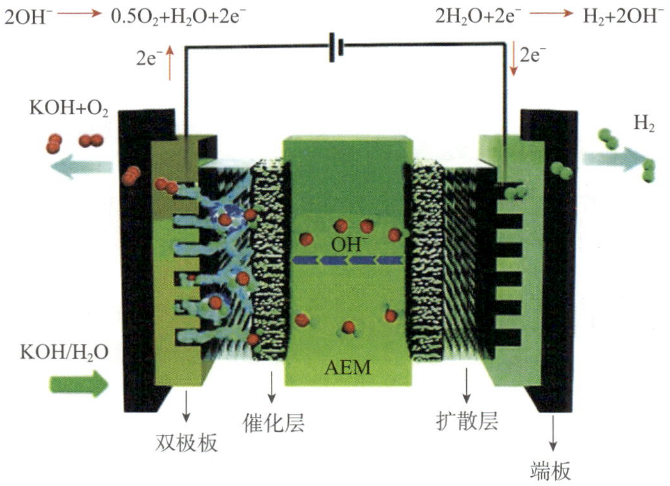

图 2-19 AEM 电解槽结构

资料来源：钱圣涛，何勇，翁武斌，等.阴离子交换膜电解水制氢技术的研究进展［J］.新能源进展，2024，12（1）：1-14.

相比 ALK 技术，AEM 技术具有更快的响应速度和更高的电流密度；而相比 PEM 技术，AEM 技术的制造成本更低，因此 AEM 技术被视为电解水制氢技术未来的主要发展方向之一（见图 2-20）。2024 年以来，我国 AEM 技术实现突破，已呈现加速发展势头，国内多家企业相继发布 AEM 产品。据不完全统计，截至 2024 年 6 月，国内已有 20 余家企业布局 AEM 技术。当前我国 AEM 技术正在快速从工程化阶段向商业化应用阶段迈进，预计距离大规模商业化应用还需 5 年以上时间。在此过程中，解决阴离子交换膜热稳定性与化学稳定性差、传导能力有限、寿命相对较低、单槽产氢量小等问题，将成为决定其商业化进程的关键。

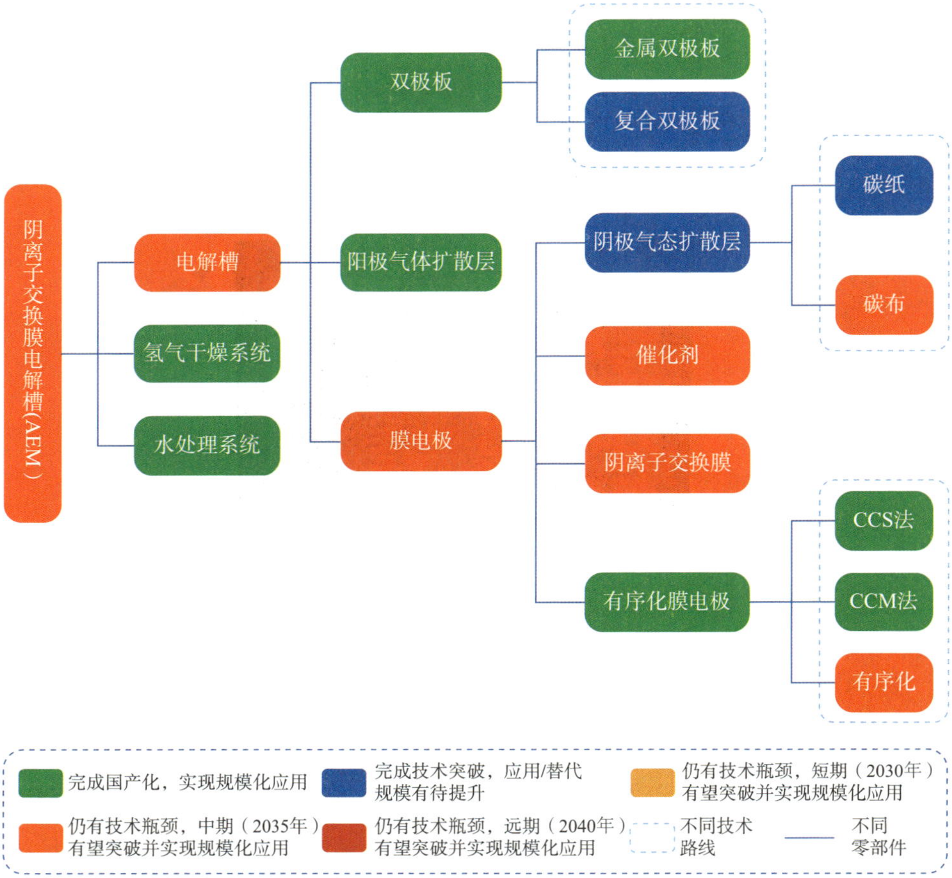

图 2–20　阴离子交换膜电解槽技术图谱

资料来源：中国产业发展促进会氢能分会整理

2.2.4.2　技术路线分析

AEM 电解槽技术路线分为碱性电解质系统和纯水系统两种。碱性电解质系统的研发重点是提升电流密度和耐久性；纯水系统的研发重点是提升膜的稳定性，并使用先进的膜和无（或低）贵金属催化剂提升电解性能和耐久性。

阴离子交换膜按材料类型可分为聚芳醚类阴离子交换膜、无芳基醚键阴离子交换膜以及其他阴离子交换膜。聚砜（PSF）、聚苯醚（PPO）以及聚芳醚酮（PAEK）等低成本的聚芳醚类阴离子交换膜是当前主要的研究方向。大量研究发现，各类阴离子交换膜在碱性环境中普遍存在耐碱性差以及离子传导能力不足等问题，在阴离子交换膜电解槽工作过程中，膜表面形成的局部强碱性环境使得阴离子交换膜在 OH^- 的腐蚀下发生降解，由此引发的膜穿孔会造成电池短路。因此，研发适应强碱性条件下的高性能阴离子交换膜具有重要意义。

阴离子交换膜由聚合物主链和离子交换基团构成，聚合物主链作为结构骨架，主要负责提供一定的机械强度，而离子交换基团则主要负责离子传导。在聚芳醚类阴离子交换膜中的聚合物主链中往往含有醚氧键，在高温以及碱性条件下，醚氧键非常容易断裂从而造成结构的失稳以及阴离子交换膜的破裂，大大降低阴离子交换膜的机械强度。通过使用如哌啶基团等不含醚氧键的六元环状结构的有机物以及其他不含醚氧键的有机物制备阴离子交换膜，在实验室中表现出优异的耐碱性和离子传导能力。对于离子交换基团，最先被使用的季铵盐类基团在高温碱性环境下同样容易被 OH^- 取代和消除，从而使得阴离子交换膜失去离子交换的能力，因此近些年也不断开发出如芳香类季铵盐、非芳香环胺型盐、金属中心阳离子等多种化学结构稳定的功能基团用作阴离子交换膜离子交换基团。

2.2.4.3　核心技术与关键装备

AEM 技术的发展程度完全取决于材料技术的突破情况，高 OH^- 传导率可实现高电流密度与高制氢效率，从而降低系统运行能耗。同时，提高膜的耐腐蚀性与机械强度则可实现更高的系统寿命。因此，当前 AEM 核心技术装备的研究主要聚焦于阴离子交换膜、电极催化剂以及膜电极 3 个方面。

（1）阴离子交换膜

相对于阳离子交换膜材料，阴离子交换膜的制备工艺更加复杂，膜材料电化学性能较低、OH^- 电导率低、化学稳定性差是当前的主要瓶颈。AEM 电解槽在工作过程中，膜表面形成的局部强碱性环境使得 AEM 电解槽在 OH^- 的作用下发生降解带来的穿孔会引发电堆短路，影响使用寿命。因此，开发新型阴离子交换膜，增强离子电导率、OH^- 选择性以及在更高工作温度（>60 ℃）下的稳定性是 AEM 电解槽进一步发展的关键技术难题。

（2）电极催化剂

AEM 系统中使用的阳极催化剂主要基于 Ni 和稀土金属，阳极催化过程易受到外部条件影响。Ni-Mo 合金材料、Co_3O_4 纳米晶体、Fe 和 Ni-Fe 合金表现出了良好的阳极催化性能，但是寿命与稳定性有待提升。阴极催化剂包括 Pt/C、$CuCoO_x$、Ni-Mo、Ni/CeO_2-La_2O_3/C 等，在开发过程中需关注成本特性，提高催化活性、稳定性和转化效率。

（3）膜电极

膜电极是 AEM 电解槽的核心部件，是电化学反应和传质的主要场所，决定了电解槽的电解性能和稳定性。使用传统方法（CCS 法和 CCM 法）制备的膜电极在结构上存在缺陷，制约了催化剂的利用率和系统传质能力，有序化膜电极被认为是未来膜电极的重要发展趋势。开发制备工艺简单、性能稳定、成本低的有序化膜电极，并促进商业化应用是未来研究的主要方向。

（4）气体扩散层

气体扩散层位于双极板与催化剂层中间，主要起到电解质和气体传输以及电子和热量传导的作用。在 PEM 电解槽中，由于阳极侧高电位、富氧和强酸性的恶劣环境，多采用价格昂贵的钛基材料。在 AEM 电解槽中，由于弱碱性条件，阳极气体扩散层通常采用价格低廉的泡沫镍，阴极可采用泡沫镍或碳布，极大降低了成本。目前研究主要集中于气体扩散层形态、孔隙率的优化和新型材料的开发等方面。

（5）双极板

双极板是 AEM 电解槽中的多功能组件，主要作用是连接堆栈中的相邻电池，确保电荷载流子在相邻电池间传输，供应反应物和排出气态产物，以及为集电器、膜和电极等部件提供机械支撑。在 PEM 电解槽中，同样由于强酸性的恶劣环境，双极板仍需使用价格高昂的钛板，以保证导热性、导电性、耐腐蚀性和化学稳定性。在 AEM 电解槽中，目前主要是沿袭 ALK 技术的双极板材料，通常由镀镍不锈钢制成。

2.2.4.4 国内外技术水平对比

目前，全球 AEM 制氢技术整体仍处于工程化初期阶段。2019 年，德国公司 Enapter 推出了全球首款模块化的 AEM 商业产品 Electrolyser EL 2.1，该产品能耗为 4.8 kWh/Nm^3，单个模组氢气产率仅为 500 NL/h，难以满足用氢场景需求。为此，Enapter 通过集成 420 个单槽推出了大功率集装箱式 AEM 制氢装置 Multicore，产氢量达到 210 Nm^3/h，负载波动范围为 3%~105%，能耗为 4.8 kWh/Nm^3，电堆寿命超过 35000 h。

国内虽然已有 AEM 制氢装备推出，但整体尚处于研发验证阶段，与欧美等相比，在大型项目中的应用案例相对缺乏，产品寿命、产氢规模等性能指标都有待提升。目前国内企业已完成 500 kW 装备的开发，单槽直流能耗为 3.6~4.3 kWh/Nm^3，功率波动范围为 5%~120%，冷启动时间小于 10 min。

2.3 其他制氢技术发展现状

2.3.1 甲醇制氢技术

2.3.1.1 甲醇制氢技术发展概况

甲醇制氢技术较为成熟，据不完全统计，国内已部署了超 1000 套甲醇制氢装置，设备产能覆盖 5~60000 Nm^3/h，3000 Nm^3/h 以下的中小型设备占比较高，约为 70%（见图 2-21）。甲醇制氢设备技术图谱见图 2-22。

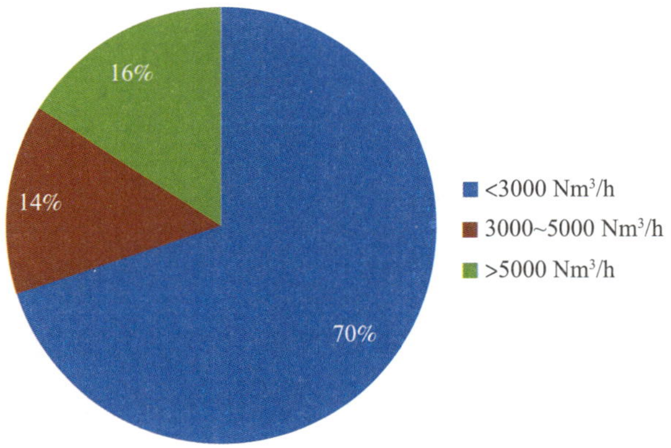

图 2-21　我国不同规模甲醇制氢设备占比

资料来源：中国产业发展促进会氢能分会整理

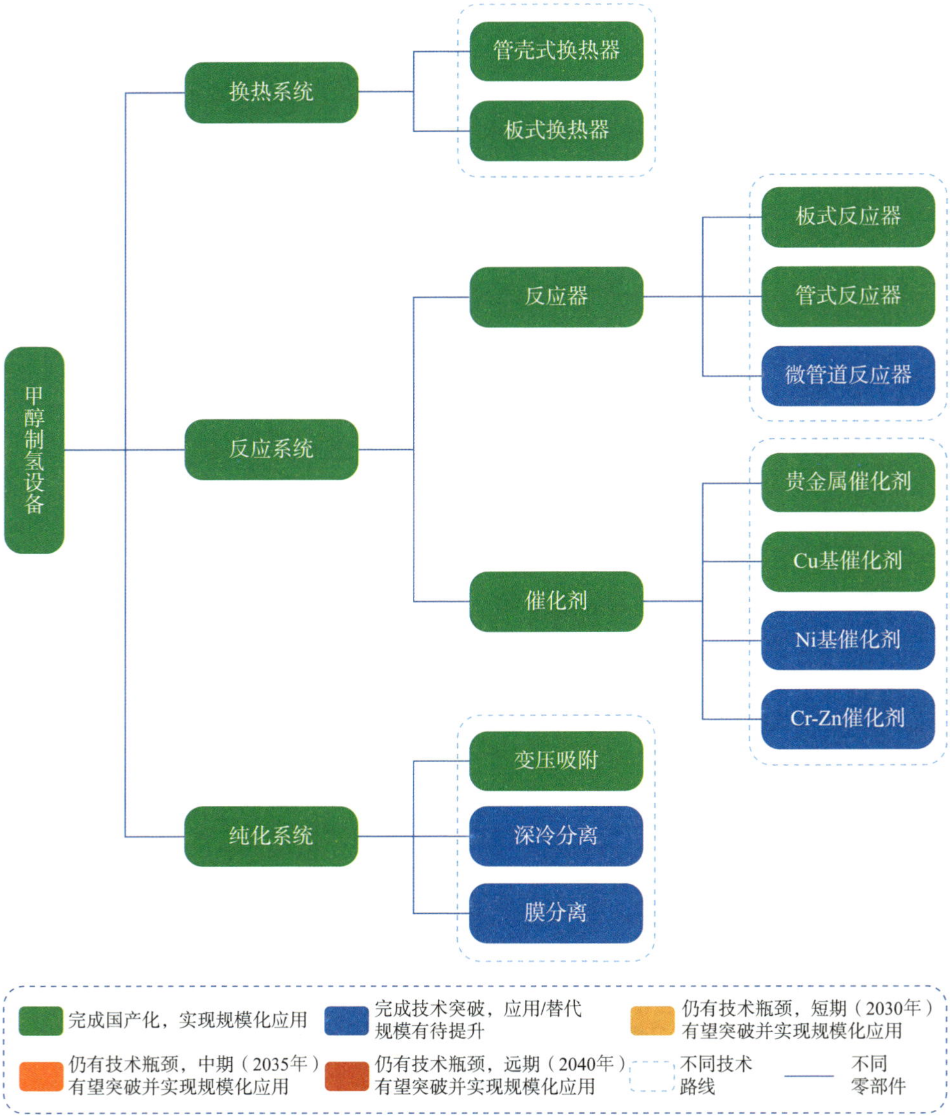

图 2–22　甲醇制氢设备技术图谱

资料来源：中国产业发展促进会氢能分会整理

2.3.1.2　技术路线分析

甲醇制氢可分为甲醇水蒸气重整制氢、甲醇裂解制氢和甲醇部分氧化制氢 3 种技术路线。其中甲醇水蒸气重整制氢技术以产氢率高、能量利用合理、过程控制简单、便于工业操作等优势，成为当前甲醇制氢的主流方案。甲醇水蒸气重整制氢装置一般可分为预处理单元、转化单元、供热单元和氢气纯化单元 4 个部分（见图 2–23）。在甲醇水蒸气重整技术中，氢气除来源于甲醇外，部分还来源于水，甲醇的单程转化率可达 99% 以上，合成气中氢气含量约 75%，氢气的选择性高于 99.5%，利用 PSA 提纯技术，可得到 99.999% 或以上纯度的氢气，且 CO 含量可低于 5 ppm。

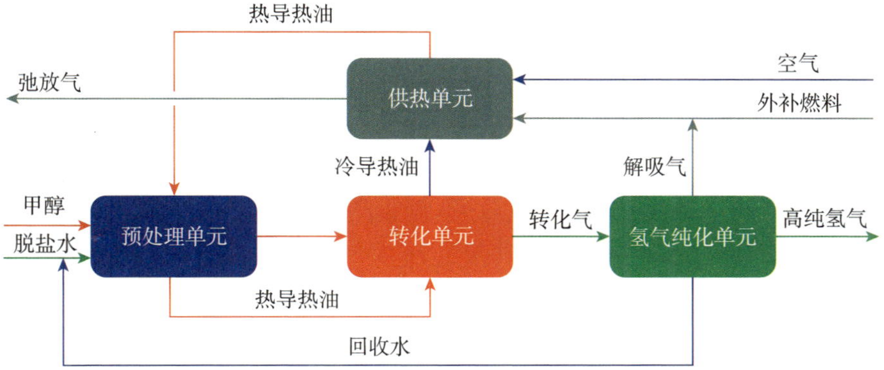

图 2–23 甲醇水蒸气重整制氢工艺流程

资料来源：刘铉东，张颖超，栾学斌，等．甲醇水蒸气重整制氢过程的能耗和经济性分析［J］．石油炼制与化工，2024，55（9）：136–143.

甲醇裂解制氢的催化剂以铜基催化剂为主，具有较高的活性和选择性，反应温度在 200~400℃。反应速度随温度升高而加快，但反应副产物也随之增多。此技术路线多用于生产富 CO 或纯 CO 气体，副产氢气。

甲醇部分氧化制氢通过将甲醇和水汽化，然后与氧气一同进入反应器中发生制氢反应。其优点是反应速度快，反应条件温和，便于操作且启停方便；缺点是合成气中氢气含量较低。

2.3.1.3 核心技术与关键装备

目前有关甲醇制氢研究的热点主要集中在甲醇制氢催化剂、反应器等方面，我国已完全具备自主化能力。

（1）催化剂

合理地选择催化剂是降低甲醇制氢成本的有效手段。目前常用催化剂根据活性组分可分为镍系催化剂、钯贵金属系催化剂及铜系催化剂。铜 / 氧化锌 / 氧化铝催化剂具有活性好、选择性高、制备成本低等优势，是目前市场的主流选择。通过添加贵金属助剂可以改善活性铜的分散性、增加比表面积以及减小含微晶粒径，改善铜基催化剂稳定性和催化活性。各种新型催化剂组成及特点见表 2-10。

表 2-10 各种新型催化剂组成及特点

催化剂种类	催化剂活性组分	特点
贵金属催化剂	银、铂、金等	催化剂稳定性好，受毒物和热影响小，但价格昂贵、活性比铜系催化剂差
铜系催化剂	铜	价格低廉、性能优越，催化活性较高，应用广泛
镍系催化剂	镍	高温下反应活性高，但低温下活性低、选择性较差
其他催化剂	铬－锌	低温活性很差，不常使用
	金属氮化物	新兴的催化剂，缺乏实际使用经验，现阶段使用效果较差

资料来源：中国产业发展促进会氢能分会整理

（2）反应器

制氢反应器结构和规格的选择是影响甲醇制氢效率与稳定性的关键因素。其结构形状可分为管式反应器、板式反应器及微通道反应器等。

管式反应器结构最简单，但效率略低。可以通过增加流道来提高产量，应用技术较为成熟。板式反应器容易实现催化燃烧和催化重整耦合的自供热反应以及反应器的集成放大，但制作加工过程复杂，基本以小型重整器为主，应用范围有限。微通道反应器比表面积大，在传热传质、恒温等性能方面的表现明显优于管式反应器和板式反应器，但制作成本较高，且氢气产量低，无法大规模应用。

2.3.1.4 国内外技术水平对比

经过多年发展，我国甲醇制氢技术在装置建成数量、设备规模及技术水平方面均处于国际领先地位，已实现 60000 Nm^3/h 甲醇制氢装置的商业化运营。

2.3.2 氨制氢技术

2.3.2.1 氨制氢技术发展概况

氨制氢技术主要有热化学分解法、光催化法、电催化法等方式，其中热化学分解法已被广泛研究，具有转化率高、流程简单、技术成熟等特点。氨分解制氢装置的设备投资较少，操作安全方便，因此在国内得到了广泛的应用。国内氨分解制氢装置以 5～300 Nm^3/h 规模为主。氨分解制氢工艺路线相对简单，但热能需求大，因此整体能耗较高，导致当前氨制氢的整体应用占比较低，大多被当作保护气应用于对氢气纯度要求不高的行业。氨制氢设备技术图谱见图 2-24。

图 2-24 氨制氢设备技术图谱

资料来源：中国产业发展促进会氢能分会整理

2.3.2.2 技术路线分析

氨制氢主要有热化学分解法、光催化法、电催化法等方式。高温热催化氨制氢工艺路线成熟但能耗高，纯化部分多采用变温吸附（TSA）技术，工业应用较少。热化学法氨制氢具有转化率高、流程简单、技术成熟的优势，但 800~850℃的高温反应条件导致反应器成本高。用钌系催化剂替代镍催化剂可降低反应条件，但会造成成本上升。光催化法制氢反应过程清洁，无污染，转化率高，操作条件温和，催化剂可循环利用。但目前光催化剂存在活性低、合成工艺复杂、比表面积低、活性不足、稳定性低、带隙高等问题，仍停留在实验室阶段。电催化法能耗较水电解制氢更低且操作条件温和，但存在反应速度慢的问题，且当前技术成熟度仅略高于光催化法，使用前景有限。

2.3.2.3 核心技术与关键装备

催化剂和氨分解反应器是热化学法氨分解制氢的核心技术。催化剂是降低能耗、提高氢效率及稳定性的关键。反应器的不断优化将推动设备规模向大型化发展。

（1）催化剂

当前工业氨制氢催化剂多沿用合成氨催化剂思路进行设计，虽然催化剂稳定性好，但反应效率较低。镍系和铁系是当前应用最成熟的催化剂，虽然钌系贵金属催化剂在制氢能耗、产氢效率和稳定性方面具备明显优势，但价格昂贵（见表 2-11）。价格低廉的非贵金属催化剂和低贵金属含量的催化剂是主要发展方向，其中非贵金属催化剂发展迅速。国内主要研发氨分解催化剂的企业见表 2-12。

表 2-11 各种新型催化剂组成及特点

名称	成分	特点
高温镍催化剂	镍、铝	镍含量高、耐热性强，反应温度高、低温活性差
改性高温镍催化剂	镍、铝、钙	镍含量较低、耐热性强，反应温度高、低温活性差
稀土单金属催化剂	镍、镧、铈	低含量、成本低，低温活性较好、耐热性差

续表

名称	成分	特点
稀土双金属催化剂	镍、铁、镧、铈	低含量、成本低、低温活性好、耐热性差
稀土贵金属催化剂	钌、镧、铈	活性远高于非贵金属、低温活性很好、耐热性较差、成本高
贵金属改性催化剂	钌、镁、钾	低温活性好、耐热性好、成本高、制备复杂
碳/氮化合物催化剂	钴、钡、氮	性能出色，制备成本高、稳定性差

资料来源：中国产业发展促进会氢能分会整理

表2–12 国内主要研发氨分解催化剂的企业

企业名称	催化剂主要研发类型
西南化工研究设计院	非贵金属催化剂
四川亚联氢能科技股份有限公司	非贵双金属、低含量贵金属
辽宁海泰科技发展有限公司	非贵金属催化剂
四川蜀泰化工科技有限公司	非贵金属催化剂

资料来源：中国产业发展促进会氢能分会整理

（2）反应器

反应器在负荷变化、停机和启动时快速升温且保持稳定温度的能力对氨分解反应至关重要。管式反应器得益于结构优势，占据了几乎全部市场份额，优化反应器设计可有效提高低温下氨的裂解效率。近年来，众多企业均积极开展新型反应器研发（见表2–13）。

表2–13 各种新型反应器的特点

反应器名称	公司	特点
小型氨分解装置	四川亚联氢能科技股份有限公司	氨催化燃烧、减少外部热源、热效率高
高度热集成氨分解反应器	厦门怡烁氢能源科技有限公司	占地小、传热效率高、结构紧凑
蓄热式氨分解反应器	台州聚源机械制造有限公司	受热均匀、热量充分利用
氨气预加热功能的氨分解反应器	福大紫金氢能科技股份有限公司	结构紧凑、热效率高
换热式氨分解反应器	南京敦先化工科技有限公司	运行能耗低

资料来源：中国产业发展促进会氢能分会整理

2.3.2.4 国内外技术水平对比

我国氨制氢技术虽然起步较晚，但在催化剂等方面进步快速。2024年，中国科学院大连化学物理研究所发布了 20 Nm^3/h 低温氨分解制氢的试验装置，在 424 ℃下，氨转化率达到 99.3%。在成套装备方面，江苏苏净集团有限公司等国内企业已实现氨裂解制氢装备的对外出口。

2.3.3 生物质制氢技术

2.3.3.1 生物质制氢技术发展概况

中国每年可利用生物质资源约为 35 亿 t，其主要来源为能源作物、农业废弃残留物、林业废弃残留物和工业城市固体废物。生物质制氢技术被视为“负碳”制氢路径，并可同时联产绿色 CO_2，可进一步与氢气反应制成绿色甲醇。生物质气化制氢技术相对成熟，但在热解过程中会产生焦油，其他无焦油技术尚未成熟。此外，当前生物质分布普遍具有季节性和分散性的特点，因此收储成本较高，且原料供应具有波动性。

2.3.3.2 技术路线分析

生物质制氢技术主要可分为热化学法制氢与生物法制氢两大路径。热化学法制氢已实现小规模生产，但产氢率不高，液相催化重整制氢以生物质解聚为前提，具有解聚产物易于集中和运输的优势，更适合大规模制氢，但技术也更复杂。直接光解法、间接光解法、光发酵法、暗发酵法、光暗耦合发酵法、无细胞生成酶转化法等生物法制氢普遍存在制氢效率低的问题。

2.3.3.3 国内外技术水平对比

国外生物质制氢技术研究已经相对成熟，并且在催化剂设计、反应器优化、系统集成等方面取得了重要突破。德国、丹麦、美国以木屑和农林废弃物为原料，均部署了大型生物质制氢工厂。近年来，我国生物质制氢技术不断突破，在生物质制氢的机理、催化剂、反应器设计等方面进行了深入研究，尤其是在垃圾制氢方面取得了一些重要成果。2024年2月，我国首个生活垃圾制氢项目落地，并在年内投产。

2.3.4 海水原位制氢技术

2.3.4.1 海水原位制氢技术发展概况

随着全球海洋资源开发向深远海挺进，海水原位制氢有望成为解决深远海风能储存与运输的有效路径之一，同时，海水制氢技术可快速迁移至工业废水制氢等领域，因此全球各国均积极开展此方面研究。目前已在可排斥 Cl^-、Na^+ 的双极膜电解槽、Cl^- 选择性膜电解槽、无膜电解槽等方面取得一定成果。我国通过海水液—气—液相变迁移驱动的海水原位分解电解槽的新思路，率先在全球海水原位制氢领域取得突破性进展。

2.3.4.2 技术路线分析

我国多个团队在海水原位制氢的系统创新、高性能自支撑非贵金属阳极催化剂、高稳定性阴极、高效双功能海水电解阳极催化剂、高效层状双氢氧化合物催化剂等方面均取得了关键成果。此外，2024年5月，我国利用海水无淡化直接电解制氢技术，首次完成了气田采出水无纯化电解制氢现场试验，为未来探索将海水直接制氢技术拓展到节能环保领域，以及石化废水、炼钢废水等工业废水制氢提供了路线参考。

2.3.4.3 国内外技术水平对比

海水直接电解的难点在于其高浓度的 Cl^- 会在阳极上发生氯氧化反应，且 Cl^- 的强腐蚀性会使金属电极的耐久性大大降低。同时，海水中的复杂成分也会在电解过程中产生协同效应，从而影响催化剂的活性以及稳定性。近年来关于海水直接电解的研究主要集中在抗腐蚀催化剂、阳极耦合无氯反应等方面，我国在此领域研究位于第一梯队。

谢和平院士团队提出了以物理力学与电化学相结合的新思路。通过将分子扩散、界面相平衡等物理力学过程与电化学反应结合，建立相变迁移驱动的海水直接电解制氢理论模型，彻底隔绝了海水中的多种离子，实现了无淡化过程、无副反应、无额外能耗的高效海水原位直接电解制氢，目前已完成工程化验证。

2.3.5 光催化制氢技术

2.3.5.1 光催化制氢技术发展概况

在催化剂作用下，光催化制氢无须电能转化便可直接与水反应生产氢气，同时可以与 CO_2 结合实现碳氢资源综合利用。但由于光生电子与空穴复合率高、材料光谱范围窄等问题，其制氢效率较低，距实际应用要求较远且目前成本较为昂贵。

2.3.5.2 技术路线分析

光催化制氢技术包括光催化分解水制氢技术和光催化有机物重整制氢技术。相较光催化分解水制氢，光催化有机物重整制氢使用有机物作为牺牲剂，大量消耗光生空穴，阻止光生电子与空穴复合，大大提高了制氢速度，是当前研究的重点方向。

2.3.5.3 国内外技术水平对比

中日两国引领全球光催化制氢技术的发展。日本是最早开展光催化制氢的国家，目前全球最大光解水制氢系统位于东京大学，面板反应器为 100 m^2。中国科学院大连化学物理研究所研发的基于粉末纳米颗粒光催化剂体系的“氢农场”策略，太阳能转化为氢能的效率（STH 效率）超 1.8%，是目前公开的基于粉末纳米颗粒光催化分解水 STH 效率的最高值。

2.3.6 天然氢勘探技术

2.3.6.1 天然氢勘探技术发展概况

近年来，各国对天然氢的关注度持续提升，美国、加拿大、澳大利亚和部分欧盟国家已纷纷启动天然氢的资源调查。但总体而言，天然氢勘探与开采的研究仍处于早期阶段，成藏机理、勘测与开采技术和装备等方面仍需进一步研究。虽然我国尚未开展系统性勘察，但已发现的高含量氢气点和富氢地质条件与我国地质匹配度较高，因此我国天然氢气的开发前景广阔。

2.3.6.2　技术路线分析

天然氢开采技术是一个复杂且高度专业化的技术。分为勘探技术、钻探技术、开采分离技术三大部分。

勘探过程包括：通过探测地下岩石的物性差异，推断氢气的赋存状态；分析地下水中氢气的含量、来源和运移规律，确定氢气在地下水中的分布特征，寻找氢气异常区；利用卫星遥感数据，分析地表特征与地下氢源的关系，识别潜在氢源区域；建立地下氢源分布的数值模型，模拟氢气的运移和聚集过程，预测氢源的位置和规模；通过钻探工程获取直接样品，确定氢气的赋存状态和浓度等。

钻探技术根据钻探方式、钻探设备以及钻探目的的不同，可以分为常规钻探技术、定向钻探技术、水平钻探技术和特殊钻探技术。

天然氢开采分离技术根据其使用的原理和过程可分为物理开采技术、化学开采技术、气体分离与提纯技术。

2.3.6.3　国内外技术水平对比

目前国外普遍通过遥感技术与样品采集相结合的方式研究地表氢气渗漏特征，并确定天然氢勘探靶区。2021 年，美国和澳大利亚联手完钻全球首座氢气钻探井。

第3章 氢储运产业技术发展现状

3.1 气态氢储运技术发展现状

3.1.1 压力容器氢储运技术

3.1.1.1 压力容器氢储运技术发展概况

高压常温气态氢储运是目前最成熟的氢储运技术，并将在一段时间内占据主导地位。压力容器储氢装置具有结构简单、成本低廉、充放氢速度快且能耗低等优势，但也存在体积储氢密度低、长距离运输效率低等问题。

移动式高压储氢容器分为氢气运输车用气瓶（>450 L）和燃料电池汽车用气瓶（≤ 450 L），前者公称压力一般为 20~52 MPa；后者主要为 35 MPa 和 70 MPa。在氢气运输车方面，中国已具备较成熟的 20 MPa 氢气运输车用气瓶及管束式集束柜的设计制造能力，在 20 MPa 压力下，单车运氢量一般不超过 400 kg。美国 Hexagon Lincoln 公司研制的纤维全缠绕高压氢气瓶公称压力为 25~52 MPa，单车运氢量可达 720~1350 kg。美国 FIBA Technologies Inc、日本制钢所等企业成功研制出 80 MPa 高压无缝氢气钢瓶。我国中集安瑞科控股有限公司（简称中集安瑞科）等企业完成了 45 MPa 高压无缝氢气钢瓶研发工作，目前正在研制 87.5 MPa 钢内胆碳纤维全缠绕氢气钢瓶。

在燃料电池汽车用气瓶技术方面，35 MPa 铝内胆碳纤维缠绕Ⅲ型瓶技术相对成熟，70 MPa Ⅳ型储氢气瓶作为复合材料压力容器领域技术难度最高的产品之一，成型工艺控制点多、技术要求高。国外Ⅳ型瓶已实现商业化应用，我国虽有多家国内企业完成 70 MPa Ⅳ型瓶开发，但尚未开始规模化应用。

气态储氢容器技术图谱见图 3-1。

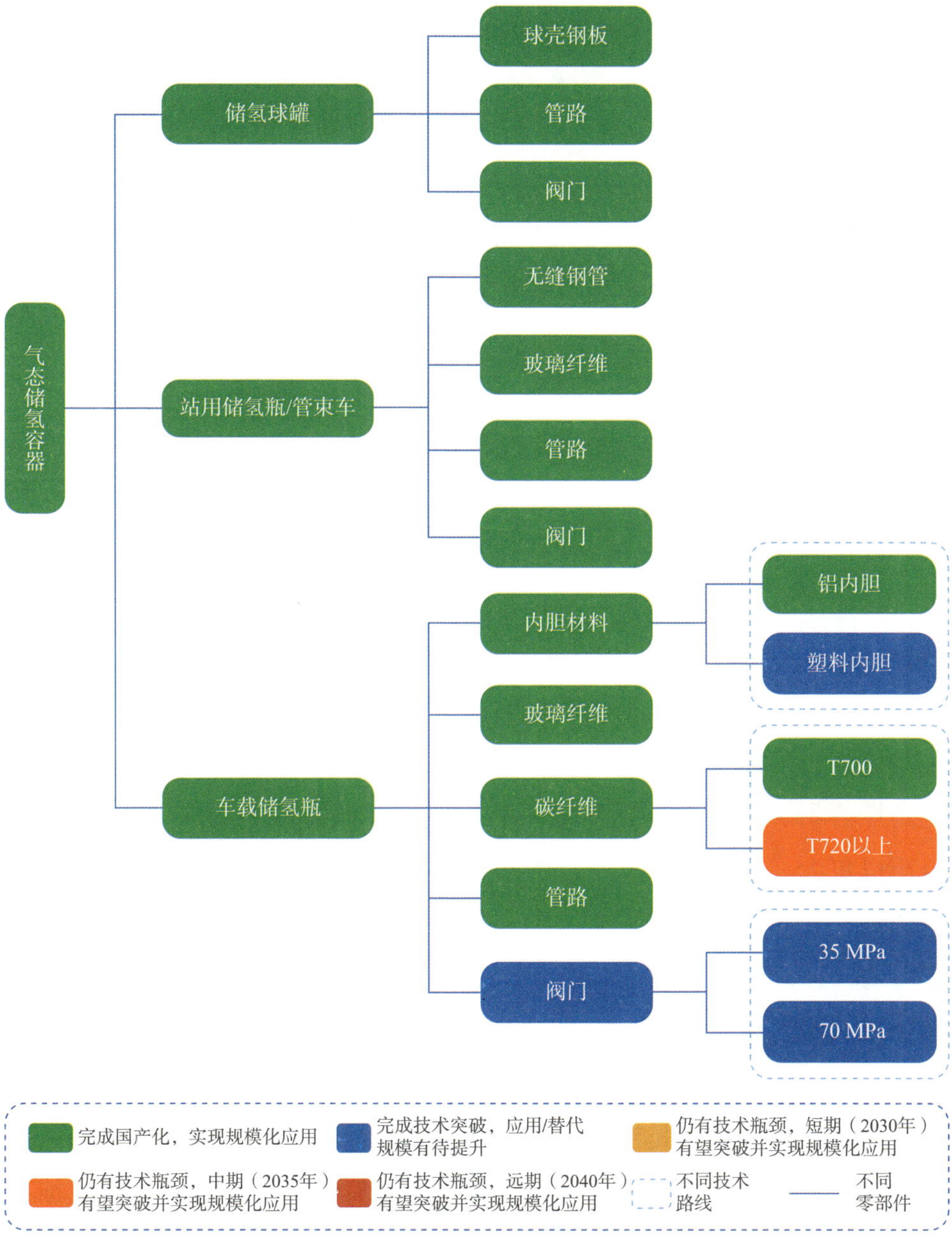

图 3-1　气态储氢容器技术图谱

资料来源：中国产业发展促进会氢能分会整理

3.1.1.2 技术路线分析

（1）中压储氢容器

储氢压力容器根据压力等级分为低压（<1.6 MPa）、中压（≥1.6 MPa 且 <10 MPa）和高压（≥10 MPa），由于当前电解槽出口压力一般为 0.8~1.6 MPa，水电解制氢项目多采用以钢制储罐和球罐为主要形式的中压储氢容器。球罐壳体受力均匀，承压能力更强，且相同容积下表面积最小，钢材消耗和换热面积也相对较小，是目前最具经济性的大规模储氢方式之一。中压球罐容积通常为 10~3000 m^3。中压储氢容器在容积方面有较大优势，因此一般作为固定式储氢容器用于制氢厂和加氢站等。根据结构不同，固定式储氢容器还可分为单层钢质储氢高压容器和多层钢质储氢高压容器。单层钢质储氢高压容器主要有旋压式储氢高压容器和单层整锻式储氢高压容器。旋压式储氢高压容器由无缝钢管旋压而成，其设计压力通常不超过 50 MPa，目前主要用于 35 MPa 加氢站。该类容器结构简单、制造成本低、可批量生产，但其容积相对有限。目前，单台容器的水容积通常不超过 1000 L，因此多以容器组的形式使用。此外，该类容器多采用 4130X 等 CrMo 钢制造，材料氢脆敏感性较高。多层钢质储氢高压容器主要有钢带错绕式全多层储氢高压容器、层板包扎式储氢高压容器。相比单层钢质储氢高压容器，该类容器的储氢压力更高，容积也更大。此外，该类容器的临氢材料常采用抗氢脆性能好的奥氏体不锈钢，有利于防止氢脆引起的失效，但该类容器的结构较为复杂，制造周期较长，对焊接接头质量要求较高。

（2）高压储氢容器

高压储存方法具有压力容器制造工艺简单、氢气压缩技术成熟、设备成本较低等优点，是当前应用最广泛的氢储运方式之一。目前高压瓶式储氢技术广泛应用于加氢站储氢容器、氢气运输车，以及燃料电池汽车车载储氢瓶等领域。高压储氢容器根据结构与应用场景不同可分为固定式和移动式两种。制氢厂、加氢站内的固定式高压储氢容器主要有高压无缝氢气钢瓶、全多层高压储氢容器及纤维全缠绕高压储氢容器。

站用高压瓶组以其生产工艺简单、制造成本低、便于检测等诸多优点，成为加氢站等高压储氢场景下的主流储氢装置。目前国内已开发出 90 MPa 储氢瓶组，可满足 70 MPa 加氢站的储氢需求。

移动式储氢气瓶共分为 5 种类型，分别为Ⅰ型全金属气瓶、Ⅱ型复合材料环向缠绕气瓶、Ⅲ型复合材料全缠绕气瓶、Ⅳ型塑料内胆复合材料全缠绕气瓶以及Ⅴ型无内胆复合材料全缠绕气瓶（见表 3-1）。其中，Ⅰ型、Ⅱ型瓶主要应用于固定式场景及管束运氢车；Ⅲ型、Ⅳ型瓶因其轻质、高抗压性、耐热性等特点，被广泛应用于移动式车载储氢领域。车载储氢气瓶分为 35 MPa 和 70 MPa 两种压力等级，目前国内 35 MPa 碳纤维缠绕Ⅲ型瓶已进入商业化阶段，Ⅳ型瓶的内胆成型稳定性与碳纤维缠绕工艺及瓶口密封结构优化设计快速成熟；Ⅴ型瓶仍处于实验室研发阶段。

表 3-1 储氢瓶的分类及应用领域

类别	Ⅰ型瓶	Ⅱ型瓶	Ⅲ型瓶	Ⅳ型瓶	Ⅴ型瓶
工作压力 /MPa	17.5~20	20~30	30~70	30~70	—
重容比 /（kg/L）	0.9~1.3	0.6~1.0	0.35~1.0	0.3~0.8	
成本	低	中等	最高	高	
使用寿命 / 年	15	15	>15	>15	
场景	加氢站、氢气运输车		氢气运输车、氢燃料电池汽车		太空应用

资料来源：中国产业发展促进会氢能分会整理

3.1.1.3 核心技术与装备

（1）储氢球罐

球罐储氢容器得益于结构优势，其球罐壳体受力均匀、承压能力更强；另外，相同容积下球壳表面积最小，钢材消耗小，换热面积小。但相较于其他形式的气态储氢容器，球罐的现场安装难度大，对于技术设计能力、球壳制造能力、组装焊接水平等均有较高的要求。国内企业已具备 10000 m^3 中压氢气球罐的设计建造能力，可满足可再生能源制氢项目的大规模储氢需求。

国产大型中压储氢球罐已实现工程化应用，中国石化新疆库车绿氢示范项目采用了 10 座 2000 m³ 储氢球罐（见表 3–2）；内蒙古华电达茂旗项目采用了 5 座 1500 m³ 储氢球罐。

表 3–2　2000 m^3 储氢球罐基本参数

指标名称	参数值
设计压力 /MPa	1.8
工作压力 /MPa	0.2～1.6
设计温度 /℃	–30～50
球罐内直径 /mm	15700
储氢容积 /m^3	2000
材质	16MnDR
厚度 /mm	42
单套重量 /t	305
占地（长 × 宽 × 高）/m	20 × 20 × 18
设计使用年限 / 年	20

资料来源：中国产业发展促进会氢能分会整理

（2）站用储氢瓶组与长管拖车

目前中集安瑞科等国内企业已开发出 90 MPa 瓶式储氢容器，可满足 70 MPa 加氢站的储氢需求（见表 3–3）。

表 3–3　加氢站瓶组气瓶（单只）技术参数

瓶式容器规格（外径 × 长度）/mm^2	Φ559 × 11580	Φ406 × 10975	Φ508 × 10750	Φ406 × 8200
设计压力 /MPa	22	50	50	99
工作压力 /MPa	20	45	45	90
容积 /m^3	2.36	1	1.5	0.5
工作温度 /℃	–40～85	–40～85	–40～85	–40～85
单瓶重量 /kg	3115	3153	4920	4200

资料来源：中国产业发展促进会氢能分会整理

我国氢气运输车制造水平也在不断进步，国内企业已开发出具有更高储氢效率的玻纤缠绕 20 MPa Ⅱ型和碳纤缠绕 30 MPa Ⅱ型氢气运输车（见表 3–4），相较传统钢制 7 管氢气运输车，氢气储运效率得到了大幅提升。

表 3–4　氢气管束式集装箱技术参数

产品规格	钢质 7 管	玻璃纤维缠绕 9 管	碳纤维缠绕 8 管
公称工作压力 /MPa	20	20	30
空箱质量 /kg	33950	34045	32600
最大允许充装量 /kg	413	555	627
额定质量 /kg	34363	34600	33227
总容积 /m^3	26	37.55	30
充装介质体积 /Nm^3	4600	6645	7515
瓶体材料	4130X	4130X+ 玻璃纤维	4130X+ 碳纤维
气瓶规格（外径 × 长度）/mm^2	Φ715 × 10975	Φ715 × 11430	Φ715 × 10715
气瓶数量 / 只	7	9	8
箱体尺寸（长 × 宽 × 高）/mm^3	12192 × 2438 × 2300	12192 × 2550 × 2591	12192 × 2438 × 2345

资料来源：中国产业发展促进会氢能分会整理

此外，国内厂商也在积极开发更高储氢效率的氢气道路运输装备，已完成了压缩氢气铝内胆碳纤维全缠绕瓶式集装箱的技术储备。Ⅲ型瓶氢气管束集装箱与Ⅱ型瓶集装箱相比重量更轻、储氢压力更高，提升了加氢站氢气储运和加注效率。2023 年 2 月，T/CATSI 05008—2023《压缩氢气铝内胆碳纤维全缠绕瓶式集装箱专项技术要求》团体标准发布并实施。该标准规定了仅限公路运输的Ⅲ型瓶氢气管束集装箱的材料、设计、制造、试验方法、检验规则、标志标识、出厂文件、储存运输等方面的要求，标准要求气瓶公称工作压力大于 30 MPa 且不大于 52 MPa，气瓶公称水容积不小于 300 L 且不大于 350 L，在压力和容积上都实现了巨大的突破。

（3）车载储氢气瓶

高压氢气瓶主要用于氢交通领域，如氢燃料电池乘用车、物流车、大巴车、叉车、重卡、轮船、无人机等。氢燃料电池叉车主要采用钢质高压氢气瓶，一方面是因为其对重量不敏感；另一方面是将钢质容器作为配重使用，其余场景则采用Ⅲ型瓶和Ⅳ型瓶。Ⅲ型瓶为金属内胆纤维全缠绕气瓶，多用铝合金为内胆材料，并用碳纤维进行全缠绕，增强气瓶承压能力的同时，降低重容比，但成本较高。Ⅳ型瓶为非金属内胆全缠绕气瓶，用尼龙和聚乙烯等非金属材料作为内胆，在更加有效地降低重容比的同时，可以有效地避免氢气等介质对气瓶内壁的损伤，其规模化生产成本略低于Ⅲ型瓶。

Ⅳ型瓶按结构可分为塑料内胆、瓶阀座、碳纤维缠绕层、玻璃纤维保护层及瓶阀。塑料内胆分为无缝内胆和焊接内胆两类，无缝内胆采用吹塑或滚塑工艺，为一体成型内胆；焊接内胆则是采用注塑工艺制造两个空心半圆柱体，再采用激光焊接等技术将其焊接在一起制成气瓶内胆。注塑、滚塑、吹塑工艺在内胆成型和产品性能方面各有优势（见表 3–5），目前三种工艺均有应用案例，暂未形成统一技术路线。

表 3–5　Ⅳ型瓶内胆成型工艺和产品性能对比

项目	注塑	滚塑	吹塑
优点	内胆尺寸稳定性好，瓶口密封结构设计自由度高，内胆致密性好，产品具有较好的冲击韧性和耐环境应力开裂性能	内胆壁厚均匀度较好，成型工艺简单，可制造大容积内胆	生产效率高，产品有较高的冲击韧性和耐环境应力开裂性能，模具工装成本较低
缺点	后续需要焊接，产品合格率相对较低，大容积内胆成型难度大	产品稳定性差，致密性相对较低且易出现缺陷，模具工装成本高，能耗大，生产效率较低	产品壁厚均匀度相对较差，大容积内胆成型难度大，对材料熔融指数要求高

资料来源：中国产业发展促进会氢能分会整理

缠绕工艺分为湿法缠绕、干法缠绕、半干法缠绕（见表3–6）。采用湿法缠绕时，碳纤维经集束、浸胶后，在张力控制下直接缠绕在塑料内胆上，然后再固化成型；采用干法缠绕时，碳纤维由材料厂商或采用专用设备将纤维浸渍树脂制成预浸纱，缠绕开始前，将预浸纱进行加热软化处理后再缠绕到内胆上；与湿法工艺相比，半干法是在纤维浸渍树脂到缠绕至内胆途中增加一套烘干设备，将粘胶纤维中的溶剂去除后，缠绕到内胆上。目前，湿法缠绕是气瓶制造的主流工艺。

表3–6　Ⅳ型瓶碳纤维缠绕工艺对比

工艺	湿法缠绕	干法缠绕	半干法缠绕
优点	成本低，纤维排列平行度好，缠绕过程中纤维磨损较少，生产效率高	产品质量好，纤维含胶量一致性高，生产环境清洁	可省略预浸纱成型设备，操作方便，树脂中气泡含量低
缺点	树脂浪费大，生产环境差，纤维含胶量及成品质量不易控制	层间剪切力较低，原材料价格贵，且需低温冷库存储	工艺适用性相对较差，成本较高

资料来源：中国产业发展促进会氢能分会整理

3.1.1.4　国内外技术水平对比

（1）长管拖车

在氢气运输车方面，目前我国氢气运输车压力以20 MPa为主，单车运氢量约为410 kg。欧洲和北美地区已开始大量使用30 MPa Ⅱ型瓶氢气运输车进行氢气陆路运输，并且研发出了52 MPa Ⅲ型和Ⅳ型氢气运输车，欧洲部分地区也开始采用50 MPa Ⅳ型管束式集束柜进行氢气运输。目前我国已成功研发出30 MPa氢气运输车，充装氢气质量达627 kg。国外已开始小规模使用Ⅳ型氢气运输车，单车运氢量可达1350 kg，国内厂商有望在2025—2030年完成50 MPa以上压力Ⅳ型氢气运输车用气瓶设计开发工作。提高氢气运输车工作压力、增加单车载氢量、降低氢气运输成本是加快推动氢能产业应用端规模化发展的重要方向之一。

（2）车载储氢瓶

在车载储氢瓶方面，国内车载 35 MPa 和 70 MPa Ⅲ型瓶已有相关示范，70 MPa Ⅲ型瓶已在冬奥会上实现了规模化应用。70 MPa Ⅳ型瓶方面，国内气瓶制造商也已经掌握了相关气瓶制造技术，并通过了型式试验认证，和国外厂商的技术差距已显著缩小；但在制造工艺稳定性以及轻量化设计和成本控制等方面，国内厂商与丰田、现代等国际领先的气瓶制造商相比仍有一定差距。加快 70 MPa 高压储氢气瓶内胆材料国产化进程，提升国产大丝束高模量碳纤维制造稳定性，优化气瓶结构设计与制造工艺，突破气瓶口部阀座的可靠性和耐久性，是我国车载储氢气瓶近期的重点研究方向。

①基础材料

在基础材料研究方面，70 MPa Ⅲ型瓶的金属内胆材料已完全国产化。Ⅳ型瓶塑料内胆材料国产化尚未取得突破性进展，相关塑料材料的技术和制造工艺仍被帝斯曼等国际材料巨头垄断。在碳纤维方面，国内高强度大丝束碳纤维制备技术快速成熟，已具备 T700 级、T800 级、T1000 级 24 K 和 48 K 碳纤维批量供货能力，强度、模量等性能基本达到国际先进水平，但在断裂伸长率和产品一致性方面与日本东丽、韩国晓星等龙头企业仍有差距。目前国内 20 MPa 氢气运输车制造商已开始大批量使用国产碳纤维进行气瓶制造，国产碳纤维的市场占比超过 50%。此外，在 70 MPa 高压储氢气瓶的研发和制造过程中，国内储氢气瓶制造商也开始批量使用国产碳纤维，已实现了高压储氢领域国产 T700 级碳纤维的规模化替代。

② 70 MPa 阀门

在气瓶附件方面，目前 20 MPa 氢气运输车气瓶的阀门已完成国产化，并开始批量供货；70 MPa 高压储氢阀门虽已完成技术开发，但工况下稳定性与耐久性数据积累仍然不足，目前市场上仍以进口品牌为主。

3.1.2 地下储氢技术

3.1.2.1 地下储氢技术发展概况

地下储氢是利用地下地质构造空间进行大规模氢气储存的技术，即将上游制取的氢气经过压缩机压缩后，注入盐穴、枯竭油气藏、含水层以及废弃矿井等地下场所中进行封闭储存。相比储氢球罐、高压氢气瓶等压力容器储氢方式，地下储氢具有储氢规模大、储存时间长、储氢成本相对较低等优点。

对于地下储氢库来说，根据储存气体的分类，分为纯氢气和混合氢气两种，已有成功案例证明了两种方式的可靠性。目前全球共有 4 座正在运行的地下储氢库（皆为盐穴储氢库且氢气纯度大于 95%），其中 3 座位于美国、1 座位于英国；处于可行性研究以及试验阶段的项目约有 20 个（大部分为盐穴储氢库），主要在欧美国家。我国在湖北大冶对地质结构相对稳定、岩体构造裂隙可控的矿井进行人工改造，建造用于规模化储氢的地下储气库。

当前地下储氢技术在地层构造判断、氢气—地层流体—岩石相互作用、储盖层完整性、完井要求、水泥密封性、储氢地质体筛选以及在含水层和废弃油气藏现场应用等方面仍有许多技术瓶颈问题亟待解决。

3.1.2.2 技术路线分析

按照地下储气空间形成的方式，可将地下储氢分为人工地下空间和天然多孔介质储层两大类型。盐穴和矿井属于人工地下空间，含水层和枯竭油气藏属于孔隙—裂缝天然多孔介质类型。地下储气空间的地质条件对储氢可行性起决定性作用。

（1）盐穴储氢

盐穴适合储存高纯气体。盐穴储氢库的优点：首先，盐岩本身渗透率极低，具有很好的密封性；其次，高盐条件下氢气很难发生反应，抑制了微生物对氢的消耗，氢在盐穴中的扩散损失小。此外，盐岩良好的蠕变特性、损伤修复功能和力学稳定性，使得盐穴储氢能够在注气和采气之间快速转换，可在一年内完成多个注采周期，同时可通过多个盐穴连接的方式提高储氢容量。根据全球已有工程经验以及本身特性来看，盐穴是比较理想的地质储氢构造，但可用于储氢的盐穴在地理分布上很有限，不同地区的盐矿属性存在差异，盐岩品位、埋藏深度和厚度等都会影响储氢能力。

我国虽然有大量的盐穴资源，但 20 多年来只在江苏金坛建立了 3 座盐穴天然气储气库。目前我国盐穴储氢处于验证阶段，相关技术仍需大量可行性和实用性验证。

（2）含水层储氢

含水层储氢是指将氢气注入至地下埋深适中的含水层中，将其中的水去除，用氢气取代水进入岩石孔隙，再利用圈闭中的水体、盖层以及底层对氢气进行封闭存储。在没有枯竭油气藏和理想盐层的地区，含水层是合适的替代结构。含水层储气库的缺点是注采过程中气水界面发生变化，采气时伴随水的产出，部分氢气滞留在含水层中，将永久性地无法回收。储存氢气的损耗多与含水层中的氢迁移和化学反应有关，因此，在使用含水层储氢时，需要加强地质研究，以确定盖层和围岩的致密性以及矿物成分。

国内暂无含水层储氢项目，含水层储气库工程项目也较少，整体处于理论研究阶段。地下含水层具有较大的储气潜力，且在全球分布广泛，可作为在没有枯竭油气藏或盐穴地区的地下储氢替代方案。

（3）枯竭油气藏储氢

枯竭油气藏储气库是世界及中国储气库的主要形式。枯竭油气藏具有的良好的圈闭特性、易于气体运移的高渗透率和高孔隙度结构都有助于实现氢气的封存，并且非常适合建设超大型储气库。此外，枯竭油气藏的地质条件、储层物性在前期开发中已完成采集，无须重复进行地质勘探和评价，原有的地表及地下设备也可以进行一定的重复利用，从而降低整体投资成本。

目前，世界范围内还没有针对枯竭油气藏进行纯氢气存储的实际案例，主要是将氢气和天然气混合存储。究其原因，主要是枯竭油气藏通常会含有一定量的残余油气，会与氢气发生反应，不利于纯氢的储存。鉴于此，结合我国在枯竭油气藏储存天然气方面技术成熟度较高的优势，目前我国枯竭油气藏储氢处于规划阶段，形成了功能性单元并证明可行。

（4）废弃矿井储氢

废弃矿井储气库是由废弃的符合储气条件的矿井改建而成，其储气空间主要有两类：一是利用矿井的开拓和准备、回采巷道，其保护条件良好且生命周期较长，稍加处理后可以作为储气空间；二是采场老空区，若解决好密封性的问题也可以成为很好的储气空间。由于符合储存天然氢地质条件的矿井较少，地质条件限制了这种储气库的发展。目前世界上只有 3 座废弃矿井储气库，其中美国 2 座、德国 1 座。

3.1.2.3 核心技术与关键装备

参考天然气地下储气库，地下储氢库主要由气源、地面注采系统、井场、地下储存系统以及监测系统组成。氢气需先通过地面注采站进入过滤模块，该模块一般包括多台过滤分离装置，用于分离出氢气含有的颗粒杂质和游离水等物质。过滤分离后的氢气进入注气计量模块，氢气流量计可分为节流式流量计、速度式流量计和质量流量计。利用盐穴作为储气空间时，氢气的储存压力约为 16 MPa，而上游电解水制氢所得氢气压力通常为 0.4~1.6 MPa，因此氢气经过计量后，需通过压缩机将其压力升至高压。压缩后的氢气通过集输管道进入各井场的采气树中，经调压阀调节后通过注采管柱最终注入地下空间。采气树由阀门、悬挂器、套管头等部件组成，多为金属材料。天然气以及压缩空气储气库的井口采气树技术比较成熟，而由于氢气分子小、质量轻、容易泄漏且与金属材料长期接触会造成氢脆和氢腐蚀等现象，氢气地下储氢库的井口采气树选材较为严格。井筒是连接地质构造和地面设施的通道，直接决定了整个储氢系统的密封性（见图 3-2）。

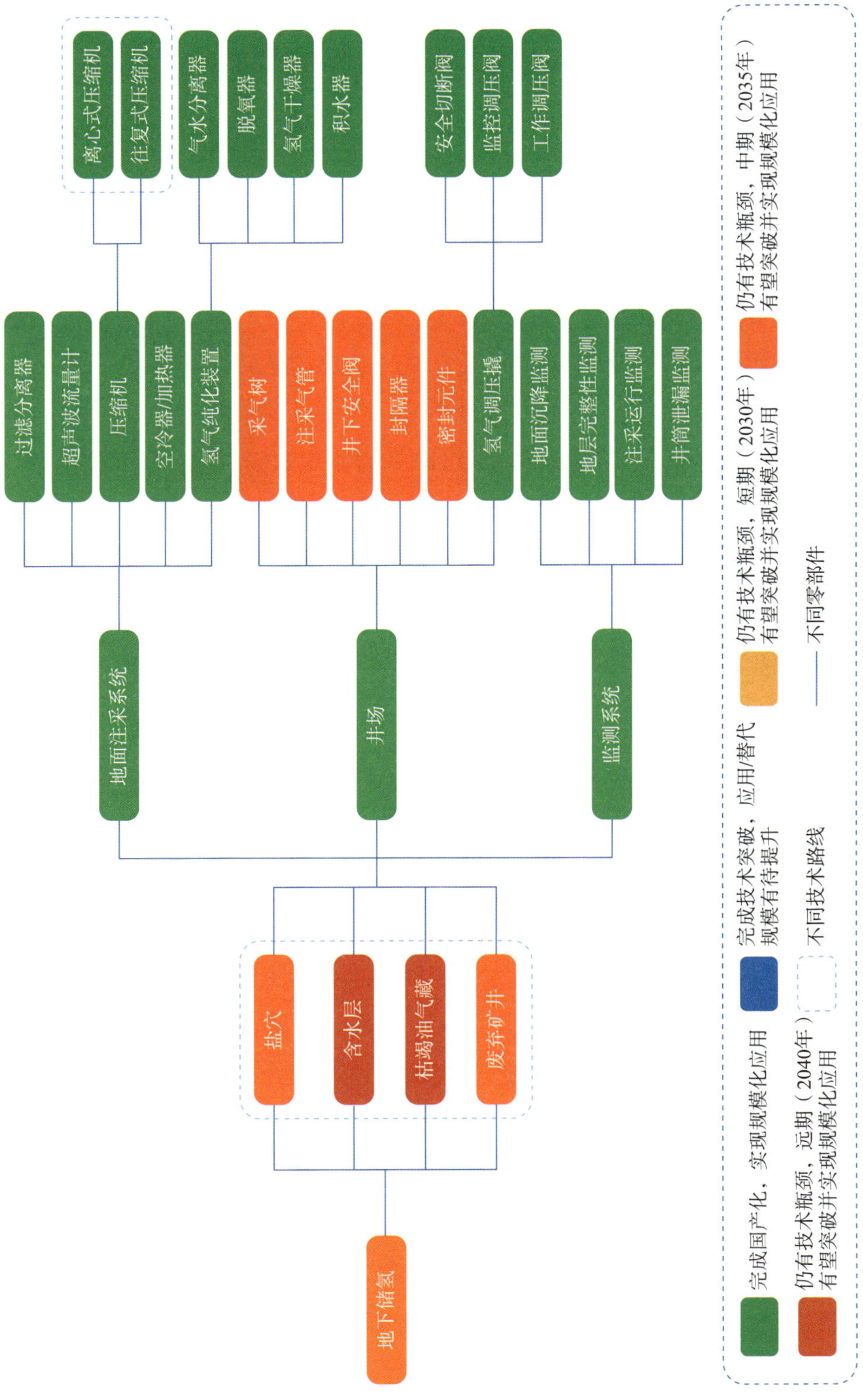

图 3-2 地下储氢技术图谱

资料来源：中国产业发展促进会氢能分会整理

3.1.2.4　国内外技术水平对比

国外对于地下储氢的研究开展较早，其中盐穴储氢技术发展相对成熟。早在20世纪70年代，德国就实现了将混有60%氢气的煤气储存在盐穴中。2014年，Air Liquide公司在Spindletop建成了目前世界上最大的盐穴地下储氢库。我国盐穴储氢技术在基础理论、关键装备以及运行经验等方面仍需进一步加强，国内外地下储氢技术主要差距见表3–7。

表3–7　国内外地下储氢技术主要差距

技术	细分技术	主要差距与技术短板分析
地下储氢	地质评价	缺少地质结构选择标准
	抗氢脆材料研究	氢脆机理认识不足，尚无完整的纯氢井筒以及掺氢井筒的设计、建造、运行和维护等标准
	提纯技术	装备集成尚有差距
	盐穴造腔	无较大差距
	氢气压缩	设备稳定性与寿命尚有差距
	测腔技术	国内测腔仪器尚无氢气应用案例

资料来源：中国产业发展促进会氢能分会整理

在世界范围内，利用枯竭油气藏储氢技术仍在探索阶段。目前，仅在奥地利的Molasse盆地和阿根廷的Diadema地区有成功的案例。2013年，RAG公司在奥地利的Molasse盆地开展Underground Sun Storage试验项目。项目通过室内实验和模拟研究探索注入氢气（10%）和天然气（90%）的混合物对枯竭气藏的影响。

目前，在含水层中尚未有存储纯氢的案例，但在欧洲一些地区，如德国的Ketzin、法国的Beynes和捷克的Lobodice已成功完成了在200～500 m深度的含水层中存储含氢量达25%～60%煤气的项目。

近年来，地下储氢研究蓬勃发展，引起了世界各国的广泛关注。欧洲国家和美国启动了多个地下储氢工程项目，目前大部分处于地下空间建设阶段，小部分已处于储存氢气验证阶段。2020 年之后，我国也逐渐开展地下储氢的工作，湖北省大冶市正在开展通过改造现有废弃矿井进行氢气储存的示范项目。

3.1.3 管网输氢技术

3.1.3.1 管网输氢技术发展概况

管道输氢具有输量大、综合成本低、安全可靠、自动化程度高、稳定性好、对周边环境影响小等优点，是实现大规模、长距离输送氢气的重要方式，也是大范围资源调配、能源互联互通的重要途径。氢气管道输送技术包括纯氢管道和天然气掺氢管道两种。与纯氢管道相比，天然气掺氢管道因氢气对天然气管道材料性能影响、氢气掺混和分离等问题，技术复杂程度高，技术难度更大。纯氢输送方面，我国纯氢管道建设已经逐步向大管径、长距离、大规模输氢转变。中国产业发展促进会氢能分会数据库显示，截至 2024 年 9 月，我国规划建设的纯氢管道总里程已超过 6700 km。中国石油化工集团有限公司（简称中国石化）“西氢东送”输氢管道示范工程已被纳入《石油天然气“全国一张网”建设实施方案》，该项目规划管道采用 L360 管线钢，设计压力达到 6.3 MPa，管径达到 610 mm，最大输气能力达 50 万 t/a 级别。掺氢输送方面，中国产业发展促进会氢能分会数据库显示，截至 2024 年 9 月，我国规划建设的天然气掺氢管道总长度已超过 450 km。

可再生能源制氢供需在空间上的错配驱动氢能大规模、跨区域运输需求逐渐显现（参考《全国储气能力建设实施方案》中的区域划分），预计 2030 年区域间运输需求将达到 270 万 t/a，区域内运输需求将达到 710 万 t/a，2040 年区域间运输需求将达到 1070 万 t/a，区域内运输需求将达到 2950 万 t/a，2050 年区域间运输需求将达到 2050 万 t/a，区域内运输需求将达到 5400 万 t/a。

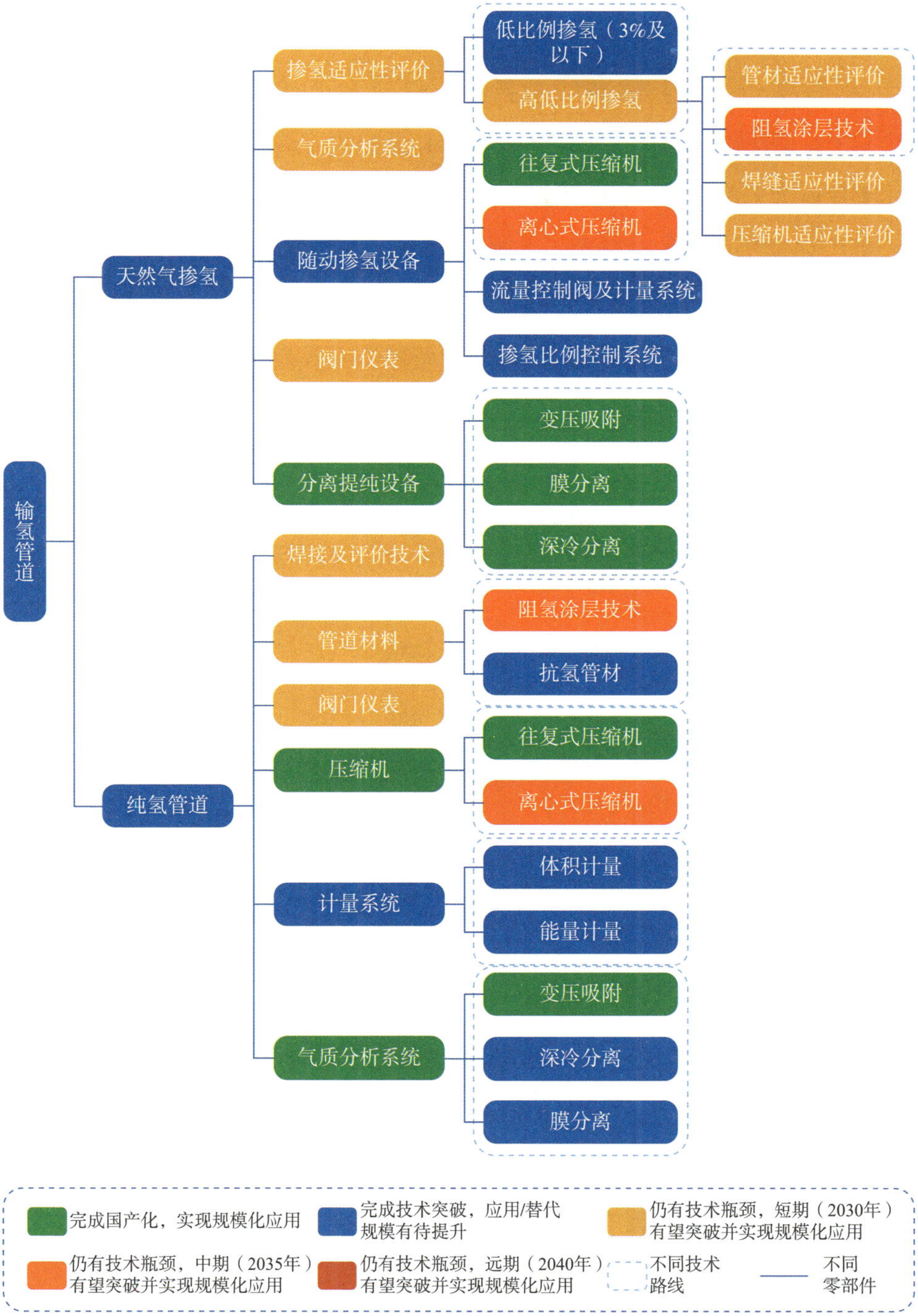

图 3-3　管道输氢技术图谱

资料来源：中国产业发展促进会氢能分会整理

3.1.3.2 技术路线分析

氢气管道输送技术路线包括纯氢管道和天然气掺氢管道两种（见图 3–3），两种技术路线又都包括高压和低压两条路线，不同技术路线之间具有较大差别，且其优缺点和应用场景均有所不同，相比之下低压氢气管道技术更加成熟（见表 3–8）。

表 3–8 管网输氢不同技术路线对比

技术类别		优点	缺点
天然气掺氢管道	低压	依托现有天然气用户实现氢能的快速推广利用； 利用现有天然气基础设施，降低输配系统的建设投入； 输量较大，长距离大输量下输气成本较低	对下游用户的安全运行有影响，下游用户类型多，掺氢适应性仍需进一步验证； 氢分离提纯技术成本较高； 掺氢天然气的泄漏与燃烧爆炸风险有所提高
	高压		干线管道钢级高，管道材料与掺氢天然气相容性问题较突出，氢脆风险高； 干线管道互联互通水平较高，掺氢影响范围大； 干线管道核心设备如压缩机等的适应性尚未明确； 降低干线管道的能量输送能力
纯氢管道	低压	供应稳定； 管输运输成本较低； 管道能够提供一定的储氢能力	初期投资成本高； 输氢成本受管道负荷率影响大
	高压		

注：设计压力低于 1.6 MPa 的压力管道定义为低压管道，其他定义为高压管道。
资料来源：中国产业发展促进会氢能分会整理

（1）纯氢管道

高压力、大管径、长距离氢气输送是提高氢气管道输送能力、促进氢能产业发展的重要发展方向。我国目前参照国外技术标准，已实现低钢级、小管径输氢管道的小规模工程应用，但管道与装备材料氢环境中的性能数据仍处于积累阶段，缺乏系统完整的材料技术指标，氢气输送管道标准体系仍在逐步完善。在高压氢气管道材料方面，需开发高压氢气储运适用性管道材料，寻找满足高压氢气环境服役要求的焊材及焊接工艺，并对管体、管体焊缝及环焊缝开展临氢环境服役性能评价。在失效控制及安全防护方面，需开展管道断裂控制技术及全尺寸试验验证，并针对典型失效模式开展失效后果研究。在管道核心装备方面，需研发大输量、高压力压缩机组，推进大管径、高压力阀门等装备的研发，保障高压氢气管道的顺利建设。

在纯氢管道经济性方面，对于低压纯氢管道系统，其运输成本相对较高，为 3.5～10.0 元 /（kNm^3·km），主要构成为工程建设投资，运输成本受管道负荷率影响显著。对于高压纯氢管道系统而言，其运输成本将大幅下降，预计成本为 0.5～1.37 元 /（kNm^3·km），主要构成为工程建设投资、压气站运行费用等，运输成本受管道负荷率影响同样显著。

（2）天然气掺氢管道

天然气掺氢管道包括下游低压系统掺氢和高压长输管道系统掺氢。高压长输管道系统掺氢方面，我国天然气输送干线多采用 X70、X80 等高钢级管线钢且管网互联互通水平较高，由于干线管道对氢脆敏感性高、管网掺氢影响范围广、技术风险高，高钢级管道掺氢技术目前尚未完成验证。此外，大流量随动掺混设备、压缩机、管道阀门等管道设备和色谱分析仪、可燃气体探测器等检测仪器的可靠性仍需进一步验证。终端掺氢气体提纯分离设备、管道安全性等方面缺乏系统深入研究。下游低压系统掺氢主要受终端用户对掺氢的适应性及安全性的影响，目前已开展了相关示范应用，但仍需进一步验证及推广。

管道掺氢运输的经济性方面，决定掺氢运输经济性的关键在于掺氢比例和管道压力。对于低压管网掺氢而言，管道掺氢输送的成本基本可以忽略不计。对于高压长输管道而言，当掺氢比小于 3% 时，管道掺氢输送的成本基本可以忽略不计；当掺氢比大于 3% 时，需对长输管道系统进行评估与改造，其管输费用为 0.5～1.0 元 /（kNm^3·km），包括改造费用以及压缩机运行功耗增加造成的成本上升等。此外，相对于 10% 掺氢比例 2.3～5.7 元 /Nm^3 的分离提纯成本，20% 掺氢比例的分离提纯成本降低至 1.4～5.1 元 /Nm^3，其成本主要由提纯装置建设投资、提纯装置建设成本和天然气加压运行费用等构成。

3.1.3.3 核心技术与装备

掺氢和纯氢管道输氢在核心技术和关键装备上具有较大重合度。涉及的关键技术和装备包括随动掺氢技术，分离提纯设备、管材、压缩机、阀门仪表等。

（1）管道掺氢输送及随动掺氢技术

在低压管道掺氢输送方面，管道掺氢输送及随动掺氢技术已基本成熟，但仍需进一步明确下游用户的适用范围并开展安全性分析。参考国外天然气管道掺氢输送技术现状及研究成果，我国天然气管道掺氢比例仍有较大提升空间。在管道材料与掺氢天然气相容性方面，中国石油等企业已开展 X70、X80 管道适用性研究，并对陕京管线开展了掺氢输送适用性研究。2018 年我国颁布了金属材料与氢环境相容性试验方法国家标准，推动了管道掺氢输送适用性评价进展。目前国内关于煤制气或掺氢天然气对管道影响的研究涉及氢含量均较低（多数低于 5%），且样本数量较少，尚处于数据积累阶段，尤其是对站场管、弯管、压缩机等装备材料的相容性研究数据积累相对薄弱。在掺氢输送管道失效控制及安全防护方面，国内研究较少，但在天然气管道失效控制及安全防护领域成果丰硕，完成 X80 钢级 1219 mm 及 X90 钢级 1422 mm 管径全尺寸爆破试验、低温爆破试验以及 1016 mm 和 1219 mm 管径全尺寸弯曲试验，在长输管道断裂控制、变形失效、泄漏喷射火等失效后果及防护等方面积累了丰富的经验。

（2）大流量掺混工艺与装置

在掺氢设备和氢分离设备开发与应用方面，天然气掺氢设备主要在城镇燃气领域进行应用，目前投产的示范项目流量较小（≤ 10 万 Nm^3/d）、压力较低（≤ 4 MPa），大流量掺混系统的工程示范数据不足，大流量掺混工艺与装置有待进一步研发。

（3）压缩机

在高压氢气管道装备开发方面，活塞压缩机承压能力较强，适用于高压工况。我国已经能够自行设计大排量活塞氢气压缩机，掌握了压缩机关键部件的材料选择及结构设计技术，形成相关专利，产品能够满足生产需求。近几年，通过对压缩机氢气进出口合理设置缓冲器等方式优化设计，可有效地消除压缩机的工作振动，提高压缩机使用寿命及生产效率，但可靠性与稳定性方面仍有提升空间。此外，大流量离心式压缩机组的设计、制造仍处于研究阶段。

3.1.3.4 国内外技术水平对比

（1）纯氢管道

中低压中低钢级的氢气输送管道技术比较成熟，欧美国家形成了比较健全的标准体系。国外氢气输送管道里程超过4600 km，最大运行压力可达5.5~10.3 MPa，管材主要有无缝钢、纤维增强复合材料等，L290（X42）、L360（X52）钢级管道已规模应用，在管道材料、装备、工艺等方面建立了完善的标准体系。国内已建成氢气输送管道约100 km，设计压力均低于4 MPa，管道材质为L245。总体来看，国内输氢管道规模和运行压力与国外存在较大差距，输氢管道基础研究不足，管道与装备材料氢环境中的性能数据仍处于积累阶段，缺乏系统完整的材料技术指标，氢气输送管道标准体系尚未建立，对氢气输送管道产业发展形成一定制约。

（2）掺氢管道

国际上从2000年开始进行天然气掺氢相关的应用示范研究，欧盟、美国、日本、加拿大等均开展了应用示范，天然气掺氢比例一般为5%~30%。以不显著改变管道和终端燃烧设备为前提，20%是多数国家接受的天然气管网最高掺氢比。德国、英国、澳大利亚等国已将天然气掺氢列入能源发展战略规划，以利用现有的天然气管网进行100%氢气的输送作为未来的发展目标。我国掺氢管道输送研究起步相对较晚，目前的掺氢示范项目（仅限于城市燃气管道）最大掺氢比为24%，天然气长输管道掺氢比经研究需要限制在3%以内。在役天然气管材在工艺、设备适用性等方面与国外差异明显，对于掺氢条件下的适用性尚不明确，特别是长输管线常用的X52~X80不同管径壁厚规格的材质及焊缝连接等方面数据积累仍有不足。在天然气掺氢的材质性能影响评价、管材和焊缝连接部位适用性和氢损伤评估模型及判据、掺氢工艺控制、设备耐氢评价和终端适用性等在役管道掺氢所需适用性评价方法与标准规范等方面，国内尚缺乏系统研究，技术标准体系尚未健全。

3.2 液态氢储运技术发展现状

3.2.1 低温液态氢储运技术

3.2.1.1 低温液态氢储运技术发展概况

规模化液氢储运技术在少数发达国家应用较为成熟，我国液氢储运技术近年来发展迅速，但核心装备国产化水平仍待提升。目前，规模化氢液化技术在美国、日本、德国等已经具有成熟的商业应用模式。由于我国氢液化技术发展起步较晚，且液氢装备制造难度大，技术门槛高，同时国内大型氢液化核心设备受到国外相关贸易政策管制，致使氢液化冷箱等关键设备及技术发展滞后。近年来国内积极开展氢液化系统集成及核心零部件研发，液氢装备开始出现国产化替代趋势。目前我国氢液化领域已实现从 0 到 1 的跨越，并进入加速发展阶段。大型氢液化设备正逐步实现成套装备的国产化，已完成了具备自主知识产权的首套 10 t/d 大型氢液化装置研制，核心设备 20 K 氢液化冷箱和多台氢膨胀机采用紧凑高效的结构设计，并于 2024 年 5 月完成了试运行前评审。

在产能方面，据不完全统计，全球液氢产能已达到 485 t/d，其中美国氢液化产能占全球总产能的 67%，其液氢工厂产能均在 5 t/d 以上，且其中大部分工厂产能为 10~30 t/d，而我国目前已投产的液氢最大产能约为 8.5 t/d。在储罐规模方面，我国目前最大的在用液氢储罐容积仅为 300 m^3，而美国和日本的液氢储罐容积最大，分别达到 4732 m^3 和 2500 m^3。因此，对比美国、日本等氢液化技术发达国家，我国液氢装备技术仍然存在应用规模小、产能低、成本高、关键核心技术水平不强以及产品性能稳定性不足等问题。低温液氢储运技术图谱见图 3-4。

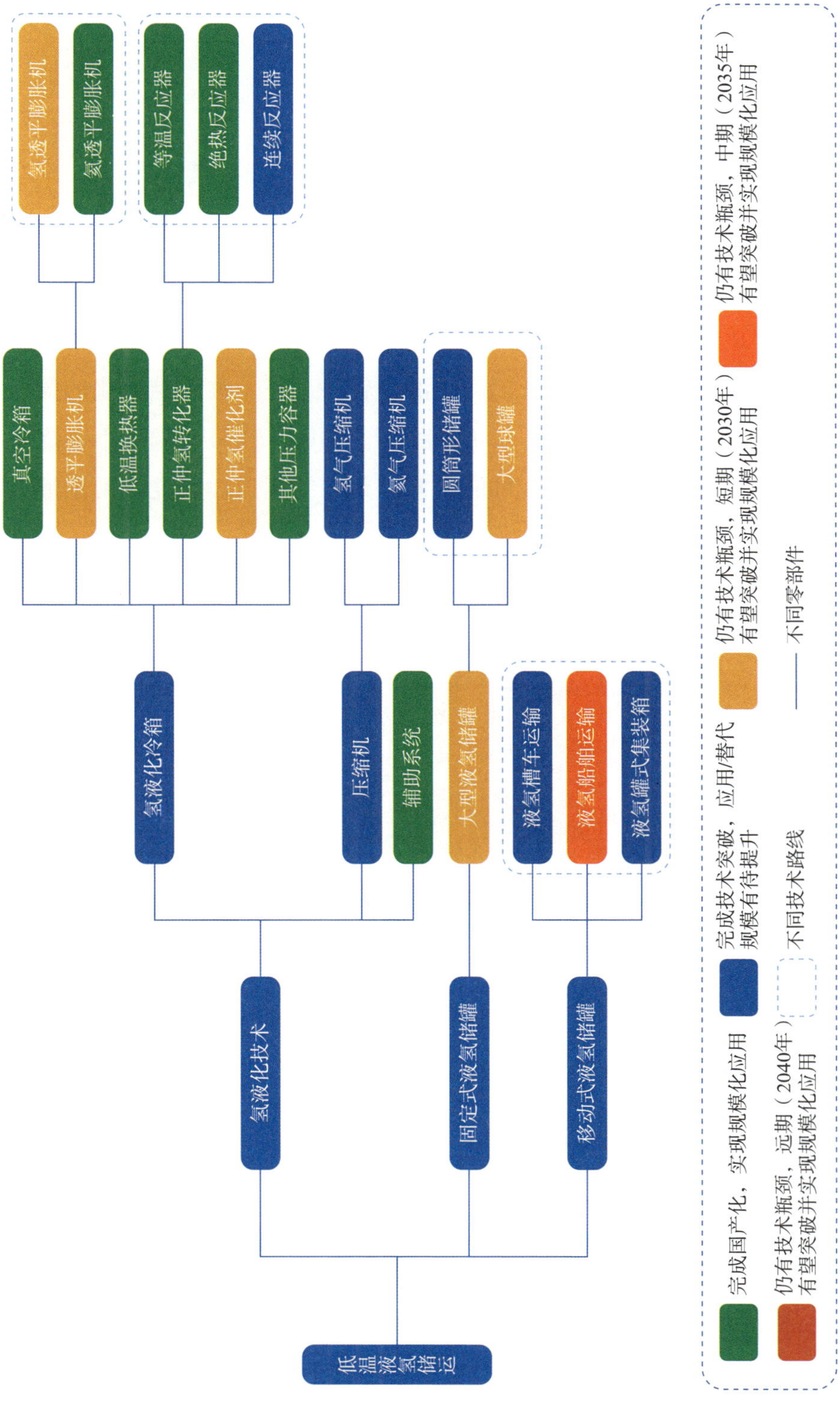

图3-4　低温液态氢储运技术图谱

资料来源：中国产业发展促进会氢能分会整理

3.2.1.2 技术路线分析

低温液氢储运产业主要包括氢液化和液氢储运两部分。由于液氢温度低至 20 K，所以其对各环节的技术装备均有较高的要求。

（1）氢液化技术

氢液化循环一般采用气体液化循环，目前氢液化循环一般可分为三种类型：节流液化循环、氦膨胀制冷液化循环和氢膨胀制冷液化循环（见表 3–9），其中带膨胀机的氢液化循环单位能耗较低，应用也更为广泛。氢的临界温度和转化温度低，气化潜热较小，是一种较难液化的气体，氢液化的理论最小功在所有气体中最高。同时，在液氢温度下，除氦以外所有杂质气体均已冻结，可能阻塞液化系统通道。因此，用于液化的原料氢必须进行严格纯化。

表 3–9　不同氢液化循环流程

	节流液化循环	氦膨胀制冷液化循环	氢膨胀制冷液化循环	创新流程
液化能力	较小	≤ 5 t/D	5~35 t/D	≥ 100 t/D
制冷工质	氢	氦	氢	混合工质
技术成熟度	效率低，未大规模应用	已商业化应用	已商业化应用	尚处于理论阶段
国内技术水平	多用于科研院所	已相继形成样机	处于研发阶段	理论阶段

资料来源：中国产业发展促进会氢能分会整理

①节流氢液化循环

节流氢液化循环是利用节流阀的节流制冷效应使氢气液化的循环方式，也称为林德液化循环。氢在温度低于 80 K 的温度下进行节流才有较明显的制冷效应，因此采用该循环进行氢液化需借助外部冷源（如液氮）预冷。节流氢液化循环流程简单，可靠性较高，但生产液氢的效率较低，单位能耗较高，多应用在小型氢液化装置中。

②带膨胀机的氢液化循环

在绝热条件下，压缩气体在膨胀机膨胀并对外作功时，可获得更大的温降和冷量，因此相比于节流制冷，膨胀机制冷效果更好，而且其输出功还可以补充系统消耗的能量，因此带膨胀机的氢液化循环单位能耗较低，应用也更为广泛。

③氦制冷氢液化循环

氦制冷氢液化循环是用氦作为制冷工质，在带膨胀机的氦制冷循环或利用斯特林循环的制冷机中获得氢冷凝的温区，然后通过表面换热使氢液化（见图 3–5）。氦制冷氢液化循环避免了高压氢气的操作，相比于利用氢气膨胀制冷的氢液化流程更为安全可靠，但由于其需要单独的氦循环系统，导致整个流程更为复杂（见图 3–6）。

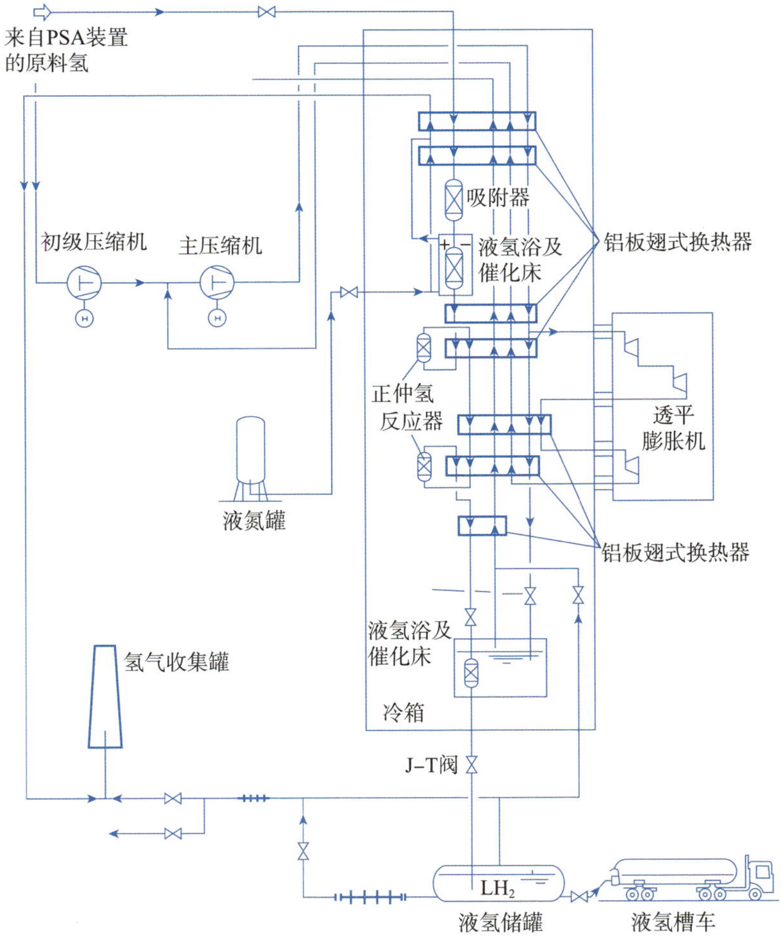

图 3–5　Ingolstadt 的 Linde 氢液化生产装置及流程

资料来源：陈双涛，周楷淼，赖天伟，等. 大规模氢液化方法与装置［J］. 真空与低温，2020，26（3）：173–178.

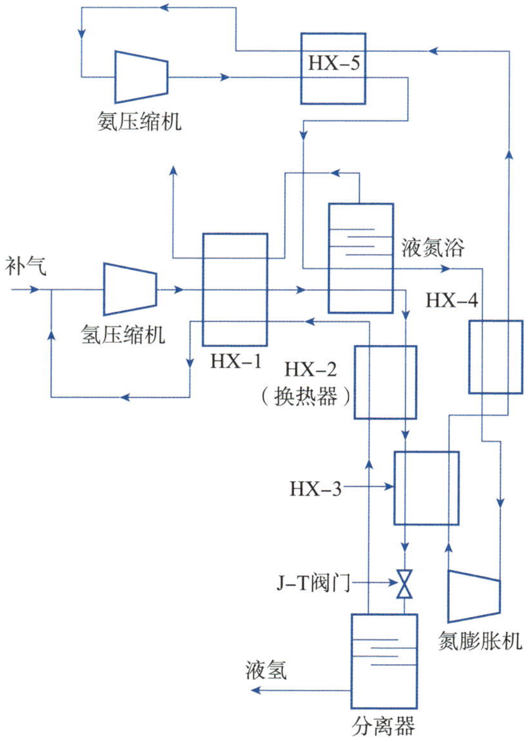

图 3-6 氦制冷的氢液化流程

资料来源：陈双涛，周楷淼，赖天伟，等. 大规模氢液化方法与装置［J］. 真空与低温，2020，26（3）：173-178.

（2）低温液氢储运技术

①液氢储存技术

按照是否有外界主动提供能量，低温绝热技术可分为被动绝热和主动绝热两种路线。

被动绝热技术不依靠外界能量输入来实现热量的转移，该技术主要通过物理结构设计来减少热量的漏入，从而减少冷量损失，达到绝热的目的。常用于液氢储罐的被动绝热方式是真空多层绝热，该方式采用多层反射屏，在高真空绝热的基础上，减少辐射传热，实现高效绝热，其绝热性能够达到 10^{-6}~10^{-4} W/（m·K）。

主动绝热技术通过耗费一定的功来主动实现热量的转移，常用的方法是用制冷机主动提供冷量，从而实现与外界的漏热平衡，进而达到更高水平的绝热效果。主动绝热技术常用在一些闪蒸汽的再液化流程中。此外，主动绝热技术与被动绝热技术结合可以实现低温液体的零蒸发储存。

②液氢运输技术

液氢的体积储氢密度高，因此适合大规模、长距离的氢气运输。液氢的陆运为公路或铁路运输，运输工具为液氢槽车。液氢公路或铁路槽车一般装载圆柱形液氢储罐，根据GB 1589—2016《道路车辆外廓尺寸、轴荷及质量限值》中关于外廓尺寸限制要求及TSGR 0005—2011《移动式压力容器安全技术监察规程》的规定，常规公路运输真空绝热罐体容积不得大于52.6 m^3，铁路运输的特殊大容量液氢储罐容积最高可达200 m^3。

专用的海运液氢驳船装载有较大容量的液氢储罐，运载能力大、能耗低，适合远距离液氢运输。用于船运的液氢储罐最大容积可达到1000 m^3，且无须经过人口密集区域，相较于陆运更加经济且安全。

由于液氢温度极低，因此对液氢输送管路的低温性能和绝热性能要求较高，管道输送可有效降低液氢的运输成本，但前期投资大、建设难度高，适合点对点的大规模运输，一般用于航天发射场或航天发动机试验场内的液氢输送，不适用于2 km以上的长距离管道运输。

3.2.1.3 核心技术与装备

目前氢液化装备主要采用氦膨胀制冷液化循环和氢膨胀制冷液化循环工艺。氦制冷的氢液化装置难度更低，氢膨胀制冷循环的单位能耗更低，大规模氢液化装置多采用氢膨胀制冷液化循环工艺。无论是采用氢膨胀制冷还是氦膨胀制冷，氢液化装备都包含高真空冷箱、压缩机、低温换热器、正仲氢反应器、低温膨胀机等关键设备。

（1）高真空冷箱

氢液化系统的低温部件安装在高真空绝热的冷箱之内，通过高低压气体管道与压缩机相连，杜瓦管与预冷的液氮和输出到液氢储槽的液氢输液管相连。冷箱内主要包括透平膨胀机、各级换热器、吸附器、正仲氢反应器等主要部件。

（2）压缩机

压缩机作为氢气液化装备的核心部件之一，对整个系统运行的可靠性起到决定性作用。氢气压缩机的安全性和可靠性要求非常严苛，要求完全自动化控制，在控制精度与灵敏度等方面要求较高。

常用的氢气压缩机结构型式主要有隔膜式、活塞式、螺杆式与离心式。隔膜压缩机排气量较大，在氢液化中应用较少。活塞压缩机具有排量小和排气压力高的特点，螺杆压缩机属于容积型回转式压缩机，对于采用“氦制冷—氢液化流程”的大型氢液化系统，氦气喷油式螺杆压缩机和活塞式压缩机是主要的应用选择。离心压缩机在超大流量的氢气压缩领域具有较好的应用前景。

（3）低温换热器

低温换热器通常使用板翅式换热器，其具有体积小、重量轻和效率高等优点。板翅式换热器属于间壁式换热器，由于采用了特殊结构的传热翅片（见图 3–7），使换热流体在通道中形成强烈的湍动，导致传热边界层不断被破坏，从而有效地降低了热阻，提高了传热效率。

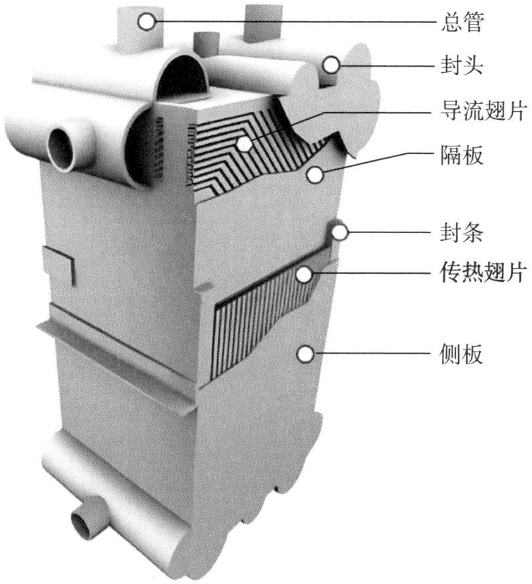

图 3–7　板翅式换热器基本结构

资料来源：冯晨．氢液化装置中板翅式换热器沸腾换热特性与结构优化研究［D］．杭州：杭州电子科技大学，2024.

（4）正仲氢反应器

常温下氢气中的正氢和仲氢的比例为3∶1，氢气在低温液化过程中，正氢将转化为仲氢，在20 K下，仲氢浓度将达到99.8%，因此正仲氢的转化是氢液化过程中的重要环节。正仲氢转化反应器可分为等温反应器、绝热反应器和连续反应器。等温反应器能耗最高，连续反应器能耗最低，绝热反应器结构最简单。等温转化反应器的结构简单可靠，催化剂用量少，但长时间进行的等温转化需要消耗大量的液氮来消除转化热，或者使用制冷机来维持反应器所需的等温条件，因此经济性相对较差。绝热反应器一般布置在换热器出口，正仲氢转化可以发生在任意的温度范围内，可较灵活地布置在氢液化流程中，使得绝热转化方式获得更广泛的应用。在理想的连续转化过程中，正仲氢浓度始终保持在平衡态，并且过程可逆，通过在换热器的通道中填充催化剂，反应氢气流被冷却流冷却的同时连续发生正仲氢转化，可实现接近理想的连续转化。目前三种反应器在氢液化设备中均有应用，但随着大规模氢液化的发展，连续反应器将成为主流技术路线。

（5）低温膨胀机

低温膨胀机是氢液化低温系统的核心装备，其通过气体膨胀对外输出功以产生冷量。氢液化系统中通常采用的是透平式膨胀机，透平式膨胀机有三种主流技术路径：

油轴承透平机。油轴承透平机需要从膨胀的气流中引出一股气体用于轴系密封，但会导致膨胀机效率的持续轻微损失。

静压气体轴承透平机。静压气体轴承透平机使用过程中的热传导不可避免地会导致透平效率的损失，该损失随着气体温度的降低而增加。

动压气体轴承透平机。动压气体轴承透平机即使在紧急停机的情况下，也能保持推力，从而保证透平能够实现不依赖外界保障而安全停机（见图3–8）。

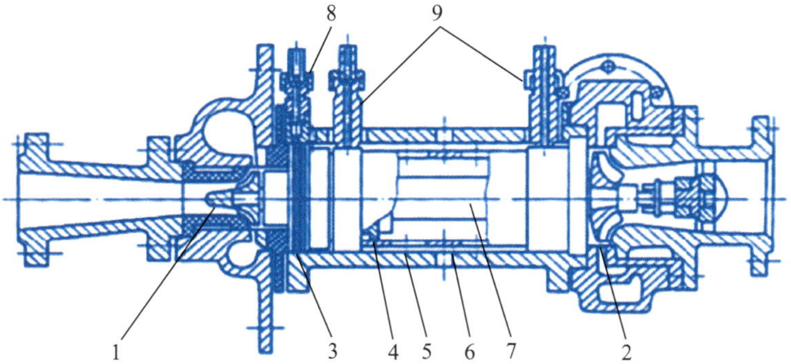

1 工作轮；2 制动风机；3 密封套；4 气体轴承；5 外筒体；6 轴承套；
7 转子；8 密封气接头；9 轴承气接头

图 3-8 气体轴承透平膨胀机结构

资料来源：魏蔚，胡忠军，严岩，等. 液氢技术与装备［M］. 北京：化学工业出版社，2023.

（6）液氢储运装备

固定式液氢储存设备主要有小型杜瓦瓶、中型储罐及大型球罐。因液氢储存容积的不同，以下液氢储存设备的关键技术也存在差异。

①液氢杜瓦瓶

液氢杜瓦瓶是一种小型真空低温容器，用于少量低温液体的储运。根据使用要求，杜瓦瓶可直接提供低温液体，也可将低温液体汽化后使用。杜瓦瓶结构简单、操作灵活方便，是目前大部分实验室、医院、工业供液供气常用的储氢容器。

②液氢储罐

液氢储罐常用的结构有圆筒形及球形，圆筒形适用于容积小于 500 m^3 的储罐，球形储罐适用于容积大于 200 m^3 的储罐。两种储罐在技术原理上没有本质区别。

相比于圆筒形储罐，球形储罐具有钢材用量省、占地面积小、基础工程简单、漏热少的优点，但球罐的制造、焊接以及组装要求严格，检验工作量大、制造费用高，因此液氢球罐一般为大容积固定式储存。

③液氢槽车

液氢槽车运输是液氢运输的主要方式之一，其由动力车头、整车拖盘以及移动式液氢储罐三部分组成，其中液氢储罐需配备加排液管路系统、汽化增压系统、监测系统、安全泄放装置以及吹扫系统等。液氢储罐的设计须与车辆结构相匹配，以满足槽车运行的稳定性。液氢槽车运输存储容量高，适用于中等距离运输。

相较于液氢公路槽车，液氢铁路槽车不受雨雪天气以及交通管制等因素影响，借助完善的铁路系统可满足大规模、长距离液氢运输，具有稳定性好、运输成本低的特点。

④液氢运输船

在氢能国际贸易加速开展的背景下，液氢运输船正在成为跨洋运输的主要形式之一。液氢运输船的核心系统包括储存系统、管路系统、蒸发气处理系统等，储存系统即船载液氢储罐（见图 3–9）。

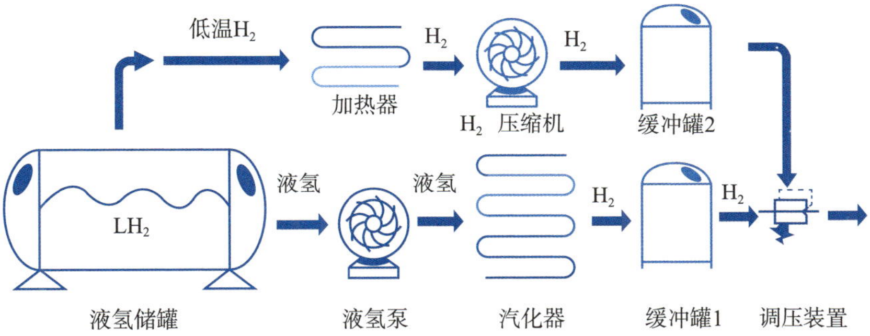

图 3–9 液氢运输船用液氢供气系统

资料来源：徐常安 .LH_2（液氢）运输船关键技术研究［J］. 科学技术创新，2022（14）：153–156.

目前船载液氢储罐与固定式液氢储罐同样采用圆筒形或球形。这两种罐体的共同特点是依靠双层结构形成环形真空，这种设计可以在低温与真空环境下保证绝热性能与结构强度。此外，船载储罐需能够抵抗一个航次内累计的蒸发气带来的累计压力和温度的增加，从而尽可能地降低在运输过程中处理蒸发气引发的风险。

由于目前技术水平的限制，在航行环境复杂的船舶上对性质活跃的氢气可靠处理的技术还存在挑战。但随着氢能技术的发展，以及液氢的大规模商业化运输，蒸发气的利用水平也将逐步提升。

2024 年 4 月，中国船舶集团旗下第七〇八研究所发布了 18000 m^3 和

20000 m^3 级液化氢运输船设计方案，完成基本方案论证并联合 ABS 船级社进行认证，其中 20000 m^3 级液化氢运输船已获颁美国船级社（ABS）原则性认可（AiP）证书。

⑤液氢罐式集装箱

液氢罐式集装箱与 LNG 罐式集装箱具有相同的结构特点，不仅可以用于公路、铁路以及海上运输，还可以直接放置加氢站内作为固定式液氢容器使用，减少了液氢转注过程中的蒸发损失。液氢罐式集装箱安全性能高于液氢槽车，载荷的标准考核值是铁路运输的两倍，即使出现交通事故也可在框架的保护下防止泄漏事故发生，安全性相对较高。液氢罐式集装箱与 LNG 罐式集装箱相比，其对漏热蒸发的要求更高，可在 LNG 罐箱的基础上进一步优化设计，减少漏热、延长液氢不放空的储存时间。40 英尺[①] 超低温罐式集装箱结构如图 3-10 所示。

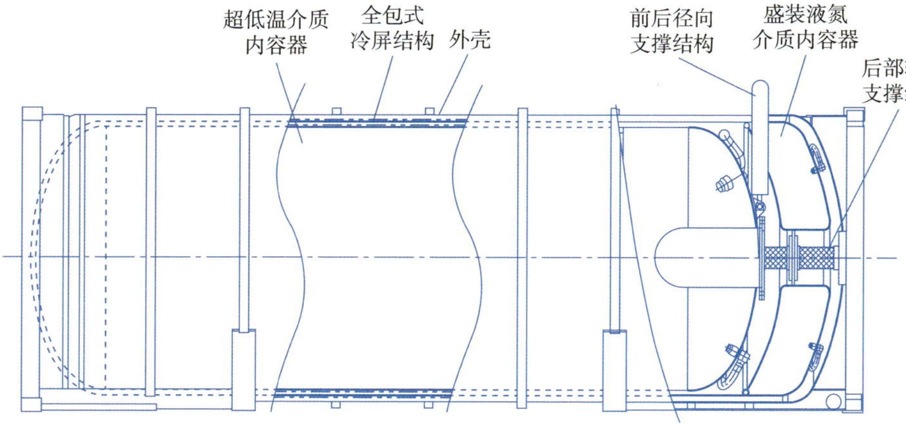

图 3-10　40 英尺超低温罐式集装箱结构

资料来源：刘汉鹏，陆佳，高洁，等 . 40 英尺超低温罐式集装箱的研制［J］. 化工机械，2019，45（5）：587-589.

3.2.1.4　国内外技术水平对比

（1）大型氢液化装置

对于氢液化装置而言，氢液化能力与能耗是核心指标，而能耗通常

① 编者注：1 英尺 =0.3048 米。

又与液化规模密切相关。

国外目前能够提供商业化氢液化装置的公司主要是法国液化空气集团（简称法液空）、林德集团（简称林德）、空气产品公司（简称空气产品）。林德的 Leuna 氢液化装置，液化能力 5 t/d，能耗 11.9 kWh/（kg·L）H_2，10 t/d 的氢液化工厂能耗能降至 10 kWh/（kg·L）H_2，50 t/d 的氢液化工厂能耗可以进一步降低至 9 kWh/（kg·L）H_2。

近几年随着氢能行业的发展需求，我国氢液化技术快速发展。中科富海科技有限公司（简称中科富海）研制的 1.5 t/d 氢液化系统，最大液化能力为 1.59 t/d，综合单位能耗为 15.1 kWh/（kg·L）H_2。2024 年 3 月，中国科学院理化技术研究所自主研制的 5 t/d 氢液化系统测试成功，满负荷液化率 5.17 t/d，液氢仲氢含量 98.66%，能耗 12.98 kWh/（kg·L）H_2。

（2）压缩机

国外氦螺杆压缩机通常是在空气螺杆压缩机的基础上改造设计制成。如德国凯撒公司在空气螺杆压缩机基础上改造的氦螺杆压缩机已形成系列化产品，其喷油螺杆压缩机的单级压比可高达 15∶1。

我国在氦螺杆压缩机方面，由中国科学院理化技术研究所联合国内相关企业开展了氦气压缩机的研制工作，整机效率达到国际先进水平，拥有了高性能氦 / 氢气螺杆压缩机的完全自主知识产权，并在国产氢液化装置中得到成功应用。

（3）低温透平氦 / 氢膨胀机

低温透平氦 / 氢膨胀机是大型低温制冷系统中核心设备之一，其通过膨胀制冷来实现并维持整套液氢系统所需的低温环境。低温透平氢膨胀机技术一直是低温制冷领域的瓶颈，研制难度较大，一直被国外少数公司垄断。空气产品、林德和法液空已掌握成熟的氦 / 氢透平膨胀机技术，但对我国实行设备禁运。产能小于 5 t/d 一般采用逆 Brayton 循环氦透平膨胀机，产能大于等于 5 t/d 一般采用 Claude 循环氢透平膨胀机。

国内氢低温透平膨胀机的研制起步较晚，目前国内氢液化装备多采用氦透平膨胀机，适用 5 t/d 以上的氢透平膨胀机处于工程化阶段。近年来我国低温透平技术加速发展，北京航天试验技术研究所、杭州杭氧膨胀机有限公司等国内企业与院校已具备氢透平膨胀机独立设计制造能力。提高 Claude 循环氢液化系统性能将是透平膨胀机的主要发展方向。通过采用迷宫密封、干气密封、碳环密封等方式，在提高透平轴旋转密封性能的同时，缩短转子悬臂长度、降低轴承开档跨距是重点攻关方向。

（4）正仲氢催化剂

国外的正仲氢催化剂生产工艺成熟，催化性能较好。国内对正仲氢转化催化剂的研究已取得了一定成果。北京航天试验技术研究所自制的正仲氢转化催化剂性能已达到国际先进水平。

（5）液氢储罐

液氢储罐根据使用要求，容积从 50 m^3 到 1000 m^3 不等。国外液氢大型储罐的制造及应用已较为成熟，如美国 Gardner Cryogenics 与 Chart 公司已在全球建成超过 800 个液氢储罐；美国航天局为新的探月计划建造了容积为 4700 m^3 的液氢球罐，可储存 333 t 液氢。俄罗斯深冷机械制造公司拥有多个规格的液氢储罐制造能力，最大容积已达到 1400 m^3，并在火箭发射地面试验中心建造了 4 个液氢储罐，总容积达 5600 m^3。

长期以来，国内液氢储运技术发展缓慢，液氢储罐及其配套设备以进口为主，主要用于航天发射基地。近几年来随着民用液氢领域需求的增长，液氢储罐作为储运环节的重要装备而备受关注。国内大型液氢球罐研制工作取得一定进展，2024 年 3 月，中集安瑞科设计研制的我国首台商用液氢球罐开工建设，该液氢球罐为双层真空球形容器，总容积 400 m^3，液氢储量可达 25 t 以上。

（6）液氢槽车

液氢槽车的技术难点在于安全结构设计、高性能绝热材料高效配比应用、超低温材料焊接、高真空环节获取及长效维持技术等。

国外液氢槽车运输已较为成熟，美国 Chart 公司设计制造的液氢公路罐车液氢总容量达 66.6 m^3，可载液氢 4340 kg。日本川崎重工采用高真空多层绝热技术，开发出了储存容器为 40 m^3 的液氢罐车，可储存 2800 kg

液氢。国内的液氢槽车最早应用于航天及军事领域，2005年，航天晨光股份有限公司（简称航天晨光）自主研制了25 m^3液氢运输车。随着国内液氢产业的发展，液氢槽车逐渐开始应用于民用领域，2023年12月，张家港中集圣达因低温装备有限公司（简称中集圣达）因宣布成功研制出我国首台民用40 m^3液氢槽车。

（7）液氢运输船

液氢有望成为氢气大规模海运的主要方式之一，目前大型液氢运输船技术尚未成熟，多个国家都在进行研发和实践探索。

日本在液氢运输船方面处于世界前列，2022年，日本川崎重工建造的世界上第一艘液氢运输船Suiso Frontier完成了载氢首航，其满载储量1250 m^3（约合88 t）；同年，其大型160000 m^3的液氢运输船（约合1万t液氢）已获得日本海事协会的原则性批准，并争取在2030年前投入使用。2022年，法国能源巨头道达尔能源联合法国船级社、法国GTT公司和船舶设计公司LMG Marin签署合作协议，联合开发150000 m^3液氢运输船；荷兰C-Job Naval Architects宣布推出一艘新型液氢运输船概念设计，容量37500 m^3。

2024年，中国船舶集团旗下第七〇八研究所完成了20000 m^3级的液态氢运输船的设计工作。该型船总长约160 m，型宽26.4 m，采用C型真空双壁罐，设计压力为3.0 MPa，日蒸发率将不大于0.2%。

3.2.2 有机液体氢储运技术

3.2.2.1 有机液体氢储运技术发展概况

有机液体氢储运技术（见图3-11）按所选用的储氢载体不同，分为苯/环己烷路线（简称苯路线）、甲苯/甲基环己烷路线（简称甲苯路线）、萘/十氢萘路线（简称萘路线）、乙基咔唑/十二氢乙基咔唑路线（简称咔唑路线）和二苄基甲苯/十八氢二苄基甲苯路线（简称苄基甲苯路线）等（见表3-10）。目前以苄基甲苯路线、甲苯路线以及咔唑路线为主，但当前三种路线的应用规模均较小。其中，甲苯为大宗化学品，其产业链最为成熟，价格也相对较低，但其属于危化品，因此在生产、运输、存储和应用方面都受到一定限制；苄基甲苯产业链相对成熟，价格也相对便宜，但由于其市场用途较少，目前仅用于导热油领域，国内乃至全球产能和产量均较低，但苄基甲苯生产工艺成熟，原料来源广泛，建设成本和生产能耗相对较低，未来大规模扩产和进一步降低成本的潜力较大；咔唑类产业链相比之下规模较小，价格也相对较高，目前主要用于生产附加值较高的化学用品，生产工艺、原料等方面均需进一步技术突破以实现降本。

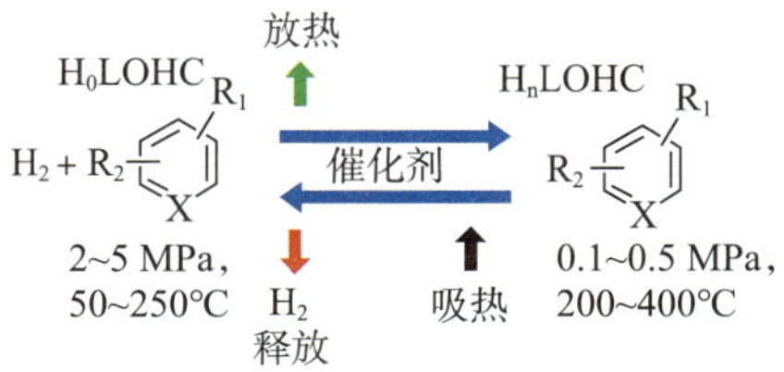

图 3-11 有机液体储氢技术

资料来源：闫光龙，郭克星，赵苗苗．储氢技术的研究现状及进展［J］．油气储运与处理，2023，41（5）：1-9.

表 3-10 典型有机物储氢介质性能

项目	苯 / 环己烷	甲苯 / 甲基环己烷	萘 / 十氢萘	乙基咔唑 / 十二氢乙基咔唑	二苄基甲苯 / 十八氢二苄基甲苯
化学组分	C_6H_6/C_6H_{12}	C_7H_8/C_7H_{14}	$C_{10}H_8/C_{10}H_{18}$	$C_{14}H_{13}N/C_{14}H_{25}N$	$C_{21}H_{20}/C_{21}H_{38}$
加氢温度 /℃	80~180	150~200	80~160	90~150	80
加氢物常温状态	液态	液态	液态	液态	液态
沸点 /℃	80.74	100.9	185.5	—	395
质量储氢密度 /%	7.2	6.2	7.3	5.8	6.2
体积储氢密度 /（kg/m^3）	55.9	47.4	65.4	—	57
脱氢温度 /℃	300~320	300~350	320~340	170~200	260~310
脱氢产物常温状态	液态	液态	固态	固态	液态

资料来源：崔振莹．氢能储运技术现状及发展分析［J］．中外能源，2024（7）：31-39.

3.2.2.2 技术路线分析

有机液体储氢是一种重要的氢储运技术，目前多采用单苯环的甲苯、双苯环的咔唑以及多苯环的苄基甲苯作为储氢载体，基本技术原理均为利用苯环的加脱氢反应实现氢气的储存与分离（见图 3-12）。与高压气态储氢、低温液态储氢、固态储氢等方式相比，有机液体储氢是常温常压的液态储氢方式，在安全性、灵活性、经济性等方面具有一定优势，适合大规模、长时间、长距离的氢储运需求。

（1）甲苯路线

甲苯/甲基环己烷体系因其较低的毒性和较高的储氢效率而受到广泛关注，其理论储氢量约为 6.2 wt%，且具有较宽的液态温度范围，能够在常温下保持液态，便于储存与运输。但是甲苯/甲基环己烷体系的脱氢反应需要在 300 ℃以上的温度下进行，这不仅对能耗要求高，还可能引起如脱烷基反应和环链断裂等副反应，降低储氢能力，并在循环过程中积累杂质，影响催化剂活性。目前，甲苯/甲基环己烷体系已具有相对完善的研究体系和工业应用，其中日本千代田以甲苯为载体实现了氢能的大规模跨洋运输。同时，日本为了实现在家庭端便捷地集成应用，甲苯/甲基环己烷储氢装置正在向着小型化、撬装式及分布式方向发展。

（2）苄基甲苯路线

二苄基甲苯/十八氢二苄基甲苯体系为含有多苯环的化合物，该体系的理论储氢质量分数为 6.2 wt%，且因储氢介质本身具有非易燃性、无毒性以及液态温度范围广等特点，在有机液体储氢介质中展现出显著优势。此外，该体系的脱氢温度相对较低，一般在 260~310 ℃，有利于降低系统能耗。同时，二苄基甲苯作为储氢载体既可以用纯氢，也可以用含氢的混合气体实现加氢。当使用含氢的混合气体加氢时，催化剂不会因杂质气体的存在而失活，因此适用于与成分含量相对复杂的工业副产氢耦合应用。

（3）咔唑路线

咔唑及其衍生物是杂环化合物中最受关注的储氢介质，研究最为广

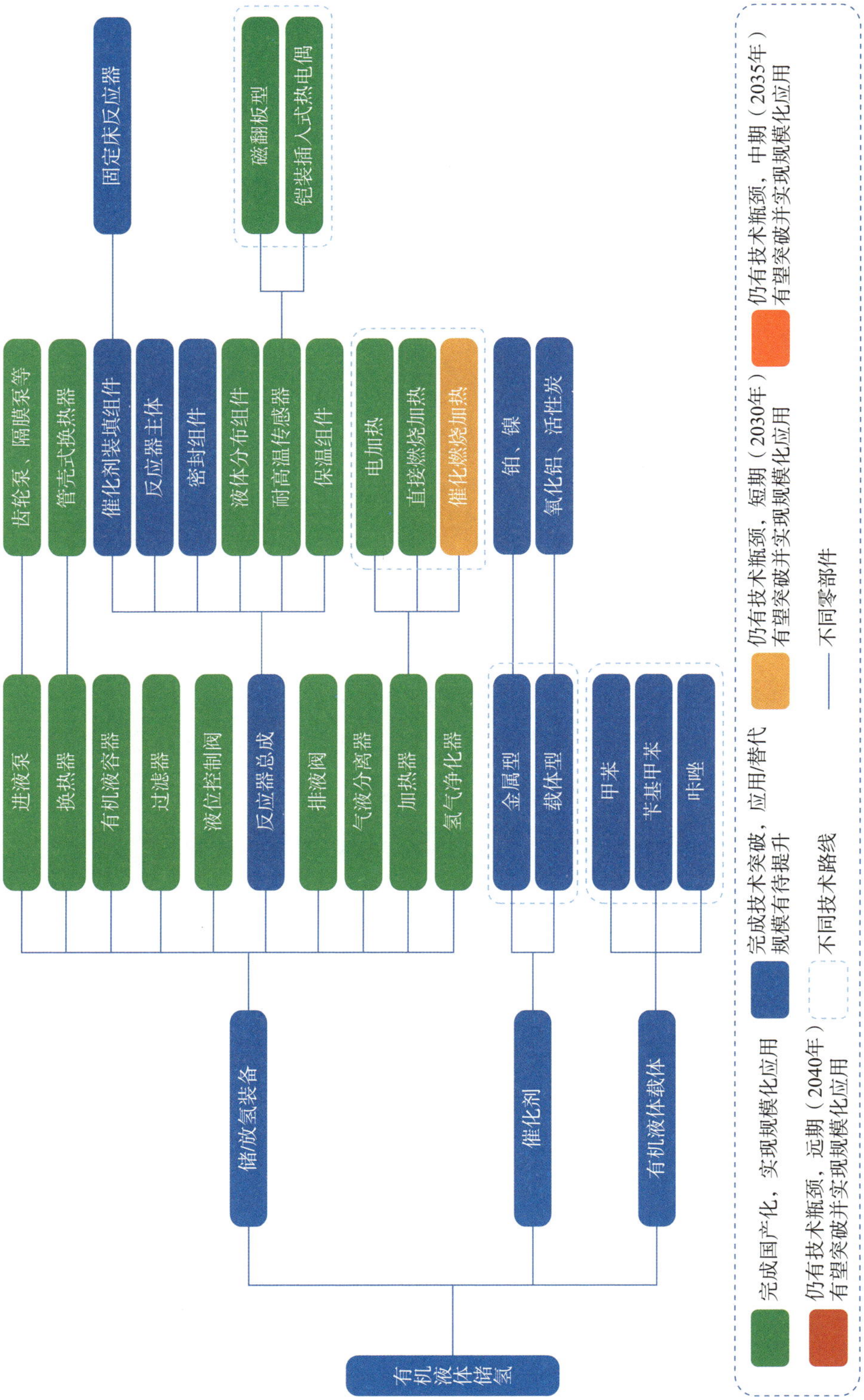

图 3-12　有机液体储氢技术图谱

资料来源：中国产业发展促进会氢能分会整理

泛的是N–乙基咔唑，其储氢密度为5.8 wt%，乙基的引入不仅有效降低了咔唑的熔点，提高了其在催化脱氢中的活性，还减少了氮原子孤对电子对催化位点的不利影响。与传统的环烷烃类化合物相比，N–乙基咔唑的脱氢温度显著降低，能在低于200 ℃的温度下有效释放高纯度的氢气。当温度超过270 ℃时，N–乙基咔唑的热稳定性下降，容易发生脱烷基反应，生成咔唑。尽管N–乙基咔唑作为有机液体储氢介质有优势，但其在常温下为固态的性质也为运输带来不便。

3.2.2.3 核心技术与装备

（1）有机液载体

有机液载体的核心技术在于选择可满足大规模储运、高循环效率需求的有机液载体。

①苄基甲苯

二苄基甲苯—全氢化二苄基甲苯理论储氢量为6.2 wt%，二苄基甲苯被广泛应用于商业导热油领域，具有低成本、低毒性、高稳定性优点。苄基甲苯合成工艺相对成熟，普遍以甲苯和氯化苄为原料，通过缩合反应及甲醇钠除氯后精馏提纯获得。采用苄基甲苯（包括单苄基甲苯和二苄基甲苯）技术路线作为有机液载体的代表公司是德国HT公司。德国HT公司在欧洲和中东有多个有机液储氢示范项目。国内的中氢源安（北京）科技有限公司（简称中氢源安）也采用同样的技术路线，通过与北京热力集团合作，在2023年完成了首个基于有机液储氢技术的纯氢供热示范项目，实现了应用示范的工程落地。

②甲苯

甲苯作为常用的化工原料之一，其制备方法多元，可通过苯催化加氢、石油炼化裂解、煤焦油提取等方法获得。甲苯–甲基环己烷理论储氢量为6.18 wt%，甲基的C–H键与苯环产生超共轭作用，增加了苯环的电子云密度。因此，甲苯的加氢相对苯而言更容易一些。目前，甲苯加氢的技术研究已经十分成熟，日本的千代田公司是这一路线的典型代表企业，该公司已完成了甲苯类有机液体储氢的试点示范。此外，中国石化等国内企业也开展了相关研究，2021 年，由沧州炼化等单位共同研发的“有机液体储氢技术研发及工业示范”项目入选氢能技术重大攻关项目课题，该项目通过改造沧州炼化闲置的 15 万吨 / 年半再生重整装置进行甲苯加氢及甲基环己烷脱氢，实现有机液体储氢技术的工程化开发和工业示范。

③咔唑类

采用咔唑作为有机液载体，其实质是以咔唑类作为有机液的主要成分并混杂以其他成分，形成一种以咔唑为主要成分的液态混合物，又被称氮杂环，其有机液的载体成分配比为核心技术之一。咔唑系列化合物的典型代表是 N– 乙基咔唑，其质量储存密度为 5.8 wt%，可在 150 ℃、7 MPa 的条件下实现完全加氢，在 180 ℃下实现 100% 脱氢，脱氢纯度可达 99.99%。N– 乙基咔唑作为一种重要的有机化合物，被广泛应用于医药、农药、光电材料等领域，其合成工艺多元，主要通过氯乙烷、硫酸二乙酯、碳酸乙酯催化制备，也可通过相转移或微波诱导等方法获得。该技术路线的研发应用以北京海望氢能科技有限公司（简称海望氢能）等国内企业为主，在国外该技术路线并未有商业示范项目。

其他类有机液体储氢的载体技术路线如十氢萘等，目前研发及应用均较少。

（2）催化剂

有机液体储氢的催化剂包括储氢催化剂和放氢催化剂，其中，储氢催化剂的开发相对较易，放氢催化剂开发难度较大。放氢催化剂通常采用贵金属作为主要原料，催化剂的选型、用量、活性、选择性、耐久性是核心技术，催化剂在保证整个放氢过程中催化剂的活性、耐久性及反应过程精准选择性的同时，还需兼顾经济性。在苄基甲苯储氢体系的放氢过程中，常用的催化剂主要包括贵金属催化剂、负载型金属催化剂以及金属氧化物催化剂。其中，Pt/SiO_2 是较为成熟的贵金属催化剂；负载型金属催化剂包括 Ru/MgO、Ru/Al_2O_3、Ru/ZrO_2 和 Ru/SiO_2–Al_2O_3 等；金属氧化物催化剂多为双金属催化剂，通过协调耦合提高催化效率，研究发现

Ni/Al_2O_3 催化剂在 N– 乙基咔唑的氢吸收实验中表现出较高的氢吸收效率。

（3）脱氢反应器

脱氢反应器的选择与设计对于提高脱氢效率、降低能耗起着重要的作用。在脱氢催化剂开发的过程中，实验室多用间歇反应器对催化剂的性能进行测试。使用间歇反应器可以使催化剂与反应物充分接触，并能够对温度、压力和反应时间等反应条件进行精确控制。然而，间歇反应器不适合连续操作，在大规模生产中的应用受限，且在规模扩大时可能面临混合和传热效率的挑战。固定床反应器在工业应用中较为普遍，适用于大规模连续生产，反应物通过固定的催化剂床层流动，有利于提高催化剂的利用率和反应的均匀性，但可能存在传热和传质等方面的限制。为了优化固定床反应器，提高氢释放的速度，可通过改进催化剂的形态、调整反应器的结构和使用更高效的热交换系统来提高反应器的性能。

3.2.2.4 国内外技术水平对比

有机液储氢技术是国外对中国进行封锁的关键技术之一。目前日本已率先完成甲苯类有机液体储氢的长距离商业化示范，德国在苄基甲苯储氢应用方面相对成熟，中国在苄基甲苯和咔唑储氢方面已进入示范应用阶段。

日本是最早开展甲苯储氢技术应用研究的国家。2020 年 12 月，千代田株式会社在文莱利用甲苯和氢气制造甲基环己烷，并将其运输到日本的引能仕炼油厂，该项目获得了日本新能源和工业技术发展组织（The New Energy and Industrial Technology Development Organization，NEDO）的资助。

德国在苄基甲苯技术方面处于全球领先地位。德国 HT 公司采用二苄基甲苯和单苄基甲苯作为有机液载体，目前已在欧洲和中东部署了 7 个中大型规模的有机液体氢能储运商业化示范项目，其中 4 个已建成投运。

国内已完成了二苄基甲苯技术路线的相关示范应用，中氢源安联合国内高校和科研机构，完成了催化剂和储放氢集成装置的研发，并于 2023 年交付了首台有机液放氢装置及氢能热电联产供热系统，氢气处理能力为公斤级，该项目是国内首个有机液体储氢供热项目。

在咔唑技术路线方面，我国已开展规模化验证。吉电股份白城分布式发电制氢加氢一体化示范项目采用 N- 乙基咔唑作为储氢载体，设计建造了 7200 Nm^3 有机液体储氢装置，项目已于 2023 年 10 月投运。该项目有机液态储氢装置采用我国自主研发的储放氢催化剂、反应器及工艺包。

3.3 固态氢储运技术发展现状

3.3.1 固态氢储运技术发展概况

固态储氢是利用氢气与储氢材料之间发生的物理或者化学变化，将氢气转化为固溶体或者氢化物的形式来进行储存的一种储氢方式（见图 3–13）。固态储氢最大的优势是储氢体积密度大，占用空间最小，并且具有操作容易、运输方便、安全性高等特点，是一种极具发展潜力的储氢方式。

固态储氢材料主要分为金属储氢材料和非金属储氢材料两类。在金属储氢材料中，氢通过金属键与金属结合。主要包括以 $LaNi_5$ 合金为代表的 AB5 型合金、以 $TiCr_2$、$TiMn_2$ 合金为代表的 AB2 型、以 $LaMg_2Ni_9$ 合金为代表的 AB3 型、以 TiFe 合金为代表的 AB 型以及 V 基固溶体、Mg 基储氢合金等。在非金属储氢材料中，氢以分子状态吸附在材料表面进行储氢。主要包括碳纳米管、介孔材料、金属有机框架（MOFS）材料等。经过多年的研究开发，虽然已经开发出几十个体系的储氢材料，但大部分高容量储氢材料受限于制备难度大、使用温度高、可逆性能差、成本高等问题，难以进行产业化生产和应用。目前，实现产业化应用的材料主要包括 AB 型钛铁系、AB2 型钛锰系、AB5 型稀土储氢材料和 Mg 基储氢合金等。吉电大安项目采用 AB2 型钛锰系固态储氢技术，储氢总规模达到 48000 Nm^3，是目前全球最大的固态储氢技术规模化应用项目，该项目的实施，为我国乃至全球固态储氢技术工程化实践提供了重要的参考和借鉴。

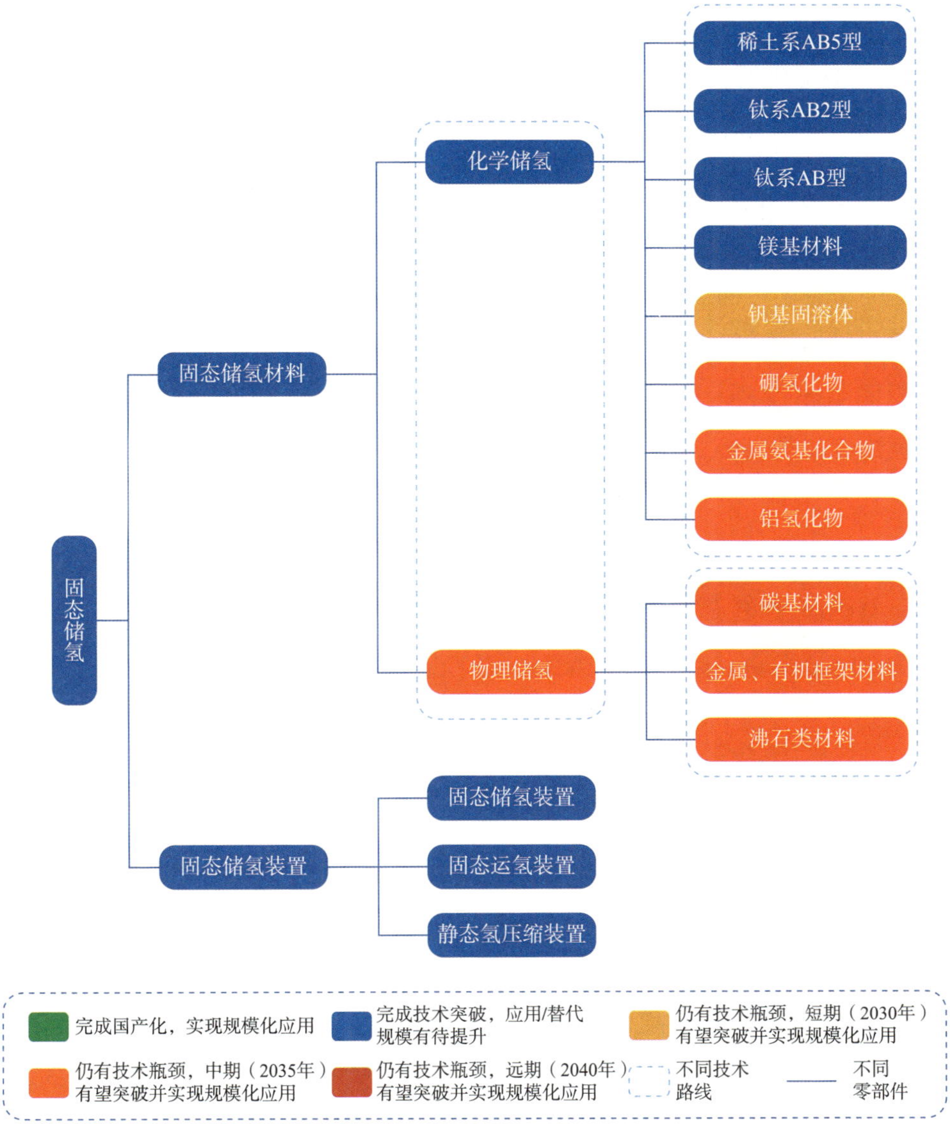

图 3-13　固态储氢技术图谱

资料来源：中国产业发展促进会氢能分会整理

金属储氢材料需装填入储氢装置中方可实现其实际应用。迄今为止，趋于成熟且已获得应用的固态储氢装置，一般由 AB5 型稀土系、AB 型钛铁系、AB2 型钛锰系和钛铬系、V 基固溶体和 Mg 基储氢材料等装填而成。其应用场景主要包括移动式和固定式两种，移动式应用场景中主要包括燃料电池大巴车、物流车等商用车与叉车等工程车和燃料电池两轮车等小型车辆；固定式应用场景主要包括氢储能、燃料电池分布式供能、固态储氢加氢站以及数据中心和通信基站的应急电源等。

3.3.2 技术路线分析

固态储氢是指在一定温度、压力等条件下，利用固态储氢材料实现可逆存储与释放氢气的技术，主要分为物理吸附储氢和化学储氢，具有体积储氢密度高、吸放氢条件温和、可逆性和循环寿命高、安全性好、供氢纯度高等特点。主要金属氢化物储氢性能对比见表 3-11。

表 3-11 主要金属氢化物储氢性能对比

储氢材料	储氢密度（wt.%）	放氢压力（MPa）	放氢温度（℃）	90% 放氢所需时间（min）	循环寿命	成本
储氢合金						
LaN$_{i}$5	1.3~1.5	0.2~0.8	25	≤ 3	好	较高
TiFe	1.8~1.9	0.2~1.0	30	≤ 5	较好	低
TiM$_{n}$2	2.0~2.1	0.5~1.0	25	≤ 3	好	低
V–Ti–Cr	3.5~3.8	0.1~0.3	25	≤ 5	较好	高
轻质储氢材料						
Mg$_{H}$2	7.6	0.1	287	≤ 20	较好	较高
MgNi	3.6	0.1	282	≤ 20	较好	较高
MALH$_{4}$（M=Li，Na）	7.5~10.6	0.1	150，多步放氢	≤ 120	较好	高
Li–Mg–N–H	5.6	0.1	90	≤ 120	较好	较高
MNH$_{4}$（M=Li，Na，Mg，K，Ti，Zr）	7.5~18.5	0.1	≥ 250，多步放氢	≥ 180	差	高

资料来源：李海波 . 固态储氢技术现状与发展趋势分析［J］. 现代化工，2024，44（4）：13–18.

3.3.2.1　物理吸附储氢

物理吸附储氢是利用储氢材料高比表面积和高微孔容积等结构特点实现高密度储氢的技术。典型吸附材料包括碳纳米管、金属有机框架物（MOFs）、共价有机框架材料（COFs）等，主要通过范德瓦耳斯力实现氢气与吸附材料可逆储氢。比表面积是影响吸附材料储氢容量的主要因素。多孔碳材料比表面积和孔容较高，稳定性好且密度低，可重复存储。理论上碳材料和其他无机多孔材料的质量储氢密度可达 5%~10%，甚至更高。MOFs 和 COFs 材料是储氢材料另一个重要分支，具有框架密度更小、比表面积更大等优势，但低温吸附质量储氢密度低于 3%。

总体来看，物理吸附储氢技术处于研究阶段，高储氢容量吸附材料的制备是研究的焦点，主要通过内部结构调制和表面改性等手段实现温和条件下高容量储氢。

3.3.2.2　化学储氢

化学固态储氢材料中的主要合金材料有 AB5 型、AB2 型和 AB 型储氢合金，其储氢容量分别为 1.5%、2.0% 和 1.8%，V 基固溶体合金和 Mg 基合金储氢容量可达 3.8% 和 7.6%。除此以外，由 Li、B、N、Mg 和 Al 等轻质元素组成的金属氢化物也显示出巨大潜力。

（1）AB5 型储氢合金

以 $LaNi_5$ 为代表的 AB5 型储氢合金是最早实现产业化应用的金属储氢材料，其易于活化、吸 / 放氢平台温度低，易于根据不同应用需求进行调整，且抗中毒性能好。

（2）AB 型储氢合金

TiFe 合金是 AB 型储氢合金中的典型代表，其储氢容量为 1.8%，且因 Fe 的资源丰富、成本低，因而颇受关注。但其存在 2 个吸 / 放氢平台，低平台吸氢部分在温和条件下难以可逆放氢，且活化困难、吸 / 放氢平台滞后大、动力学性能缓慢，且易受外部环境影响造成储氢性能衰减，元素取代可有效改善其储氢性能。

（3）AB2 型储氢合金

AB2 型储氢合金的 A 侧一般以 Zr 和 Ti 元素为主，B 侧以 V、Fe、Ni、Mn、Cr、Co 等为主，主要有 Zr–V 系、Zr–Mn 系、Ti–Cr 系、Ti–Mn 系等合金体系。典型代表如 Zr–V 系的 ZrV_2 合金，理论吸氢量可达 3.0%，但其活化困难、平台较低、滞后明显、放氢困难。可通过合金化改善 Zr 基合金的吸放氢性能，使用 Mn 和 Ni 元素同时取代 V 元素，可降低金属与氢之间的作用，提高氢的扩散，同时有利于氢气的释放，Ti 替代 Zr 元素可改善活化性能和滞后效应，提高吸氢速率。Ti–Mn 系的 $TiMn_2$ 合金储氢容量可达 2.0%，且具有快速的吸 / 放氢动力学、优异的循环性能；但与 AB5 型合金相比，AB2 合金的抗中毒性能差，易受有害杂质气体影响，发生表面中毒，导致储氢性能衰减。

（4）MgH_2 储氢合金

MgH_2 具有 7.6% 的理论储氢量，远高于目前已实际应用的 AB5、AB 和 AB2 等合金体系，并且 Mg 在地壳中含量丰富，但目前 MgH_2 在实际应用中仍面临一些问题，包括：热力学过于稳定，放氢温度过高，在 0.1 MPa 下的放氢温度高达 287℃；吸 / 放氢速度慢，Mg 的表面易被氧化形成氧化物或氢氧化物，不利于氢分子的离解，纯镁本身也无法高效离解氢分子，同时氢在 Mg 中的扩散速度慢，在氢化物中的扩散更慢，两者的扩散速率相差 2~3 个数量级，当氢化物层的厚度达到 30~50 μm 时，剩余的 Mg 将难以完全氢化。

（5）V 基固溶体合金

具有体心立方结构的 V 基固溶体合金有 3.8% 的储氢容量，在常温常压下实现可逆吸 / 放氢，但存在多个吸 / 放氢平台，温和条件下的放氢量仅是吸氢总量的 1/2~2/3，且初始活化慢。除此以外，三元体系还有 V–Ti–Ni、V–Ti–Mn、V–Ti–Fe 系合金等，还可在三元体系的基础上，添加元素（Al、Zr、Co、Fe 等），优化合金的组成，获得性能更好的多元系 V 基合金。

3.3.3　核心技术与装备

固态储氢技术的核心环节包括储氢材料制备、储氢床体制备和装置集成等。其中，储氢材料和储氢床体的开发是影响固态储氢技术应用的核心。目前，较为成熟的储氢材料有 AB5 型稀土系、AB 型钛铁系、AB2 型钛锰系、V 基固溶体和 Mg 系储氢材料，其理论最大质量储氢密度分别为 1.5 wt%、1.8 wt%、2.0 wt%、3.8 wt% 和 7.6 wt%，其中 MgH_2/Mg 体系因储氢密度高、储量丰富、原料成本相对低廉被认为是最有潜力的固态储氢材料之一。但在具备较为理想的储氢密度的同时，MgH_2/Mg 体系放氢温度较高（需 300℃以上），放氢能耗较高；AB5 型稀土系与 AB 型钛铁系放氢温度较为温和（20℃左右），但储氢密度较低。因此，开发储氢密度高、充放氢温度适中、原材料成本低的轻质储氢材料是金属固态储氢技术研究的核心。除储氢材料外，储氢合金床体的高密度、高稳定装填也是影响储氢装置储氢容量和吸放氢速率的关键因素，直接影响装置的使用性能。

目前，我国固态储氢材料与装备可完全实现国产化开发，并已实现在相关领域的示范应用。有研工程技术研究院（简称有研工研院）开发出储氢容量为 40 kg 的稀土系合金储氢装置，并与制氢、燃料电池系统集成进行了“风电制氢—固态储氢—燃料电池热电联供”示范应用。安泰创明研究院基于改性 AB5 型储氢合金，开发了氢燃料电池助力两轮车用小型固态储氢罐，目前燃料电池助力车已投放产业园区开展示范应用。上海交通大学与氢枫能源合作研制出了基于 Mg 基储氢材料的氢气运输车，总运氢量可达 1 t。2022 年，在国家重点研发计划的支持下，有研工研院开发出了基于固态储氢多级静态压缩的加氢站用一体化储供氢系统，并实现了对 70 MPa 燃料电池汽车的氢气加注。2023 年，有研工研院开发的固态储氢系统成功应用于广州和昆明的固态储氢发电并网项目，首次实现了国内固态储氢发电并网示范。

3.3.4 国内外技术水平对比

为加速氢能的产业化进程，中国、美国、日本、德国、英国、俄罗斯、挪威、南非、以色列等国对固态储氢材料与应用技术开展了大量研究。日本东芝公司开发了稀土系合金的低压储氢装置，储氢容量 1000 m^3，体积储氢密度约 38 kgH_2/m^3。日本 BiocokeLab 公司、ECO2 公司及 ZEROONEZERO 于 2014 年启动了基于氢化镁技术的“镁氢业务”，目前产能为 3000 kg/a。法国 McPhy 公司将氢化镁应用于固定式储氢领域，开发了镁基储氢材料的储氢系统，储氢量为 100 kg。迄今为止，固态储氢系统最为成功的应用是以燃料电池为辅助动力的潜艇应用。德国 HDW 造船厂建造的 U212 型 AIP 潜艇中采用装填 TiFe 储氢材料的固态储氢系统，可储存 63 kg 左右的氢气。

目前，我国在固态储运氢技术方面总体与国际先进水平保持同步，在 Ti 系、Mg 系等储氢材料研发和产业化方面具有一定的优势。截至 2024 年 4 月，全球固态储氢技术相关专利约 2.4 万件，中国、美国、日本三个国家占据固态储氢领域的领先地位。中国固态储氢相关专利数量占据全球专利数量的 39%，美国占 21%，日本占 19%（见图 3–14）。

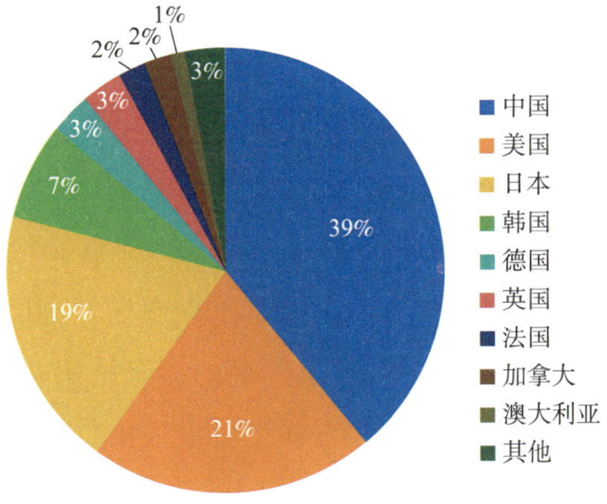

图 3–14 全球固态储氢专利分布状况

资料来源：中国产业发展促进会氢能分会整理

第4章 氢应用产业技术发展现状

4.1 交通领域氢能应用技术发展现状

4.1.1 交通领域氢能应用技术发展概况

氢能技术的规模化应用是推进交通领域深度脱碳的关键途径之一。目前氢能在交通领域的应用以氢燃料电池技术和氢内燃机技术为主，两种技术的能量转化方式不同。氢燃料电池技术是利用化学反应将燃料化学能转换为电能的动力装置，其无须经历热机过程，因此不受卡诺循环限制，能量转化效率较高。氢内燃机技术与传统内燃机技术类似，通过燃烧将化学能转化为机械能产生动力，通过采用高压缩比和稀薄燃烧等技术可使氢内燃机的热效率提升至45%以上，但由于其能量转化过程受卡诺循环限制，能源利用效率低于燃料电池技术。此外，氢内燃机对氢气纯度要求较低，氢气纯度大于90%即可作为内燃机燃料，而根据《质子交换膜燃料电池汽车用燃料氢气》（GB/T 37244—2018）的要求，用于燃料电池汽车的氢气纯度需大于99.97%。为应对不同场景下各类交通载具的用能需求，发挥氢燃料电池、氢内燃机和动力电池各自优势，研发“氢—氢”和“氢—锂”混合动力系统也将成为未来的重点发展方向之一。

在燃料电池方面，燃料电池技术是当前氢能在交通领域应用的主要技术。近年来，我国燃料电池技术实现了从实验室到商业化的跨越式发展，并在装备性能方面实现了大幅提升。在燃料电池汽车、轨道机车、船舶、飞行器等交通领域均取得了显著进展。

在公路运输方面，不同于韩国、日本和美国以乘用车为主的发展路线，中国燃料电池汽车推广以公交、物流车和重卡等商用车为主。据中国产业发展促进会氢能分会不完全统计，2022 年 1 月至 2024 年 9 月，我国新发布各类燃料电池汽车新品车型 651 款，其中专用车（包括环卫车、搅拌车、冷藏车、保温车等）217 款，货车（厢式货车、重卡等）302 款，客车 127 款，乘用车 5 款。此外，中国汽车工业协会数据显示，2023 年中国燃料电池轻卡 / 重卡销量分别为 2104 辆和 3612 辆，同比增长 160.1% 和 47.1%，占比达到 29.3% 和 50%。氢能物流车与锂电池物流车相比，具有续航能力强、加氢速度快、低温性能优越等优点，因此干线物流是当前我国燃料电池汽车的主要应用场景。同时，氢能物流车运营线路相对固定，更容易解决加氢问题，因此氢能物流车推广成为我国氢能交通领域应用的重点发展方向。据国际能源署（International Energy Agency，IEA）统计，2023 年中国燃料电池公交车和卡车销量分别占全球总销量的 75% 和 95%。虽然我国在燃料电池汽车总保有量方面暂居全球第二位，但公路运输领域用氢需求量已超美国、日本、韩国三国总和，稳居全球首位。发展路线的不同也导致了国内外的研发方向有所不同，日本、韩国等国立足乘用车的使用特点，主要聚焦燃料电池系统效率和可靠性的提升，对于电堆最大功率方面的提升投入较少。中国将重卡等货运车辆作为发展重点，而要保障氢能货运车在爬坡、满载等情境下达到传统燃油重卡功率输出效果，则燃料电池系统功率需达到 300 kW 以上，因此国内燃料电池企业积极开展大功率燃料电池系统研发工作，并努力提高系统效率，减少耗氢量，降低使用成本。目前我国燃料电池系统装车单电堆额定功率一般为 150~240 kW，为满足货运重卡等商用车的动力需要，多采用双电堆燃料电池系统。

在轨道交通方面，氢能轨道交通装备包括有轨电车、城市轻轨、城际动车等。不同于公路交通工具，轨道机车对燃料电池系统功率要求较高，如采用燃料电池作为单一动力，则系统功率需要在 1000 kW 以上。因此，需将多个甚至十几个燃料电池电堆进行集成，构成复杂的多电堆混合动力系统，以充分发挥其具备的输出功率大、可靠性强、冗余度高、灵活可靠等优点。故多电堆集成与控制技术是氢能轨道交通技术研究的核心方向。2024 年 4 月，我国在新朔铁路完成了大功率氢动力调车机车万吨装车实验。该车采用氢燃料电池与锂电池混合动力，设计时速 100 km/h，最大牵引功率 2400 kW，最大起动牵引力 560 kN，平直道牵引载重 10000 t，4‰坡道牵引载重 5000 t。另据中车大同电力机车有限公司（简称中车大同）消息，截至 2024 年 10 月 28 日，由中车大同研制的 2000 kW 氢燃料电池混合动力机车实现运行超过 16000 km，累计减少碳排放约 170 t，该机车动力由氢燃料电池与蓄电池共同提供，燃料电池总输出功率 400 kW，动力电池储电量 731 kWh，储氢量约 202 kg，满载氢气可单机连续运行 180 h。目前，随着氢燃料电池技术的快速发展，我国氢燃料机车已进入发展“快车道”，并且依托技术与性价比等方面优势，已成功实现对外出口。据不完全统计，截至 2024 年末，我国累计下线氢能（含混合动力）轨道机车 20 列。

在航运船舶方面，随着氢能相关技术和产品的不断进步，氢能船舶领域应用技术也得到了快速发展。现阶段，氢动力船舶主要采用燃料电池技术。当前，燃料电池技术与柴油发动机相比依然存在输出功率小等问题，多作为小型船舶的主动力，尚无法满足远洋货轮等大型船舶动力需求，其应用场景通常为内河湖泊以及近海，以客船、轮渡、内河货船和工程船、拖轮、游艇等类型为主。2023 年 10 月，我国首艘氢燃料电池动力示范船“三峡氢舟 1 号”完成首航，实现了我国氢燃料电池技术船舶领域应用“零的突破”。“三峡氢舟 1 号”采用氢燃料电池和锂电池的混合动力系统，氢燃料电池系统总功率 560 kW，搭配 35 MPa 储氢瓶，储氢容量约 240 kg，续航能力 200 km，巡航速度 20 km/h。

在航空运输方面，氢能飞机的主要技术路线有氢涡轮飞机和氢燃料电池飞机两种。在氢涡轮机技术路线中，氢作为燃料在燃烧室内燃烧，然后推动涡轮产生动力；氢燃料电池技术路线是通过氢燃料电池产生电力并驱动电动机，带动风扇产生推力。氢涡轮飞机的输出功率大，适合长途客机、大型货运飞机，氢燃料电池飞机能量转化效率高，但输出功率较小，更适合无人机和短途支线客机。我国氢能飞机技术研究以燃料电池技术路线为主，氢能飞机研发工作形成了以辽宁通用航空研究院

（氢燃料电池与锂电池混合动力飞机技术攻关）、北京航空航天大学（燃油涡桨发动机 PT6 的氢燃料改型论证）、航天六院 101 所（氢制取 / 液氢生产和存储、轻质高效液氢燃料储存装置）等先进研究机构为代表的链式研发体系，综合技术接近国际先进水平。2023 年，沈阳航空航天大学研制的搭载 2 L 氢燃料内燃机的 4 座氢燃料内燃机飞机完成首飞，成为我国首架以氢内燃机为动力的通航飞机，该飞机的翼展为 13.5 m，机长为 8.2 m，巡航速度为 180 km/h，留空时间大于 1 h；携带的高压气态储氢为 4.5 kg，氢内燃机最大热效率大于 43%、综合热效率大于 40%。

在内燃机方面，氢内燃机与内燃机共性技术较多，可沿用现有工业体系进行技术开发，且大部分零件可通用，无须重构产业链，可有效缩短开发周期，降低开发难度与成本。基于氢气的燃烧特性，重新设计喷氢系统并优化整机结构，以解决易回火、易爆震等问题是氢内燃机开发的核心。

在公路运输方面，与燃料电池相比，氢内燃机对氢气纯度要求不高，具有点火能量低、单位热值高等优势，适合重卡等高负荷运行。广西玉柴机器集团有限公司（简称玉柴）、潍柴动力股份有限公司（简称潍柴动力）、柳州五菱柳机动力有限公司（简称五菱柳机）等内燃机企业，以及上海汽车集团股份有限公司、广州汽车集团股份有限公司、中国第一汽车集团有限公司（简称一汽）等整车企业均积极开展氢内燃机研制。2023 年国内氢内燃机产品热效率已提升至 42%～45%，并在乘用车、重卡等领域开展示范应用，取得了较好的进展。2023 年 10 月，五菱柳机与一汽解放首款联合自主研发的 4M20H 氢内燃机成功点火。该产品采用 4 缸 2.0 L 发动机，具备强动力、高效率的特点，最大功率达到 70 kW/5600 rpm，最大扭矩为 130 N · m/4000 rpm。在其他领域，虽然氢内燃机的系统效率低于燃料电池系统，但氢内燃机的响应速度快、峰值功率高，在大型船舶和飞行器等领域也具有较好的应用前景。此外，除了氢内燃机外，采用氨和甲醇等氢基燃料的氨内燃机和甲醇内燃机在交通领域的应用也受到了广泛关注，考虑到氨内燃机和甲醇内燃机使用的燃料为氢基燃料而非直接使用氢气，因此本章仅作简单概述，不具体展开讨论。在氨内燃机方面，氨作为内燃机燃料时的热效率可达 50% 以上，且氨的辛烷值高、抗爆震性好，可提供较高的压缩比来实现高功率输出，但由于氨的最小点火能量高、火焰传播速度慢、不易点燃，因此目前多将氨与氢、汽油、柴油等高活性燃料混合进行引燃，形成氨氢内燃机、氨汽内燃机、氨柴内燃机等，而氨内燃机的动力性能和排放与燃料混合比例有关。此外，在实际过程中，由于燃烧不充分和氧化反应，容易导致氨燃料所含的氮元素转化成温室效应更强的 NO_x 气体。因此，燃烧和尾气处理的定向控制策略对于降低 NO_x 排放至关重要。2023 年 2 月，大连理工大学完成了全球首台氨柴双直喷二冲程发动机原理机的开发，该原理机采用射流引燃直喷氨燃烧技术，热效率可达 45%，氨燃料替代率超过 80%，且氮氧化物和未燃氨排放极低。

总体来看，开发新的燃烧控制策略和燃料喷射策略，探索新型燃烧模式是氨内燃机的发展方向。在甲醇内燃机方面，甲醇燃料既可应用于点燃式内燃机，又可应用于压燃式内燃机。点燃式甲醇发动机燃料供给方式可采用进气道喷射、缸内直喷等。甲醇 50% 的含氧量增加了混合气中的含氧量，使燃烧更加充分，降低 CO 和 HC 排放，但 NO_x 排放率与汽油基本一致。目前，点燃式甲醇内燃机面临冷起动性能差的问题，解决的办法是在甲醇中添加其他易燃烃类燃料进行点火系统优化，或采用进气预热和燃料预热等技术改善冷起动问题。压燃式甲醇内燃机分为甲醇直接压燃和甲醇—柴油二元燃烧两条技术路线。甲醇直接压燃技术通过进气加热来提高缸内温度，进而实现甲醇的压燃。与柴油直接压燃相比，甲醇压燃的排放几乎为 0，可避免甲醛的产生，CO 和 NO_x 排放与柴油相当。甲醇直接压燃技术存在稳定性差的问题，特别是在起动、怠速以及小负荷工作时，可在甲醇中加入十六烷值改进剂改善其压燃性能。采用甲醇—柴油二元燃烧技术可解决稳定性问题，但需要在现有发动机上加装两套燃料供给和控制系统，分别在进气道喷射甲醇，在缸内喷射柴油，利用柴油引燃甲醇混合气，实现甲醇—柴油的组合燃烧。该技术在有效控制 NO_x 的同时大幅度降低碳烟排放。但是，该技术要求甲醇燃料比例不能过高，过高会导致发动机的冷起动性能变差，CO 和 HC 排放增加。进一步提高甲醇燃料占比是甲醇—柴油二元燃烧技术的主要研究方向。

此外，加氢站是重要的氢能基础设施，大规模的加氢站建设和广泛布局是氢能技术在交通领域大规模推广的前提。而加氢站的构成及其相关核心技术的进步，对中国氢能交通的发展至关重要，是氢能产业链的核心环节之一。

当前，交通领域氢能市场规模正逐渐扩大，氢动力汽车销量及用氢需求稳步增长，绿色航煤、绿色甲醇燃料等航空航运领域燃料深度脱碳需求加速释放，带动我国绿氢需求快速增大。预计我国交通领域绿氢需求将在 2030—2040 年快速爆发，各类绿色氢基燃料的绿氢需求量将从 2030 年的约 145 万 t 增长至 2040 年的 750 万 t 左右，到 2050 年，交通领域绿氢需求量将进一步扩大至 2300 万 t 左右（见图 4-1）。

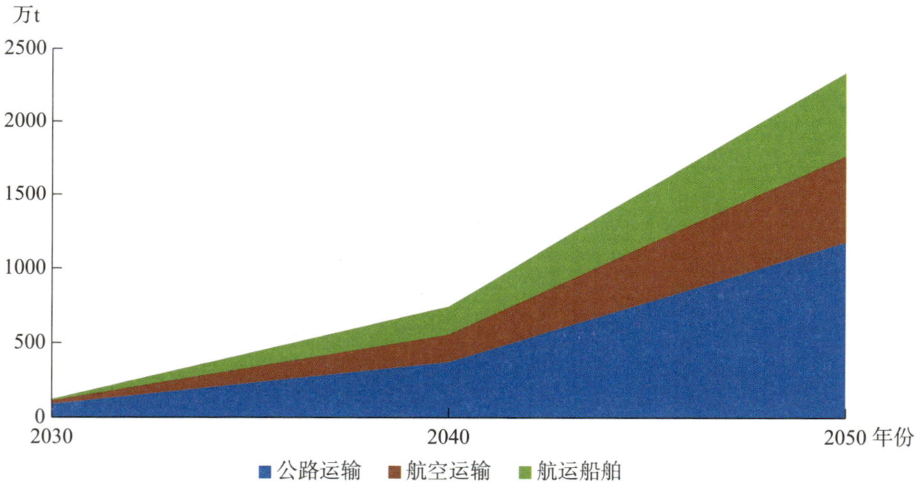

图 4-1　交通领域绿氢需求预测

资料来源：中国产业发展促进会氢能分会预测

4.1.2　燃料电池技术

4.1.2.1　燃料电池技术发展概况

随着政策支持与企业降本的持续发力，我国燃料电池市场化竞争日益激烈。据不完全统计，2023 年 1 月以来，国内 17 家企业先后发布了 23 款电堆新品，平均功率达到 218 kW，单堆额定功率已达到 400 kW。从年度数据来看，2023 年车用燃料电池系统装机量 CR3 较 2022 年下降 10%，CR4~CR10 上涨近 6%。一方面，以亿华通和国鸿氢能科技（嘉兴）股份有限公司、重塑科技为代表的产业先行者凭借先期市场占有率优势及技术迭代能力加速布局，目前仍占据较大市场份额。另一方面，以潍柴动力、未势能源科技有限公司为代表的“跨界”企业凭借其较强的整体实力与供应链协同能力快速布局，新产品陆续下线并抢占一定市场份额。随着竞争者的不断增多和市场的日渐成熟，燃料电池技术正处于商业化应用阶段，市场格局也正在重塑。燃料电池作为氢能产业链中的主要应用装备之一，其技术已经相对成熟，产业链配套较为完备。我国燃料电池技术已迈入产业化阶段，东部地区燃料电池产业链布局较完整，北京、上海、江苏、浙江、广东等地是燃料电池产业链主要聚集区。目前来看，燃料电池应用的商业化进程正在加速，且交通领域成长性最强，预计 2025 年和 2030 年我国燃料电池汽车保有量将分别有望达到 4.5 万辆和 30 万辆左右（见图 4–2），车用燃料电池年需求量将达到 2.2 GW 和 15.0 GW 左右。

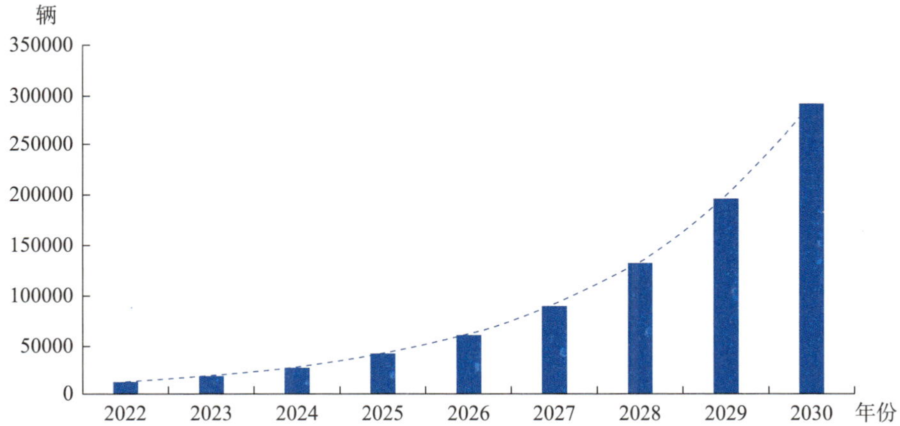

图 4–2　我国燃料电池汽车累计保有量预测

资料来源：中国产业发展促进会氢能分会预测

燃料电池辅助系统技术图谱和质子交换膜燃料电池电堆技术图谱见图 4–3 和图 4–4。

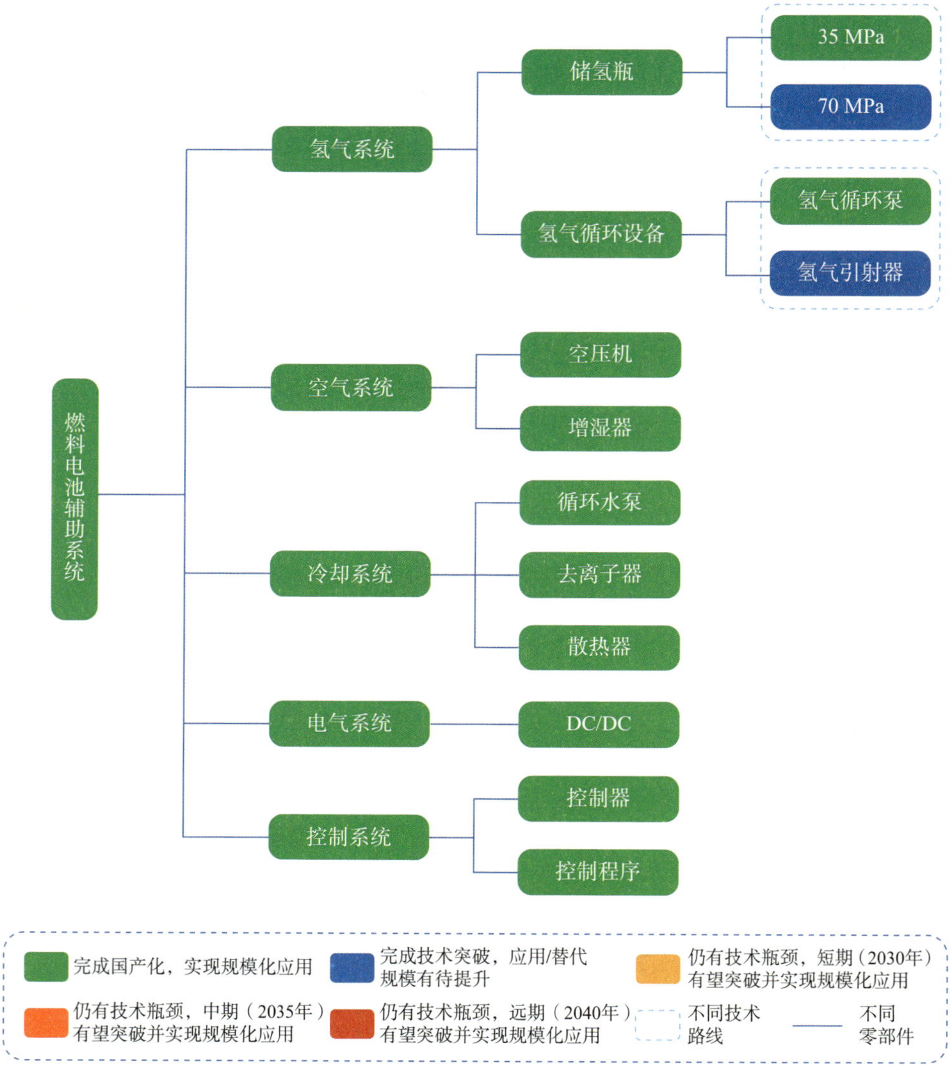

图 4–3 燃料电池辅助系统技术图谱

资料来源：中国产业发展促进会氢能分会整理

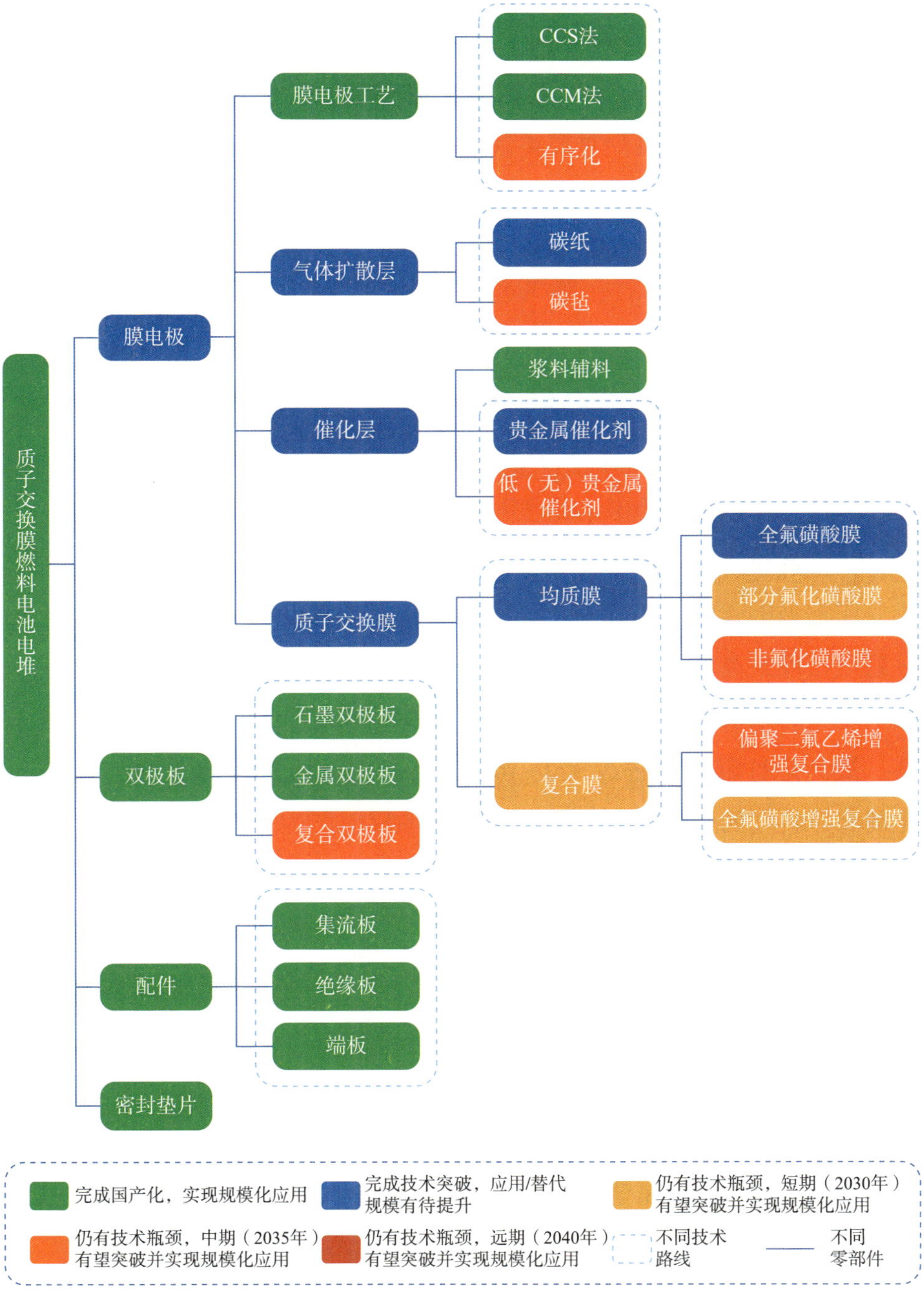

图 4-4 质子交换膜燃料电池电堆技术图谱

资料来源：中国产业发展促进会氢能分会整理

4.1.2.2 技术路线分析

燃料电池是一种直接将氢能转化为电能的装置，目前，燃料电池发电技术已经取得了一系列重要突破，主要包括以下几种类型：

（1）质子交换膜燃料电池

质子交换膜燃料电池（PEMFC）采用聚合膜作为电解质，由阴极、阳极和外电路等部分组成（见图 4–4）。在燃料电池内部，质子从阳极穿过交换膜到达阴极，从而与外电路的电子构成回路，为外界负载供电。PEMFC 的工作温度较低（一般低于 100℃），同时还可以根据实际工作需求灵活调整输出功率。此外，燃料电池通过化学反应将化学能转化为电能，能量转化效率不受卡诺循环限制，可达 60% 以上。

（2）固体氧化物燃料电池

在常见的几种燃料电池中，固体氧化物燃料电池（SOFC）在理论上是能量密度最高的技术路线。SOFC 的电解质多为固体陶瓷，单体电池由两个多孔的电极和夹在中间的紧密电解质层构成。SOFC 工作时温度非常高，最高运行温度能达到 800～1000℃，其电解质具有传递 O^{2-}、分隔氧化剂和原料气的作用。O_2 在阴极发生还原反应产生 O^{2-}，在隔膜两侧存在电势差和氧浓度较差的影响下，O^{2-} 会定向跃迁到阳极侧发生氧化反应。高温下运行可实现较高的能量转换效率，但是高温也对材料寿命及密封性能提出了挑战。目前，固体氧化物燃料电池已在区域供电、热电联产等领域开展了多个试点示范。

（3）碱性燃料电池

碱性燃料电池（AFC）一般在 80℃环境下具有相对较好的工作性能，具有启动响应速度快的特点，但其能量密度却只有 PEMFC 的十几分之一。AFC 电解质为碱性，故在实际工作中，氧化剂必须使用纯氧，若氧化剂采用空气，实际寿命会因空气中的 CO_2 大大降低，故使商业应用成本大幅度增加。AFC 目前主要应用于军用和航天领域，其他应用领域较少。

（4）磷酸燃料电池

磷酸燃料电池（PAFC）电解质和催化剂分别为浓磷酸和Pt，工作温度通常在200℃左右，属于中温燃料电池。PAFC不仅可以采用氢气为燃料，还可以直接使用天然气、甲醇等作为材料。PAFC的原料气可采用重整气，因此在化工厂固定电站等相关领域具有较大的优势和潜力，但目前仍存在能量转化效率较低、寿命较短等问题。

如表4-1列示的不同类型氢燃料电池指标对比可知，现有氢燃料电池的转换效率普遍为40%~70%，采用热电联产的能源利用方式则可以提高能源的利用效率。从转换效率上看，PEMFC效率相对较高，而SOFC通过热电联产在整体节能、提高能源利用效率方面具有优势（见表4-1）。

表4-1 不同类型氢燃料电池指标对比

类型	质子交换膜燃料电池（PEMFC）	固体氧化物燃料电池（SOFC）	碱性燃料电池（AFC）	磷酸燃料电池（PAFC）
工作温度/℃	50~80	600~1000	90~100	150~200
转换效率/%	40~70	50~60	40~60	40~55
寿命/h	20000~30000	30000~40000	40000~50000	20000~30000
启动时间	几秒至几十秒	30分钟至数小时	几秒至几分钟	几分钟至十几分钟
负载变化响应时间	亚秒级	数秒至数分钟	数毫秒至数秒	数秒
电解质材料	质子交换膜（如Nafion）	陶瓷（如YSZ）	片状的氧化物和碱金属盐液	磷酸钠和硅酸钠
催化剂	铂、铂合金	镍（阳极），镧锆氧化物等（阴极）	铂、铂合金	铂、铂合金
燃料来源	氢气、醇、其他含氢化合物	氢气、甲烷、天然气、一氧化碳	氢气	氢气、天然气
应用领域	交通工具、固定电源、便携式设备	固定电源、行动电源、航空航天	工业发电	轻型车辆、固定电源

续表

类型	质子交换膜燃料电池（PEMFC）	固体氧化物燃料电池（SOFC）	碱性燃料电池（AFC）	磷酸燃料电池（PAFC）
优势	平台温度低、启动响应速度快	高效率、可使用多种燃料、高温废热利用	长寿命、耐腐蚀、低成本、技术成熟	系统简洁、低噪声
发展挑战	成本较高、耐久性存在问题、低温性能	高温限制材料选择、脆性限制安装环境	燃料活性低、耐久性差、体积大	系统复杂、寿命有限、成本高

资料来源：中国产业发展促进会氢能分会整理

氢燃料电池技术作为一种清洁能源转换技术，具有高效、环保等显著优势，因此将在未来的能源结构中扮演重要角色。在氢燃料电池的技术路线中，PEMFC 因其特性和优势，成为当前氢交通应用的主要发展方向，本节将围绕 PEMFC 技术展开讨论。

4.1.2.3 核心技术与关键装备

（1）电堆

电堆的主要功能是将氢气和氧气在化学反应中转化为电能。燃料电池电堆由多个电化学单元组成，每个单元内部有阳极、阴极、电解质和电极催化剂等组件。当氢气通过阳极进入电解质层时，电解质将氢离子和电子分离，电子流经外部电路产生电流，而氢离子则通过电解质层向阴极移动，在阴极与氧气结合产生水和热能。我国已具备较为成熟的燃料电池电堆及系统集成技术，性能指标已与国际先进水平接近，电堆与系统的国产化程度逐步提升，但催化剂、质子交换膜、气体扩散层等核心材料在性能和市场占有率方面仍有较大提升空间。

（2）双极板

双极板的作用是分隔反应气体、排出反应水和散热，须具备较高的导电能力、导热性和致密性。双极板按材质可分为金属双极板、石墨双极板和复合双极板三类。金属双极板具有导电性好、力学强度高、易于加工且成本较低等优势，但其耐腐蚀性相对较差，溶解的金属离子可能造成质子交换膜中毒。通过表面镀层等方式可提高金属双极板的耐腐蚀性，但其导电率也会降低。目前常用的金属双极板基体材料包括不锈钢、铝合金和钛合金等，涂层材料主要包括金属氮化物涂层、金属碳化物涂层、金属氧化物涂层、石墨烯涂层、非晶碳基涂层、高聚物基复合材料涂层等。石墨双极板在传热性、导电率、气密性和耐腐蚀性方面表现较好，但石墨材料的脆性较大，流道设计和加工难度相对较高。复合双极板具有耐腐蚀性、力学强度高、易加工、质量轻等优势，成为燃料电池双极板技术研发的重点方向，其基体材料通常采用聚丙烯、环氧树脂、酚醛树脂等非金属材料，导电填料则多采用金属、膨胀石墨、石墨烯、碳纳米管等。添加导电填料的目的是对导电性能和力学性能进行调控，实现高导电率和高力学强度。目前，柔性膨胀石墨被认为是较有潜力的双极板的材料之一。该路线是以膨胀石墨的制作工艺为基础，将天然鳞片石墨经过氧化插层、高温膨胀后再辅以聚合物固化树脂和辅助导电材料复合改性，最终制成膨胀石墨双极板。柔性膨胀石墨双极板兼具石墨材料的耐腐蚀性和金属材料的易加工的优点。现阶段，我国采用石墨双极板和金属双极板并行的发展路线，且已具备较高国产化程度，产业化进程和技术发展势头迅猛。部分企业已开展复合双极板的研发试制工作，但其稳定性和可靠性仍待验证（见表 4–2）。

表 4–2　不同材质双极板主要性能对比

双极板主要性能	石墨双极板	金属双极板	复合双极板
抗压、抗弯强度	低	高	高
导电性能	强	强	强
化学稳定性	优	良	优
耐腐蚀性	高	低	高
加工难易程度	高	低	高
体积	大	中	小
质量	大	大	轻

续表

双极板主要性能	石墨双极板	金属双极板	复合双极板
成本	高	低	高
发展程度	开发较早，技术成熟	技术较为成熟，主要用于乘用车	工艺尚不成熟
优点	性能稳定、导电能力强	成本低、易批量生产	质量轻、易成型
缺点	体积大、不易成型	质量大、易腐蚀	成本高

资料来源：中国产业发展促进会氢能分会整理

（3）膜电极

我国已经掌握了较为成熟的膜电极制造技术，膜电极产品主要参数已接近国际先进水平，部分参数达到国际先进水平。2023 年中国商品化膜电极的功率密度一般可达到 1.6 W/cm²（0.6 V 电压下），部分厂商已经可以进行 1.8 W/cm²（0.6 V 电压下）膜电极的量产，并已开展 2.0 W/cm²（0.6 V 电压下）以上功率密度膜电极的开发工作。在寿命方面，国产膜电极实际使用寿命已超 1 万 h，正在向 2.5 万 h 迈进。目前国产膜电极市场占有率已跃升至 90%，但催化剂、质子交换膜以及气体扩散层等膜电极核心材料进口依赖度仍然较高。

第二代催化剂覆膜（CCM）催化剂电极是目使用最为广泛的膜电极制造工艺，其在降低催化层厚度的同时提高了 Pt 利用率，并且减小了接触电阻。为进一步降低膜电极中电子、质子以及气体传质阻力，降低 Pt 的担载量。有序膜电极成为下一代膜电极制备技术的主攻方向，但整体仍处于实验室阶段。

（4）催化剂

目前燃料电池中常用的商用催化剂为 Pt/C 催化剂，但是 Pt/C 随着使用时间的延长存在 Pt 颗粒溶解、迁移、团聚现象，活性比表面积降低，难以满足碳载体的负载强度要求。除了 Pt/C 催化剂外，还可采用 Pt 与过渡金属形成的合金催化剂（Pt–M）、核壳催化剂、单原子催化剂以及非贵金属催化剂，但这些催化剂目前在稳定性、活性以及技术成熟度等方面仍有待提升，暂不具备商业化供货能力，现阶段无法代替 Pt/C 催化剂。

（5）质子交换膜

质子交换膜的技术水平在燃料电池的性能和使用寿命方面发挥着举足轻重的作用，其性能的优劣决定着电池的性能和使用寿命。目前可用于燃料电池的质子交换膜主要包括：全氟磺酸质子交换膜、部分氟化质子交换膜、非氟化质子交换膜、复合质子交换膜。全氟磺酸质子交换膜具有力学强度高、质子传导性和化学稳定性好、低温下电流密度大、高湿度下导电率高等优点，目前技术最为成熟、应用最为广泛，是现在的主流路线。部分氟化质子交换膜、非氟化质子交换膜的设计思路均是使用氟化物部分或全部取代全氟磺酸树脂，然后与非氟化物共混形成质子交换膜，但由于膜中的 C 原子缺少了 F 原子的保护，稳定性较差，提升稳定性是部分氟化质子交换膜和非氟化质子交换膜的主要研究方向。复合质子交换膜对全氟型磺酸膜进行工艺改性，由多孔膜或纤维增强骨架浸渍全氟磺酸树脂制成，其具有很好的耐高温性，该技术整体仍处于工程化验证阶段。

（6）气体扩散层

气体扩散层负责支撑催化层、收集电流和传导气体并排出生成水，需要具有良好的电导率、孔隙率、热传导和抗腐蚀能力，还应具有合适的孔结构、柔韧性、表面平整性、高机械强度。根据结构可分为与双极板直接接触的基底层和与催化层直接接触的微孔层。碳纤维纸和碳纤维织布具有高电导率和多孔结构，能够很好地流通气体和产物水并输送电子，因此是基底层的首选材料。在基底层表面涂覆由纳米碳粉和疏水材料（聚四氟乙烯、全氟聚醚等）均匀混合而成的涂料制成微孔层，微孔层相对基底层的大孔在微观上进一步强化了其传质、导热、导电和抗腐蚀等各项性能。因编织碳布、无纺布碳纸具有很高的孔隙率、足够的导电性，在酸性环境中也有良好的稳定性，故支撑层材料主要是多孔的碳纤维纸、碳纤维织布、碳纤维无纺布、碳黑纸。为进一步提高碳纤维纸的导电性，可能还会进行额外的碳化、石墨化过程。

（7）燃料电池辅助系统

燃料电池辅助系统主要设备有空压机、循环泵、增湿器、系统控制器、热交换器以及水泵，国产化率普遍达到较高水平。空压机是燃料电池中国产化程度较高的关键部件，国产化率接近100%。相较于空压机，增湿器技术门槛高、市场容量相对小，国产化程度还有提升空间。近年来国内燃料电池市场快速发展，国产增湿器在核心材料和制作工艺上都有所突破，打破了可隆工业株式会社、科德宝集团等海外企业的垄断，2023年国产增湿器产品市场占比已经接近50%，并继续呈现上升趋势。氢气循环系统主要采用氢气循环泵或引射器。烟台东德实业有限公司等国内氢气循环泵供应商技术达到国际领先水平且价格仅为之前在国内占据主导地位的德国普旭等进口品牌的1/3~2/3，已在国内占据较大市场份额。

4.1.2.4 国内外技术水平对比

随着中国燃料电池汽车市场规模的快速扩大，国内燃料电池产品加速迭代，技术水平也不断提升。从系统层面来看，我国燃料电池单堆系统额定功率已达到国际领先水平，金属双极板燃料电池单堆和石墨双极板燃料电池单堆的额定功率均已迈上300 kW级别，同时国内企业通过改进双极板设计与成型工艺，开发出了额定功率为400 kW的石墨金属复合燃料电池电堆。2024年5月，美国康明斯针对氢能重卡等重载场景发布了FCE300燃料电池产品，其额定功率为300 kW；同月，戴勒姆与沃尔沃合资的燃料电池制造商Cellcentric也发布了适用于氢能长途卡车的NextGen燃料电池系统，系统最大输出功率可达350 kW。国产燃料电池系统效率基本达到国际先进水平，250 kW金属双极板燃料电池系统额定功率和最高功率分别达到48.8%和65.1%，240 kW石墨双极板燃料电池系统额定功率和最高功率分别达到50%和61%。在设计寿命方面，国内燃料电池系统设计寿命普遍为30000 h，与国外先进水平一致，但由于国内燃料电池技术发展时间短、技术迭代速度快，设计寿命和实际使用寿命间的一致性有待进一步验证。

具体来看，在电堆方面。截至2024年9月，国产石墨板燃料电池电堆最高体积功率密度（不含端板）为4.5 kW/L，金属板燃料电池电堆最高体积功率密度（不含端板）为5.2 kW/L。国外巴拉德石墨板燃料电池电堆最高体积功率密度（不含端板）为4.3 kW/L，丰田金属板燃料电池电堆最高体积功率密度（不含端板）为5.4 kW/L（见图4-5）。石墨板燃料电池电堆性能基本达到国际一流水平，金属板燃料电池电堆性能与国际先进水平差距快速缩小。但与此同时，丰田公司、现代等企业已开展了多年的燃料电池实验和运行，积累了大量耐久性和可靠性数据，国内部分企业虽然已完成实验室级别的电堆耐久性试验，但是缺乏长期工况下实测，产品可靠性和耐久性仍需进一步验证。

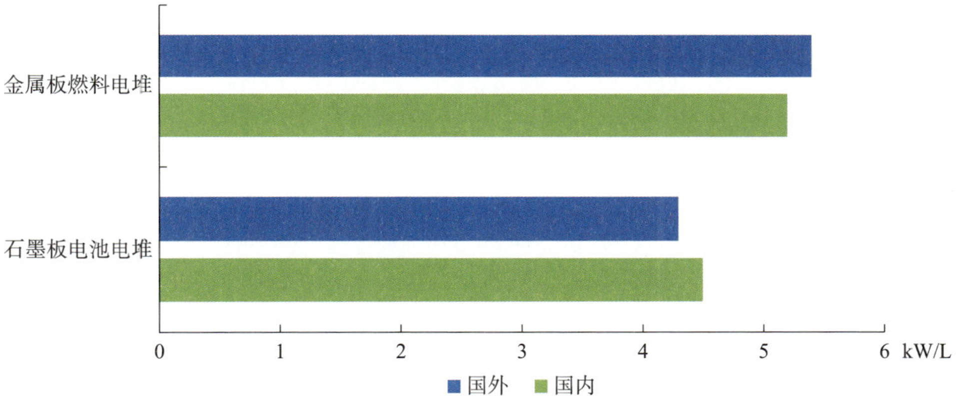

图4-5　国内外电堆最高体积功率密度对比

资料来源：中国产业发展促进会氢能分会整理

在催化剂方面，燃料电池催化剂的技术壁垒与制造成本较高，产业化流程相对较长，我国技术起步较晚，与国际水平差距较大，且原材料严重依赖进口，目前国产催化剂应用占比不足25%，主要市场仍被田中贵金属和英国庄信万丰等海外品牌占据（见表4-3）。催化剂的高成本、高技术壁垒与原材料稀缺性驱动国内企业加快开展催化剂相关研发。现阶段，国内大部分燃料电池催化剂企业处于研发阶段，少数公司如上海济平新能源科技有限公司（简称济平新能源）、中自科技股份有限公司等企业已实现一定程度上的技术突破，初步进入了产业化阶段，但在铂担载量、催化剂活性、耐久性方面仍有提升空间。目前国外量产催化剂的铂用量已达到小于 0.2 g/kW 的水平，我国催化剂铂用量普遍处于 0.3~0.4 g/kW 的水平。田中贵金属作为全球最大的供应商，其商业化产品铂用量仅为 0.12 g/kW，并已研发出 0.06 g/kW 的低铂催化剂。

表 4-3　不同种类催化剂对比

催化剂种类	特点	国内外技术对比
Pt/C	催化剂活性好、化学稳定性好，但成本高	国内外均实现商业化，海外最新的研究能够将铂用量降至 0.06 g/kW，国内技术水平则为 0.3 g/kW，而丰田公司等第一梯队车企的商业化车型用量大约为 0.17 g/kW
Pt-M	质量比活性提升、成本降低，但稳定性差	国外已实现产业化，代表企业有田中贵金属和优美科，国内部分企业也已经开始布局，如济平新能源
Pt 核壳	质量比活性提升、稳定性提升、成本降低，但技术不成熟	国内外均处于实验室阶段，未批量生产
Pt 单原子	有效提高原子利用率、降低副反应、可循环利用、成本低，但技术不成熟，稳定性不及 Pt/C	国内外均处于实验室阶段，未批量生产
非贵金属	价格低、原料丰富易获得、有取代 Pt 的潜力，但酸性环境下稳定性不及 Pt/C、技术不成熟	国内外均未实现商业化，但不少企业已经开始布局，如日本清坊株式会社、国内济平新能源等

资料来源：中国产业发展促进会氢能分会整理

在质子交换膜方面，长期以来，因制备工艺复杂等原因，国内质子交换膜市场被戈尔、科慕等少数国外品牌垄断，其中戈尔在燃料电池领域的市场占有率超过 80%。目前，国产质子交换膜产品已实现量产，部分性能指标与国际领先企业产品持平，并逐步实现在燃料电池产品上的规模化国产替代。在质子电导率等关键指标方面与海外已较为接近（见表 4-4）。当前，车用质子交换膜逐渐趋于薄型化，以此降低欧姆极化，但如何在薄型化的同时保证膜的机械性能与耐化学降解性能至关重要，目前国内质子交换膜厚度已从 15 μm 以上降至 8 μm 左右，但对比美国戈尔的 5 μm 薄度尚有一定差距。

表 4–4　不同类型质子交换膜对比

类型	特点	发展程度	代表产品
全氟磺酸质子交换膜	机械强度高、化学稳定性好、质子传导电阻小、低温时电流密度大；但高温环境易降解、燃料渗透率高、成本高	技术较为成熟，是现阶段的主流路线	杜邦 –Nafion 系类 DOW–XUS–B204 旭化成 Flemion–Aciplex 膜 Ballard–BAM 型膜 东岳 –DE260
部分氟化质子交换膜	热稳定性和化学稳定性更好、膜的电导率有所提升，成本下降，但氧溶解度低、机械性能和化学稳定性较差	相较全氟磺酸膜成本较低，性能较差，目前技术不成熟	Ballard–BAM3G 膜 Ecole Polytechniqe–NASTAHTI 膜
非氟化质子交换膜	价格便宜、加工容易、性能与 Nafion 相似、具有高的吸水率，但化学稳定性差、无法兼顾高质子传输和机械性能		DAIS– 磺化苯乙烯 – 丁二烯 / 苯乙烯嵌段共聚膜
复合质子交换膜	在全氟磺酸膜基础上加支撑层，具有较好的机械性能、优良的膜内水传动与分布、较低的内阻	刚起步，制备工艺不完善	Gore–select–PTFE 增强膜

资料来源：中国产业发展促进会氢能分会整理

在气体扩散层方面，燃料电池膜电极的气体扩散层主要采用碳毡或碳纸，这是目前燃料电池“八大件”当中“卡脖子”问题较为突出的一种关键材料。虽然国产化碳纸已取得一定突破，碳纸的部分性能参数已接近日本东丽等国际龙头品牌水平，如面积电阻小于等于 9 mΩ/cm²，但自主碳纸受限于碳纤维分散、连续化生产技术以及产品一致性等方面的制约，尚未实现商业化应用，无法满足燃料电池系统应用的需求，进口碳纸产品以及碳毡在国内市场中仍占据优势地位。

4.1.3　氢内燃机技术

4.1.3.1　氢内燃机技术发展概况

氢内燃机技术是氢能交通领域应用的重要形式之一。氢内燃机技术与传统内燃机技术共性多，在汽油机或柴油机的基础上，氢内燃机仅需更换氢气供应系统、喷射系统、专用火花塞、匹配新涡轮增压器，对机油和曲轴箱通风进行相应的适应性设计即可。因此，依托现有工业体系可较快形成低成本批量化生产能力。相较于氢燃料电池技术，氢内燃机对氢气纯度的要求相对较低，因此在氢源成本和选择性方面具有一定优势。同时，由于氢的点火能量低、辛烷值和自燃温度较高，氢内燃机的瞬态冷启动响应速度较快，且系统功率也更高，15 L 氢内燃机的功率可达 400 kW 以上，高于现有商业化燃料电池单电堆功率，在重卡等高负荷运行场景应用潜力较大。但是相对于氢燃料电池，氢内燃机的系统效率较低。此外，在缸内高温环境下，氮气和氧气容易形成 NO_x 排放。

目前控制内燃机的排放主要采用四种方式，一是稀薄燃烧和喷射参数优化，增大过气量可以有效地减少 NO_x 排放。有研究表明，当过量空气系数大于 2.5 时，NO_x 的排放可降至极低水平（约 5×10^{-5}），但过气量的提升在降低 NO_x 排放的同时，也会造成热效率的降低。二是采用废气再循环（EGR）技术，其基本原理是通过废弃再循环提高进气比热，降低燃烧速率和温度。在自然吸气全负荷的工况下，当 EGR 率达到 15%～20% 时，NO_x 的排放可降低 70%～80%，指示热效率分别为 40% 和 38%。冷却 EGR 在进气过程中会造成热量损失。同时，使用 EGR 后，内燃机的变动系数从 1.7% 上升至 2.6%，燃烧的稳定性受到影响。三是喷射技术，喷射技术按喷射方式可分为进气道喷射和缸内直喷两种，喷射技术的原理与 EGR 技术类似，但是相比于 EGR 技术，喷射不会大幅影响内燃机的动力，且喷射可以更精准地调控燃烧工质、控制燃烧温度。四是后处理技术，即在缸外增加尾气处理装置，如三元催化器等。

总体来看，氢内燃机在燃烧和排放控制方面已取得一定成果，但氢气喷射等技术仍需进一步提升，从而提升燃烧稳定性和系统效率。同时，由于氢气与汽油、柴油燃烧特性的差异，需要突破原有的内燃机框架，建立新的氢内燃体系。改进内燃机结构，优化进气增压匹配、异常燃烧控制和 NO_x 排放控制是现阶段的主要研究方向。

4.1.3.2 不同技术路线分析

总体来看，氢内燃机技术可分为进气道喷射内燃机和缸内直喷内燃机两大技术路线（见图 4-6）。

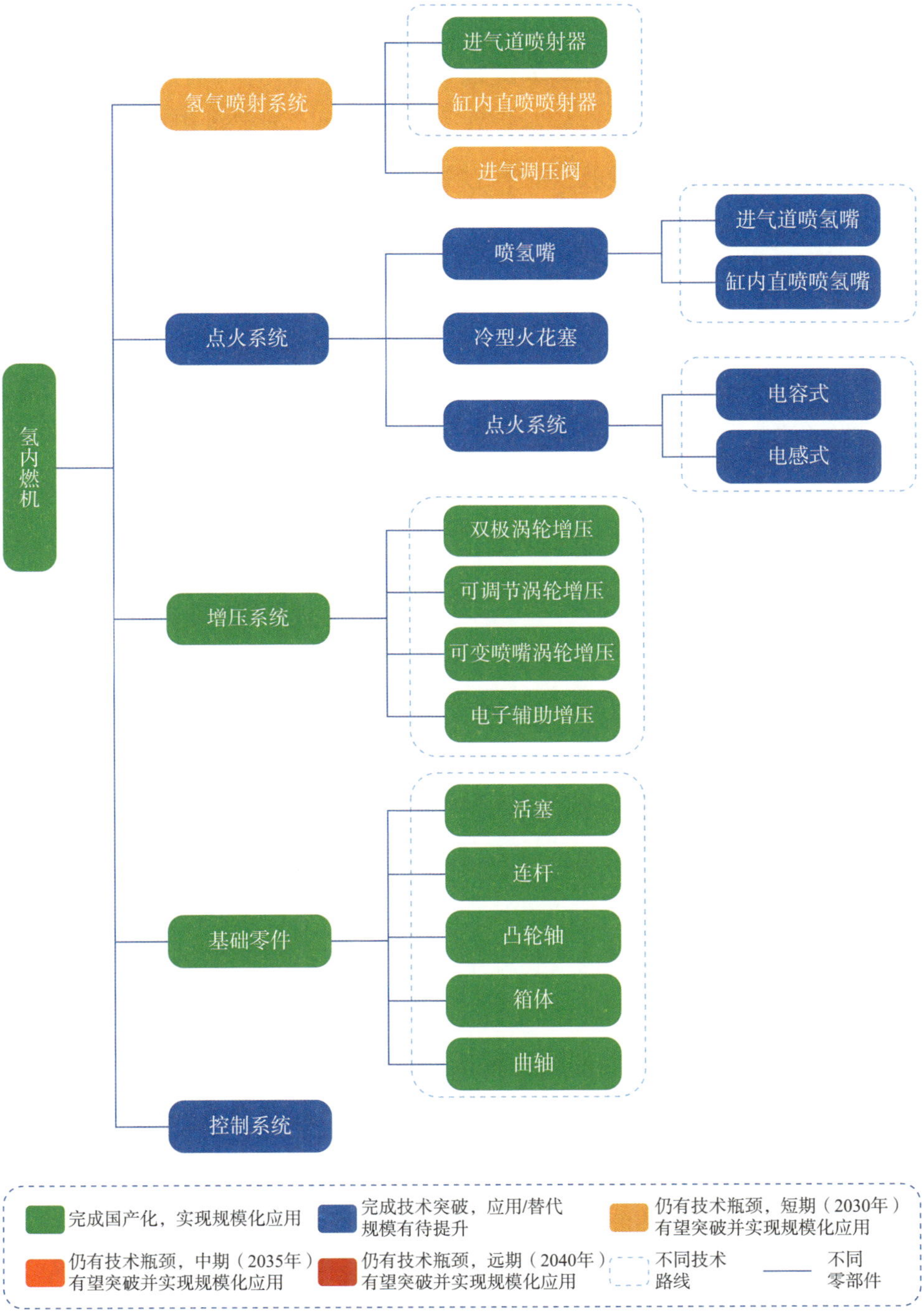

图 4-6　氢内燃机技术图谱

资料来源：中国产业发展促进会氢能分会整理

进气道喷射技术是将氢气喷射到进气口的进气歧管中，喷射时刻在进气冲程初段或排气冲程末端。进气道喷射技术的喷射压力较低，为0.5～3 MPa，喷嘴工作环境相对较好，对喷嘴性能要求也相对较低，有效热效率一般为42%。进气道喷射内燃机技术根据喷射方式可进一步细分为进气道单点喷射和多点喷射两种。

单点喷射的喷气点一般位于进气总管，但由于无法对多缸间的进气差异进行精准匹配，存在较大的回火等异常燃烧风险，属于早期技术，目前已较少使用。多点喷射技术是在每个气缸的进气歧管内加装喷氢嘴，并由电子控制单元进行精准控制，因此混合气的均匀性相对较好，同时，通过改变喷射时机与增加喷射点位，可以有效地降低因氢气燃烧速度过快、在进气门未关闭时火焰进入进气管造成回火的风险。总体来看，虽然通过改进喷射方式和喷射时刻可以改善混合气的均一性，降低内燃机的回火风险，但也无法完全消除。采用多点进气道喷射技术仅需对进气歧管进行改造，相对较为简单且整体成本较低，对喷氢嘴的性能要求不高，因此喷氢嘴结构相对简单。但由于在进气道喷氢会占用约1/3的进气体积，会造成进气量减少和充气效率降低，进而造成功率损失。与传统汽油内燃机相比，进气道氢内燃机的理论发电功率将减少约18%。目前，我国在进气道喷嘴研发制造方面已取得突破，多家企业完成了样机开发，但在进气调压阀研制方面进展相对缓慢，仍处于样机开发阶段。

缸内直喷是在进气阀关闭后通过喷嘴将氢气直接喷入缸内的技术，但喷火压力相对较高，对喷嘴的耐磨性和密封性要求较高。由于缸内直喷无回火风险，可以通过提高充气效率提升热效率。缸内直喷内燃机技术同样可以进一步细分为低压缸内直喷和高压缸内直喷。两种技术的主要区别在于氢气喷射的时机不同。低压缸内直喷的燃料喷射是在压缩冲程的初段，此时缸内压力较低，一般为1.5～6 MPa；高压缸内直喷的燃料喷射则是在压缩冲程初段至压缩上止点，压力通常大于10 MPa。因此，相比于低压缸内直喷，高压缸内直喷的气体成分更加均匀且升功率和效率较高。

采用缸内直喷技术可以消除氢气占用气缸体积的问题，提升混合气热值，进而提高动力性能。根据相关研究，在相同排量下，缸内直喷氢内燃机的功率较汽油内燃机提高了约 17%。相比于进气道喷射，缸内直喷可以实现在进气门关闭后喷氢，从源头上避免了氢气回流导致的回火问题，并可通过稀薄燃烧等技术提升热效率，但现阶段缸内直喷氢内燃机的成本较高，且适用于缸内直喷的喷射器的可靠性有待进一步提升。因此，进气道喷射氢内燃机适合于工况简单的工程机械和船用发动机等领域，缸内直喷氢内燃机适用于道路车辆、航空等功率密度要求高、负荷变化较快的领域（见表 4–5）。

表 4–5　氢内燃机技术路线对比

技术路线	进气道单点喷射	进气道多点喷射	低压缸内直喷	高压缸内直喷
喷射时刻	进气冲程初段	排气冲程末端、进气冲程初段	压缩冲程初段	压缩冲程初段至压缩上止点
喷射压力 /MPa	0.5~3.0	0.5~3.0	1.5~6.0	≥ 10
相较汽油机的功率变化	降低 18%	降低 18%	提高 17%	提高 17%
回火风险	高	低	无	无
混合气	不均匀	较均匀	较均匀	较均匀
特点	升功率低且异常燃烧风险高	升功率低且有一定异常燃烧风险	升功率水平中等	升功率高、热效率高

4.1.3.3　核心技术与关键装备

（1）点火系统

喷射压力和喷嘴结构决定喷雾性状和喷射速率，因此氢气喷嘴的设计对氢内燃机尤其是缸内直喷氢内燃机十分重要。对缸内直喷氢内燃机而言，由于喷射压力高，喷射所需流量大，对喷嘴针阀的行程和启动能力要求较高。此外，由于氢气的流体黏度较低，无法对喷嘴进行有效润滑，相较于传统喷嘴，氢气喷嘴更易磨损，针阀撞击针座的震动幅度和冲击力也更强，更易损坏。同时，氢气也会对喷嘴表面涂层造成腐蚀，导致涂层脱落。直喷氢内燃机的氢气喷射发生在进气门关闭后，此时喷射的背景压力会随着气缸容积的变化呈指数升高，因此，为保证喷嘴的流量，直接喷射氢气的压力范围通常为 1.5~30 MPa。贺尔碧格公司开发的电磁阀驱动直喷喷嘴，最高喷射压力可达 30 MPa，最大氢气流量为 2 mg/ms，其喷孔数量和喷孔直径均可变。丰田公司研发出了一款液压式电磁氢气喷嘴，喷氢压力最大可达 30 MPa。该喷嘴在与氢气接触的阀座和密封圈都做了精密加工和硬化处理，每循环喷氢量可达 300 mL。西港燃料系统公司也开发出了一款压电晶体驱动的直喷氢气喷嘴，该喷嘴在 10 MPa 的供氢压力下，氢气流量可到达 21 mg/ms，同时喷嘴的泄漏速度小于 100 mL/min。开发低压大流量喷嘴将是氢内燃机性能提升的重点研究方向。

氢内燃机一般选择火花塞进行点燃。由于氢气具有点火能量小、点火范围广的特征，为避免出现异常燃烧，氢内燃机的点火系统需采用低能力点火线圈和小间隙、高热值的冷型大功率火花塞。相较于电感式点火系统，电容式点火系统在降低火花塞表面温度、防止内燃机出现早燃等异常燃烧方面更具优势。

（2）润滑系统

氢气的燃烧产物是水，氢内燃机尾气中的水含量是传统内燃机的 3 倍以上。水进入机油会造成机油乳化并引起锈蚀，进而加大运动部件的异常磨损，降低内燃机运行的可靠性。在机油中增加添加剂，可改善机油的分水性，提升抗乳化性能。将钙作为添加剂可有效提高分水性，但钙添加量增加会导致早燃风险提高，镁同样可以提升机油的抗乳化性能，且对早燃有一定的抑制作用，因此氢内燃机机油通常添加钙镁基复合或镁基清净剂。

（3）活塞

辛烷值是衡量燃料抗爆性能的重要指标，辛烷值越高，燃料的抗爆性能越好，对发动机性能和燃料利用率的提升也越高。汽油的辛烷值为 92~98，而氢气的辛烷值高达 130，氢内燃机的压缩比可达 16∶1，高于传统内燃机，因此氢内燃机的热效率也高于传统内燃机。为了降低早燃风险，提高全局湍动能，氢内燃机燃烧室多采用盆型或半球型设计。传统内燃机活塞多采用合成钢，但在高温高压环境内易发生氢脆或氢腐蚀，导致力学性能降低，引发鼓包或开裂。因此，氢内燃机的活塞一般选择铝合金等耐氢脆和氢腐蚀性能较好的材料。

（4）曲轴箱

氢气的扩散系数约为0.61，是汽油的12倍。为保证氢内燃机曲轴箱内的氢气处于较低浓度，且不向外部扩散。曲轴箱多采用负压设计，且使用主动式油气分离器作为换气系统，确保不同工况下曲轴箱均可进行强制通风。

（5）增压系统

氢气在常温常压下的爆炸极限为4%~75%，容易发生异常燃烧，氢内燃机多采用稀薄燃烧技术避免异常燃烧并提高内燃机热效率。稀薄燃烧技术需要较高的空燃比，因此对增压器的要求较高。采用双极涡轮增压、可调节涡轮增压器、可变喷嘴涡轮增压器或电辅助增压技术，是氢内燃机提升进气量、改善低速扭矩性能、提高动态响应性的有效方式。其中，可调节涡轮增压器可在全工况内实现升功率段的有效提高，且由于氢内燃机的废气温度较低、废气排放量小，有利于提升可调节涡轮增压器的稳定性和使用寿命，是当前的主要发展方向。

4.1.3.4 国内外技术水平对比

近些年来，国内外厂商加速了对大功率氢内燃机的开发，商用氢内燃机正从样机、样车、示范运营向小批量交付以及量产阶段过渡。国外氢内燃机技术研究较早，并已经形成较为扎实的研究基础。早在20世纪70年代，美国、德国、日本等国就相继开展了氢内燃机的研究工作。道依茨在2018年开发出了7.8 L氢内燃机，其最大功率为220 kW，最大扭矩为1000 N·m，最高热效率为44%，该产品已于2023年量产。康明斯于2022年5月完成了15 L氢内燃机的样机研发，该产品采用缸内直喷和稀薄燃烧技术，最大功率 395 kW，最大扭矩 2600 N · m，热效率达到 44%。曼恩集团基于 D3876 柴油内燃机开发出了最大输出功率为 383 kW 的 H4576 型氢内燃机，两种机型的零件通用率约 80%，H4576 氢内燃机采用低压直喷和稀薄燃烧技术，其排量为 16.8 L，最大扭矩为 2500 N · m，热效率达到 45%。

潍柴动力、玉柴、一汽等国内企业依托完整的内燃机工业体系，正在加快开展氢内燃机研究工作，并已取得一定成果。总体来看，国产氢内燃机目前在系统功率方面已达国际先进水平，但在热效率方面与国际领先水平仍有差距。一汽解放公司开发的 J6V 氢内燃机牵引车样车搭载了一台 15 L 排量的氢内燃机，最大功率输出达到 340 kW，最大扭矩为 2300 N · m，同时配备了 35 MPa 压力的 2100 L 储氢系统（210 L × 10），具备 400 km 的续航里程。潍柴动力于 2024 年发布了最新的 15 L 氢内燃机产品，该内燃机采用缸内直喷的方式，通过优化缸内流动并采用超稀薄燃烧技术实现机内高效清洁燃烧，排量为 14.56 L，输出功率为 395 kW，峰值扭矩为 2700 N · m，热效率超过 42%。玉柴研发的 YCK16H 型氢内燃机是目前我国排量最大的氢内燃机，其排量达到 15.93 L，最大功率可达 412 kW，热效率约为 42%。此外，玉柴研发的 YCK05H 作为国内首款商用车燃氢发动机，排量为 5.13 L，采用进气道多点喷射技术，功率达到 120 kW，峰值扭矩为 600 N · m，最大有效热效率可达 42%。目前，北京氢燃科技已与东风柳州汽车、玉柴联合将 YCK05H 搭载在乘龙 H5V 型卡车上，该样车即将进入试运营阶段。

4.1.4 氢加注技术

4.1.4.1 氢加注技术发展概况

加氢站是氢交通应用领域重要的补能设施，氢加注技术水平与加氢站集成建设能力是决定氢燃料电池汽车、氢能船舶等氢能交通应用装备推广普及的重要因素之一。近年来，我国加氢站建设稳步推进，中国产业发展促进会氢能分会数据库显示，截至 2024 年 9 月，我国累计建成加氢站数量超510座，稳居全球首位。2023年以来，随着氢交通应用规模的不断扩大，中国加氢站的车/站比略有升高，由2022年的约36∶1提高到约46∶1。加氢站在向大型化发展的同时，建设地点选择也更合理，服务对象更集中、利用率更高，如在高速干线等大流量路线上建设的加氢站既可满足物流车辆需求也可保障加氢站充分运营。中国已建成加氢站类型如图4-7所示。

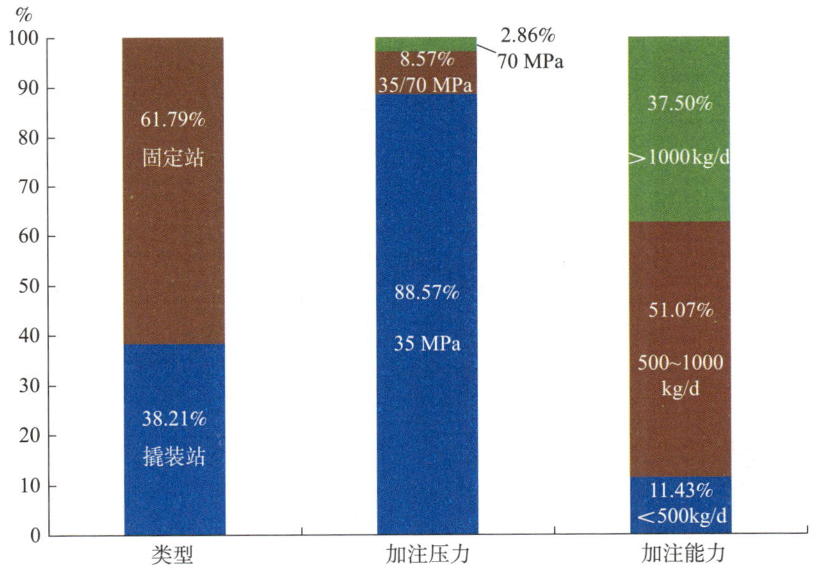

图4-7 中国已建成加氢站类型及占比

资料来源：中国产业发展促进会氢能分会整理

我国加氢站的主要类型为35 MPa&500 kg/d高压储氢加氢站，正在积极推进70 MPa&1000 kg/d高压储氢加氢站的商业推广。2021年至2023年，我国1000 kg/d以上大型加氢站占比逐渐升高，新建成站点占比逐渐由20%上升至40%左右。同时，制加氢一体站作为解决当前部分地区氢气供应不足、运输成本高等问题的有效模式，受到了广泛关注。在液氢加氢站方面，我国已具备从液态储氢到增压汽化再到高压氢气加注的总体技术方案设计能力，45 MPa级高压液氢泵等核心装备完成样机开发，初步具备国产化替代能力（见图4-8）。

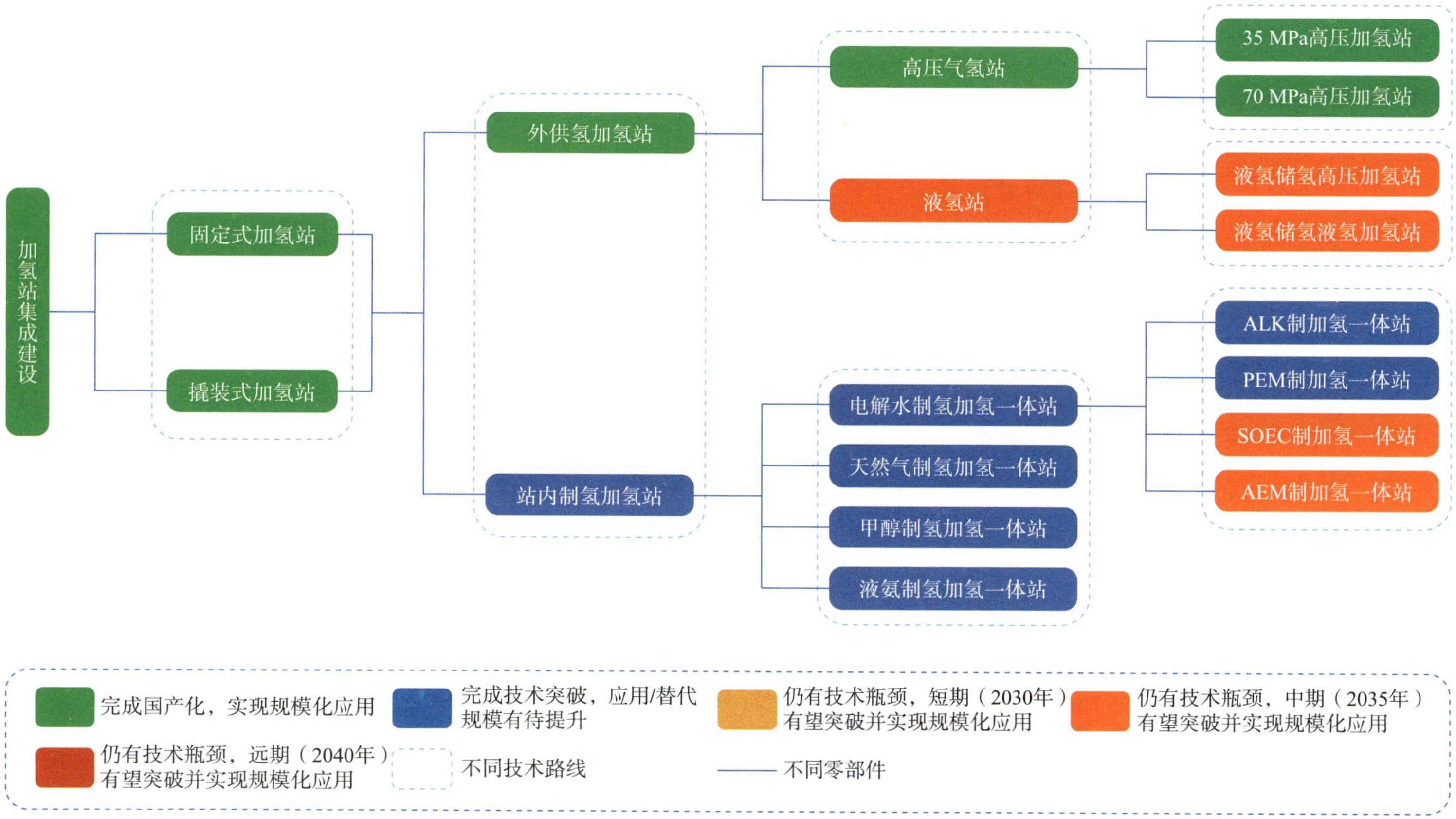

图 4-8 加氢站集成建设技术图谱

资料来源：中国产业发展促进会氢能分会整理

加氢站关键设备技术图谱见图 4-9。

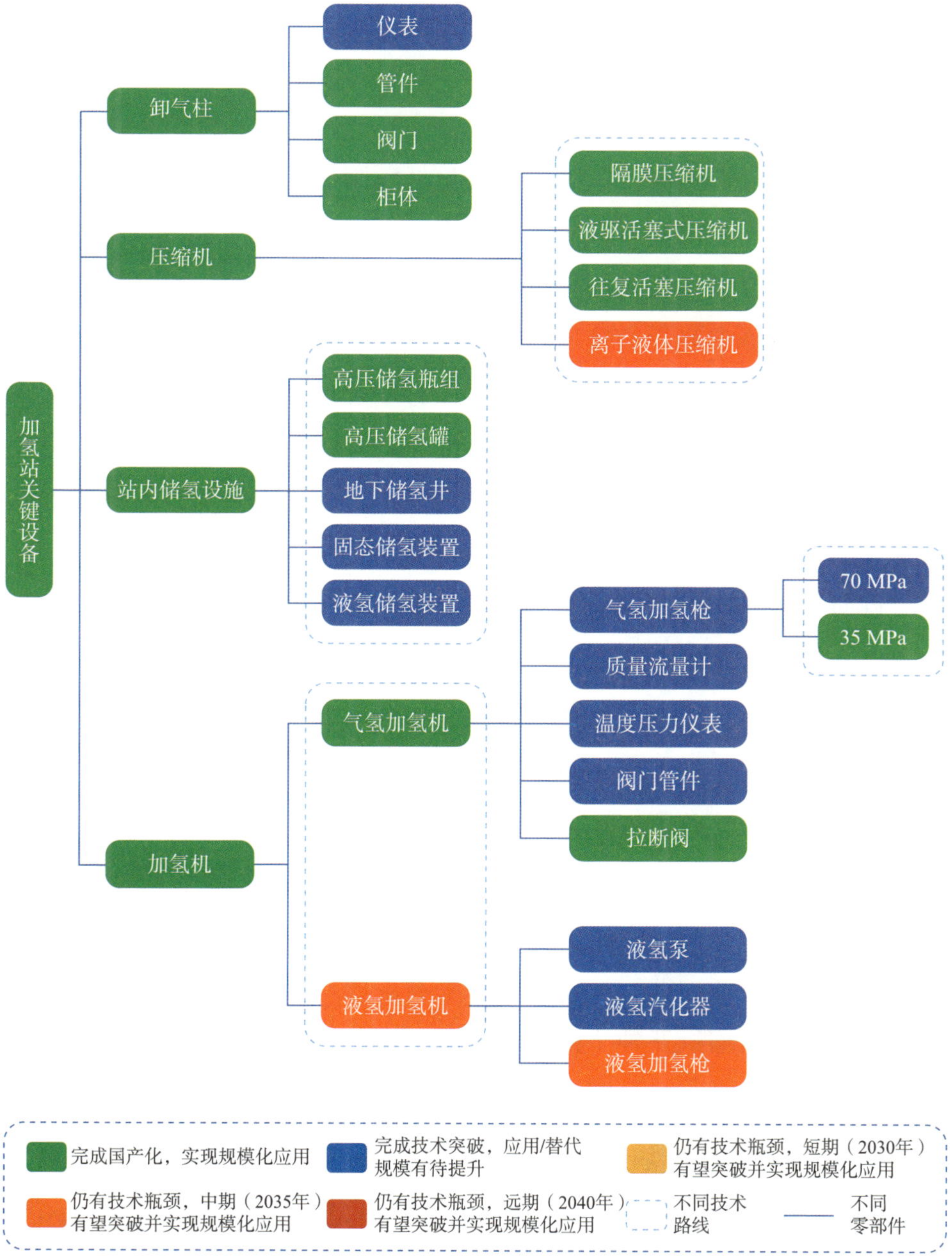

图 4-9 加氢站关键设备技术图谱

资料来源：中国产业发展促进会氢能分会整理

4.1.4.2 核心技术与关键装备

（1）氢气压缩机

根据工作原理，氢气压缩机可分为机械式压缩机和非机械式压缩机，其中机械式压缩机技术相对成熟并实现广泛应用，非机械式压缩机多处于研发阶段。机械式压缩机主要包括隔膜压缩机、液驱活塞式压缩机、离子液体压缩机。非机械式压缩机有金属氢化物压缩机、电化学氢气压缩机等。金属氢化物压缩机主要基于固态储氢技术，通过将金属氢化物在高温环境下释放的氢气收集在集气瓶中实现氢气从低压向高压转变。金属氢化物压缩机的优势在于无须移动部件即可运行，无油、无噪声、无振动、无气体泄漏，维护成本低。此外，金属氢化物压缩机可实现储氢与加氢一体化设计，减少加氢站的占地面积。缺点是系统成本较高且压缩过程缓慢，金属氢化物的粉化会影响压缩机的工作状态与安全性，目前仍处于样机研发与测试阶段。电化学压缩机是一种利用电化学原理将低压氢压缩成高压氢的装置，具有占地面积小、热损失小等优势，同时，电化学压缩机具备气体选择性，可同步实现氢气压缩与纯化。缺点是成本高，压缩过程中可能出现氢气反扩散，并且其单位时间内压缩氢气流量较小，暂不适合大规模、大流量加氢站场景。美国Giner公司已研发出出口压力为35 MPa的电化学压缩堆样机，国内在该领域仍处于实验室研发阶段。

国内加氢站使用的氢气压缩机主要有隔膜压缩机、液驱活塞式压缩机和离子液体压缩机三种（见表4-6）。隔膜压缩机和液驱活塞式压缩机应用占比较高。

表4-6 不同技术路线的机械氢气压缩机对比

类型	隔膜压缩机	液驱活塞式压缩机	离子液体压缩机
压缩装置	靠曲轴连杆转动推动膜片上下震动	靠液压系统推动活塞往复运动	采用离子液代替活塞直接对介质进行压缩

续表

类型	隔膜压缩机	液驱活塞式压缩机	离子液体压缩机
驱动方式	电机驱动	液压驱动	液压驱动
工作方式	高转速设备，需要缸体和地基固定，地基要求非常高	活塞往复运动，频率是不超过30冲程/分钟，不属于转速类的设备，对地基要求低	活塞往复运动
启停状况	启动相对复杂，停机超过数天以上，原则上需要排气运行，不能频繁启停	可以带载频繁启停。适合中国工况环境，不费能，易于维护	—

资料来源：中国产业发展促进会氢能分会整理

①隔膜压缩机

隔膜压缩机技术和制造水平相对成熟。隔膜压缩机利用曲轴转动推动连杆进行活塞往复运动，再利用液压油驱动金属膜片进行氢气压缩，其压缩过程属于等温过程，因此压缩比和排气压力较高。但其存在膜片在频繁启动工况下寿命与稳定性不足、维修相对复杂、体积大不利于加氢站灵活布局等问题，因此更加适合大排量连续工作场景。

隔膜压缩机大多通过曲柄连杆机构驱动油腔内液压油流动。国内隔膜压缩机具有技术成熟、应用广泛、压缩比大、排气压力高、密封性好等优势，虽然排气量相对较小，但在氢能产业发展之初、用氢需求相对较低的时期，隔膜压缩机成为加氢站建设的首选。近年来国内也开发出油泵驱动液压油的隔膜压缩机新技术，该技术膜头内的结构与传统隔膜压缩机相同，均依靠膜片变形压缩气体，并将气体与液压油完全隔绝。因此，金属膜片的寿命是隔膜压缩机的关键指标。通过增加膜片失效检测、优化应力状态、减小两侧压差的方法可提高膜片寿命。同时，稳定可靠的液压系统，可以保证良好的动态油膜密封效果。

②液驱活塞式压缩机

与隔膜压缩机相比，液驱活塞式压缩机结构相对简单，其依靠液压油驱动活塞，没有曲轴箱体，适合频繁启停、变工况、带载启停等特殊工况，且维护频率相对较低也更为简单便捷。此外，液驱活塞式压缩机可通过驱动、增压单元多级串并联，满足超大排量需求。液驱活塞式压缩机采用模块化设计，尺寸紧凑，占地面积、整机体积、重量均仅为传统隔膜式压缩机的 50% 左右，有利于加氢站的灵活布局。通过模块化设计的 45 MPa 产品与 90 MPa 产品组件通用性高达 90%，只需要更换单个组件，即可实现 45 MPa 产品向 90 MPa 的升级，满足 35 MPa 加氢站向 70 MPa 加氢站快速升级的需求，提升了加氢站投建及运营方的灵活性。因此，近年来液驱活塞式压缩机市占率逐年提升。

液驱活塞式压缩机机头结构简单，制造成本也低于隔膜压缩机，主要由液压驱动系统、液驱气体增压器及配套气体管路构成，相同工况下更容易通过多级压缩设计降低增压过程能耗。同时，液驱活塞式压缩机能够实现带载启停，更适应加氢站对增压设备频繁启停需求。活塞密封为往复运动的动密封，随着工作时间推移，会产生一定的密封件边缘磨损，进而影响活塞密封性。稳定的密封材料与结构是液驱活塞式压缩机活塞环实现长寿命有效活塞密封的关键。稳定、冲击小的液压驱动系统，可以有效延长压缩机使用寿命、降低压缩机工作过程中的噪声。

③离子液体压缩机

离子液体压缩机采用离子液体替代活塞对介质进行压缩，整个压缩过程接近等温压缩，降低了摩擦能耗，因此离子液体压缩机可以实现超高压压缩。离子液体压缩机兼具隔膜压缩机、液驱式压缩机的综合优势，并能降低约 20% 能耗。然而，其机电控制比传统压缩机更为复杂，长期运行过程中的可靠性有待评估。目前，离子液体压缩机成本较高，技术难度大，仍为林德公司的独有技术。

（2）加氢机

近年来，国产加氢机的技术水平与装备性能持续突破。2021 年厚普股份发布了自主研发的首台 70 MPa 加氢机，多个氢能加注设备关键部件打破了国际垄断；同年 9 月，北京低碳院开发的 70 MPa 加氢机可兼顾国际与国内加注协议，成为国内首个获得国际认证的 70 MPa 加氢机。同时，我国在加氢枪、仪器仪表、流量控制阀等加氢机核心零部件方面也已实现国产化突破，但在工况下运行稳定性方面仍需提升。

①流量调节阀

从机械角度来看，加氢机可分为以流量调节阀为流体控制方式和以减压阀为流体控制方式两种类型。流量调节阀为当前主流技术路线，更适合大流量控制，而减压阀对大流量的控制难度相对较高。

②加氢枪

高压氢气加氢枪结构复杂，需要对包括开关控制、吹除、回收检测以及加满自动关闭等功能进行集成。由于加氢枪需在高压条件下工作，密封结构承压较高，且因为氢气具有分子量小、易扩散等特点，加氢枪的主要技术难点在于其对密封性和安全性的高要求，以及超高压条件需要更高的密封比压，需要更高硬度、更高强度的密封面材料。

③高压氢阀门

国外品牌在高压氢用阀门和接头方面占据优势地位。除阀门接头结构设计外，金属原材料和热处理水平是制约国内产品密封性能和使用性能提升的重要因素。

（3）站内储氢容器

站内储氢主要分为低温液态储氢和高压气态储氢两种方式，其中高压气态储氢是当前的主流技术方案。高压气态储氢的储氢容器主要包括钢带缠绕和包扎式储氢罐、储氢瓶组以及地下储氢井等。

钢带缠绕储氢罐优势在于内层不锈钢材料抗氢脆能力强，整体可移动。但对内层钢板的焊缝质量检测要求较高，射线检测可能发生漏检或未发现缺陷且产品复制力较弱。

储氢瓶组主要优势在于单层结构强度高、可移动。缺点是合金钢抗氢脆能力弱于不锈钢，热旋收口时易产生缺陷，导致应力腐蚀和氢浸蚀风险增加。

地下储氢井具有高安全、占地面积小、单井储存量大等显著优势。缺点是钻井过程中质量控制较高，钻井质量控制尚不稳定，影响储氢井施工深度且建成后无法移动。

（4）液氢泵

液氢加氢站内部结构包括液氢储罐、液氢泵、蒸发器、蓄压器和分配器等。液氢泵是提高能效、降低成本的关键核心设备。国际上掌握高压液氢泵技术的企业主要有美国的 ACD 公司、德国的林德公司和法国的 Cryostar 公司，其液氢泵可单级压缩且最大加注能力达到 120 kg/h，出口压力可达 87.5 MPa，流量为 30 g/s，能耗仅有 0.6 kWh/kg。国内北京航天试验技术研究所已完成 45 MPa 级高压液氢泵研制工作，实现了液氢增压压力 50.6 MPa、液氢增压流量 822 L/h 的液氢泵压汽化装置原理样机交付，打破国际垄断，为国产化替代提供了支撑。

（5）智能化控制系统与管理平台

国内企业已能够自主研发加氢站智能化管理系统，实现对加氢站运行状态的实时监控、故障诊断、自动维护等功能。通过多种网络拓扑、数字物联等技术组建多形态监管平台，实现控制系统的丰富应用，大大提高了加氢站的运行效率、服务水平、运营监管能力，为加氢站的安全、高效运行提供了有力支持。

4.1.4.3 国内外技术水平对比

欧洲以及美国、日本、韩国等地在氢气压缩机、储氢容器、加氢机等核心装备，以及管路、阀门、接头、仪器仪表等关键零部件方面，已形成了较为成熟的产业链，拥有 PDC、豪顿、WEH 等一批龙头企业。其产品虽然价格较高、供货周期较长，但由于性能稳定且寿命长，在国内外均占据较高市场份额，尤其是在 70 MPa 高压气氢加气站和液氢加氢站方面仍处于垄断地位。

我国加氢站 EPC 集成建设技术 / 能力日趋成熟，加氢站核心装备国产化进程正在加速，并取得一定成果，但部分部件仍依赖进口。在压缩机方面，国内企业已能够生产满足 35 MPa 和 70 MPa 的氢气压缩机，国产站用氢气隔膜压缩机占比逐年上升，国产 45 MPa 隔膜压缩机整机与零部件均已取得相对充分的验证，国产化率已处于较高水平，但国产 90 MPa

及以上高压和超高压压缩机产品仍缺乏工况下的有效验证。在液驱活塞式压缩机方面，我国从2018年起进入快速发展阶段，海德利森、康普瑞斯等企业均已完成90 MPa液驱压缩机国产化突破，液驱压缩机泵头也成功打破美国HASKEL和德国MAXIMATOR等企业垄断，目前我国液驱压缩机国产化率已达到95%以上。此外，近年来国产产品市场占有率也在稳步提升，2022—2023年使用液驱压缩机的新建加氢站中，国产设备占比已达到90%~95%。但在增压器结构方面，国内外技术路线并不相同，国外品牌液驱气体增压器的液压油缸普遍采用双作用液压油缸，气缸普遍采用双气缸头。国内则采用二级增压结构设计，将两个气缸组件放置于中间位置，将两个驱动液压油缸置于两端。在卸气柱设备方面，阀门管件仍以进口品牌为主。在加氢机方面，国内多家企业已完成70 MPa加氢机的自主研发。在加氢枪方面，德国WEH等公司已形成覆盖25 MPa、35 MPa和70 MPa的完整产品系列并占据了国内外市场的主要份额。国内企业近年来已实现突破，但市场目前仍以进口为主，尤其是70 MPa加氢枪，国内产品在密封性能与可靠性方面验证积累不足，市场仍被海外品牌垄断。

4.2 能源领域氢能应用技术发展现状

4.2.1 能源领域氢能应用技术发展概况

氢储能技术在时间维度和空间维度上具有突出优势，将在新型能源体系建设中发挥重要作用。氢及氢基燃料可以应用于氢燃气轮机、煤电锅炉、氢燃料电池等能源转化设备，助力电力行业实现深度脱碳。

氢储能是构建新型电力系统的重要储能形式之一，是“源网荷储”中重要的环节。氢储能的储能时长可达1年以上，相较电化学储能，更适合大规模、长周期、跨区域储能（见图4-10、图4-11）。

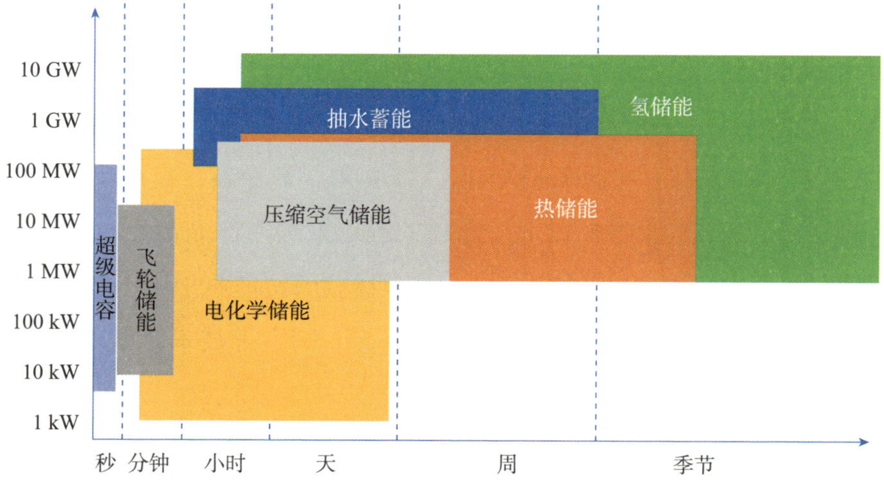

图 4-10　不同储能技术对比

资料来源：中国产业发展促进会氢能分会制图

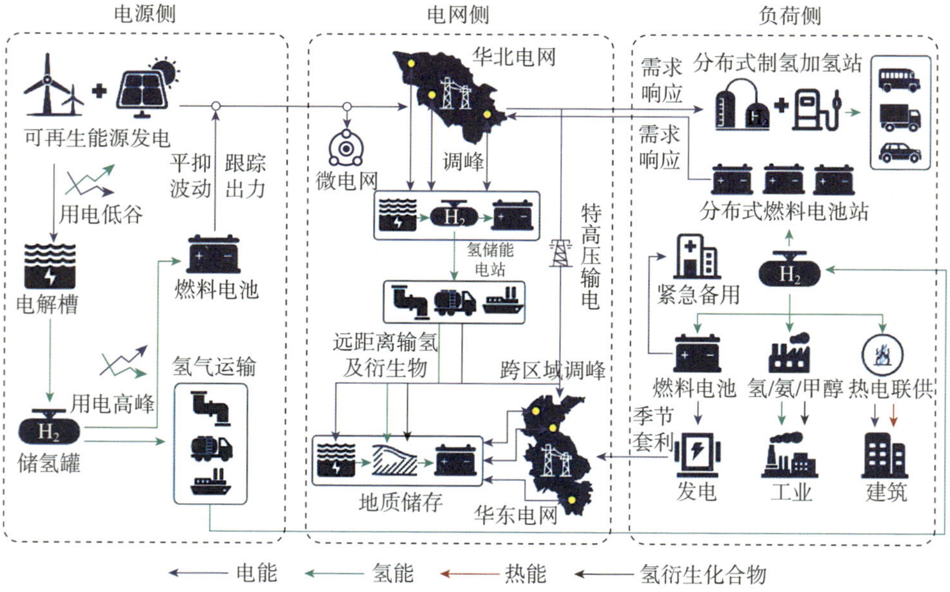

图 4-11　氢储能在新型电力系统“源网荷”的应用场景

资料来源：许传博，刘建国．氢储能在我国新型电力系统中的应用价值、挑战及展望［J］．中国工程科学，2022，24（3）：89-99.

随着绿氢成本以及电解槽、燃料电池等核心装备成本的快速下降，电—氢—电耦合发电应用有望在2030年左右迈入大规模商业化发展阶段。

预计到2030年，我国能源领域燃料电池装机规模将从2023年的8 MW提升至2 GW左右，对应用氢需求约为4万t，氢储能在各类新型储能中的占比为2%左右；预计到2050年，氢储能在储能系统中的占比将逐步提升至9%左右，预计氢储能系统装机规模将达到35~40 GW，对应用氢需求为200万~240万t。

考虑到成本与技术成熟度，保守估计，我国2030年氢燃气轮机渗透率将达到1%，并到2050年匀速提升至40%。预计2030—2050年我国燃气轮机掺氢年用氢需求量将从5万t提升至250万t左右。

有研究表明，燃气轮机掺氢会导致功率降低，但系统也会相应提升，进而造成掺氢后燃气轮机整体效率提升。以300 MW燃气轮机为例，在燃气初温1400℃、压比18.5、透平初温不变的条件下，掺氢10%时，燃气轮机功率降低1.8 MW，随着掺氢比例的提升，功率降幅增大，当掺氢比例到达50%时，功率降低8.84 MW。与此同时，随着氢气的掺入，燃气轮机的热效率也将获得提升，当掺氢比例为10%时，效率提升0.13%，当掺氢比例提升至50%时，效率提升0.63%（见图4-12）。

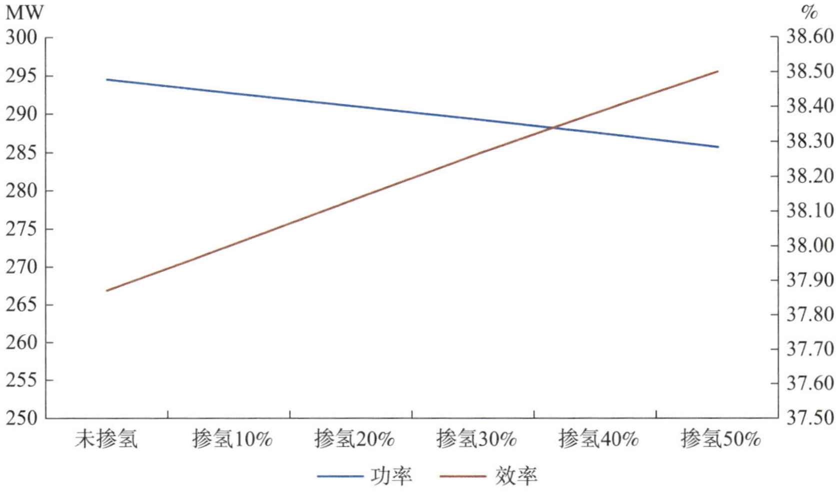

图4-12 不同掺氢比例对燃气轮机效率的影响

资料来源：朱志劼，徐前，徐望人，等.氢混重型燃气轮机关键参数影响及热力性能分析[J].动力工程学报，2024，44（9）：1482-1492.

现阶段受制氢成本等因素影响，氢燃气轮机的经济性偏低。按等热值法计算，约 2.78 m³ 氢气热值与 1 m³ 天然气热值相同，不考虑碳税等因素，当天然气价格为 3 元 /m³ 时，氢气价格需降至 11.88 元 /kg，100% 燃氢发电才具备经济性。

以一台年发电量 20.75 亿 kWh 的 9H 级（830 MW）燃气轮机为例，燃气电站单位千瓦投资 2500 元，年利用小时数 2500 h，掺氢比例为 30%，天然气价格为 3 元 /m³，氢气成本为 20 元 /kg 时，度电成本上升幅度为 0.0216 元 /kWh。同时，度电碳排放可降低约 107 g，预计年减排量可达 22.2 万 t CO_2 左右。燃气轮机不同掺氢比例度电成本及碳排放分析如图 4–13 所示。

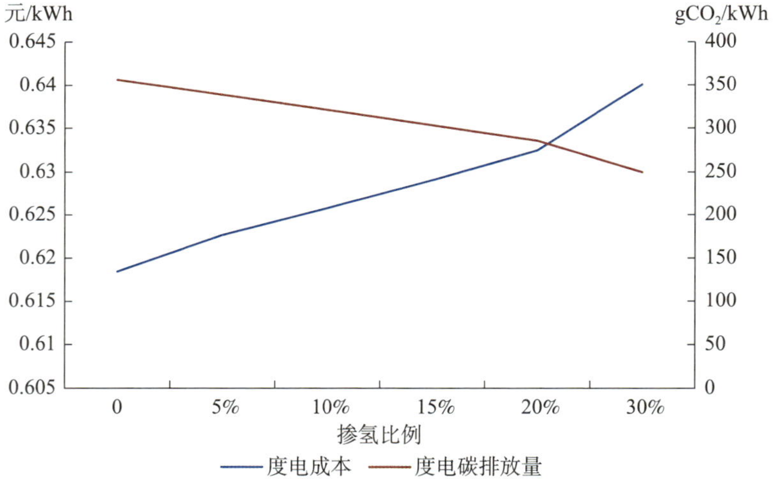

图 4–13 燃气轮机不同掺氢比例度电成本及碳排放分析

资料来源：中国产业发展促进会氢能分会测算

在煤电机组掺氨燃烧发电方面，保守估计 2030 年我国煤电机组掺氨比例将达 2.5%，并到 2050 年提升至 45%，商业运行最大掺氨比例也将从 5% 提升至 40%。预计 2030—2050 年，我国煤电机组掺氨对应绿氢年需求量将从 15 万 t 左右提升至 1600 万 t 左右。

绿氨成本是煤电机组掺氨发电是否具有经济性的关键，不考虑碳税等因素，以绿氨价格为 4300 元 /t 为基准，当绿氨价格降低 80%（约

850 元 /t）时，平准化电力成本将不随掺氨比例上升而上浮，此时氨燃烧发电成本将低于煤炭燃烧发电成本，所有比例的掺氨燃烧发电都将具备经济性。但考虑到技术进步与原材料成本降低速度，在不出现颠覆性技术的情况下，乐观估计 2050 年前，绿氨成本将降低至 1900 元 /t，距离 850 元 /t 的目标成本仍有较大差距，因此，碳税价格的上升速度将成为影响煤电机组掺氨发电经济性的重要因素。绿氨成本与发电成本测算如图 4-14 所示。

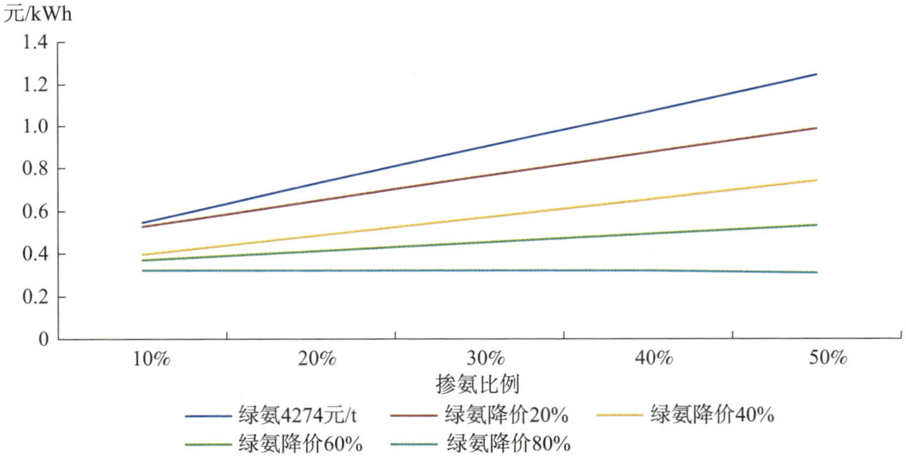

图 4-14 绿氨成本与发电成本测算

资料来源：中国产业发展促进会氢能分会测算

以 2×100 万 kW 机组为例，按出力时间 4000 h、绿氨成本 4300 元 /t 计算，当掺氨比例从 10% 提升至 50% 时，年减排量为 59 万 ~297 万 t CO_2，度电成本上升幅度为 0.174~0.871 元 /kWh；预计到 2030 年，绿氨成本有望降低至 2950 元 /t 左右，对应掺氨比例从 10% 提升至 50% 时，度电成本上升幅度为 0.097~0.487 元 /kWh；到 2050 年，绿氨成本将进一步降低至 1900 元 /t 左右，对应掺氨比例从 10% 提升至 50% 时，度电成本上升幅度为 0.043~0.217 元 /kWh；若考虑火电厂可接受 0.2 元 /kWh 的度电成本上浮，则在近期（2025 年）、中期（2030 年）、远期（2050 年）各阶段建议煤电掺氨项目推动实现掺氨比例分别为 5%~10%、10%~20%、40%~50%。煤电锅炉不同掺氨比例度电成本及碳排放见图 4-15。

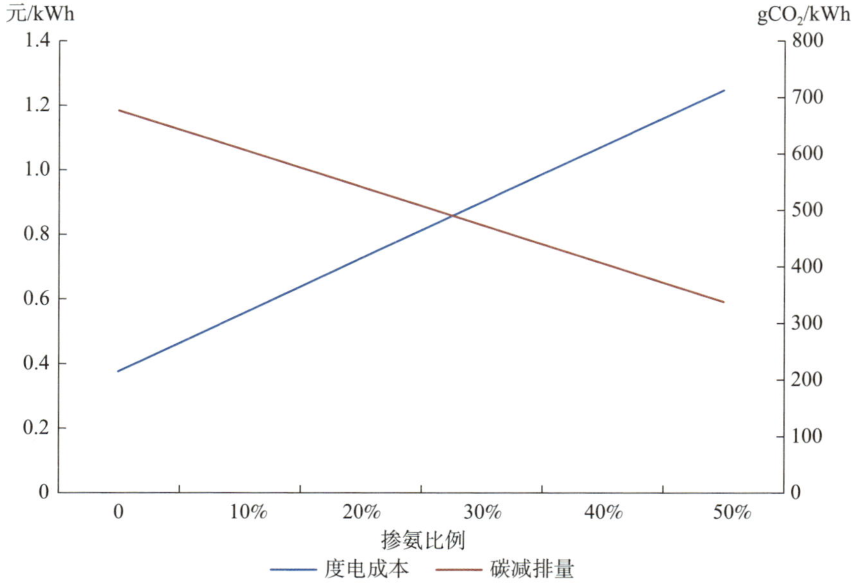

图 4-15 煤电锅炉不同掺氨比例度电成本及碳排放分析

资料来源：中国产业发展促进会氢能分会测算

4.2.2 燃料电池技术

4.2.2.1 燃料电池技术发展概况

燃料电池分布式供能具有效率高、噪声低、体积小、排放少等优势，适用于靠近用户的千瓦至兆瓦级的分布式发电系统，主要应用领域为微型分布式热电联供系统、大型分布式电站或热电联供系统。中国科学院文献情报中心数据显示，韩国是全球首个燃料电池发电装机规模超过 1 GW 的国家，截至 2023 年末，韩国燃料电池发电设备装机规模达到 1036 MW，美国和日本分别为 550.6 MW 和 336 MW。目前我国燃料电池热电联供技术以 PEMFC 和 SOFC 为主，均已经成功应用于家用分布式热电联供系统和中小型分布式电站领域。由于 PEMFC 技术已在上文进行了较为详细的阐述，本章节将只做概述。在质子交换膜燃料电池方面，近年来，我国电—氢耦合技术快速进步，氢储能最高转化率接近 50%，其中，水电解制氢效率可达到 73% 水平，PEMFC 氢电转化效率也快速突破至 68%。此外，通过对氢储能、电化学储能、抽水蓄能和压缩空气储能各类性能指标的对比，在储存容量、放电时长等性能指标上，氢储能高于其他储能，且可完全满足新型电力系统的要求，而在投资成本和转化效率方面仍有一定差距。充分考虑各子系统的技术路线，选择氢储能发电系统的最优配置可降低度电成本（见图 4–16）。

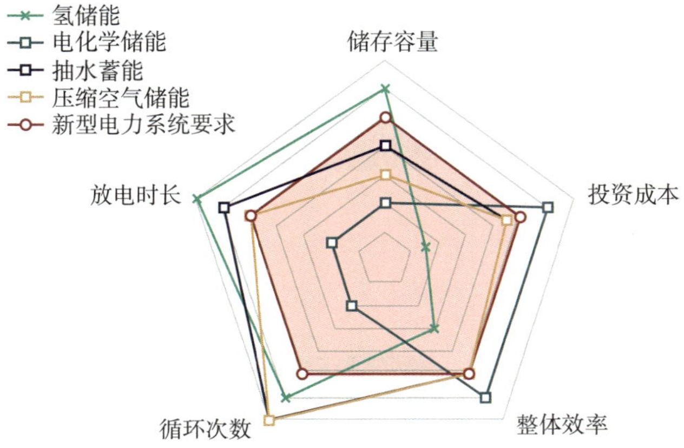

图 4–16　不同储能方式综合评价

资料来源：许传博，刘建国．氢储能在我国新型电力系统中的应用价值、挑战及展望［J］．中国工程科学，2022，24（3）：89-99.

在 SOFC 方面，SOFC 单片电池由电解质、阳极材料、阴极材料和连接体构成（见图 4–17）。SOFC 发电效率可达 60% 以上，热电联产综合效率可达 90% 以上，是能源利用效率最高的燃料电池技术。目前，SOFC 与 SOEC 的结构类似，其电池结构同样分为管式和平板式两种。管式结构开发较早，技术也相对成熟。管式 SOFC 电池堆单体自由度大，不易开裂，且采用多孔陶瓷作为支撑体，结构坚固，因此电池组装相对简单，容易通过电池单元之间并联和串联组合成大功率的电池组。但管式 SOFC 具有较厚的电解质，欧姆电阻较大等缺点，因此电池的功率密度较低。平板式 SOFC 电池结构和制备工艺简单，从而可以大大降低制造成本，同时平板式 SOFC 使用电解质薄膜作为电池电解质，可明显降低电池的欧姆阻抗，提高电池的电化学性能。但平板式 SOFC 电池组件边缘需要进行密封来隔离氧化气和燃料气，同时其对双极连接板材料要求较高，需要与电极材料进行热匹配并具备良好的抗高温氧化性能和导电性能。

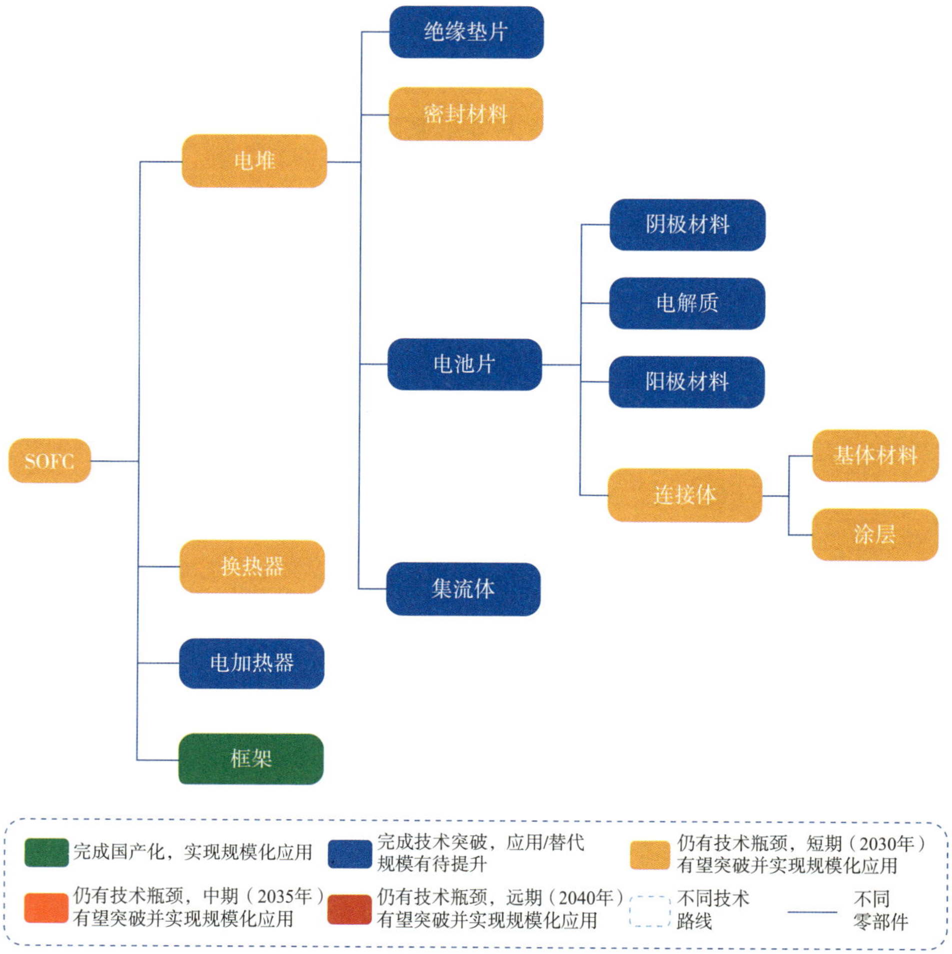

图 4-17　SOFC 电堆技术图谱

资料来源：中国产业发展促进会氢能分会整理

4.2.2.2　核心技术与关键装备

（1）电解质

电解质是 SOFC 的核心部件之一，其主要作用是将阴极的 O^{2-} 离子输送至阳极与 H^{+} 进行反应，同时还需具备良好的气体阻隔性，避免氢气与氧气互串造成电池失效。电解质的性能直接影响 SOFC 的系统效率。

电解质按材料可分为氧离子传导型和质子传导型两种，氧离子传导型 SOFC 的电解质材料通常为萤石结构和钙钛矿结构；质子传导型则多使用掺杂铈酸钡和锆酸钡的材料。

ZrO_2 基、GeO_2 基和 Bi_2O_3 基掺杂氧化物是目前萤石结构的氧离子型电解质的主要研究方向。具体来看，为避免 ZrO_2 在高温下从单斜相转变为四方相，通常会掺杂氧化钇，形成稳定的固溶体。Sc^{3+} 与 Zr^{4+} 的离子半径最为接近，因此氧化钪稳定氧化锆（SSZ）的离子电导率最高，但其存在高温下老化性能差的缺点，难以在 SOFC 中规模化应用。氧化钇稳定的氧化锆（YSZ）具有高温氧化还原环境中机械强度高、化学稳定性好的特点，被广泛应用于 SOFC 中。ZrO_2 基电解质面临的主要技术难点在于其只有在高温环境下才会有较好的离子电导率，因此只能在高温 SOFC 中应用。同时，高温条件下，ZrO_2 会与阴极材料的迁移离子发生反应从而降低电导率，因此需要对阴极和电解质进行隔离，掺杂的氧化铈是目前常用的隔离层材料。GeO_2 在相同温度下的电导率比 YSZ 高 1～2 个数量级，因此，在 600℃的温度下即可获得较好的离子电导率。通过掺杂碱土或稀土氧化物可进一步提高 GeO_2 的电导率，有研究表明，通过锗钐的双掺杂方式，可提高 GeO_2 基 10%～30% 的电导率。在高温、低氧分压运行条件下，GeO_2 基中的 Ge^{4+} 易被还原为 Ge^{3+} 造成电子导电，采用双层电解质结构可有效地隔离电子并提升开路电压和功率密度，是当前 GeO_2 基电解质的主要研究方向。Bi_2O_3 是已发现的离子电导率最高的氧离子导体，但其稳定性较差，在不同温度下会呈现不同的晶体结构。通过掺杂三价稀土金属氧化物，可以有效地提高 Bi_2O_3 的稳定性。但掺杂后 Bi_2O_3 中的 Bi 易被还原，且高温下易挥发，机械性能也较低，因此限制了 Bi_2O_3 基电解质的应用。

钙钛矿结构电解质是离子和电子混合的导体，其离子导电率高于 ZrO_2 基和 GeO_2 基，略低于 Bi_2O_3 基电解质。$LaGaO_3$ 是当前钙钛矿结构电解质的主要方向之一，通过掺杂 Sr、Mg，在 800℃下，$LaGaO_3$ 的离子导电率可达 0.1 S/cm，是 8YSZ 的 4 倍。除优良的离子电导率外，钙钛矿型电解质与钙钛矿电极材料具有良好的热膨胀系数匹配和兼容性，更利于电池的制备及运行稳定性。目前限制钙钛矿型电解质在 SOFC 中规模化应用的难点有三方面，一是镓氧化的成本较高，二是 Ga 在高温环境下易挥发，三是易与阳极发生反应形成高电阻，导致离子导电率降低。

质子导体在 350~600℃的中低温条件下即可表现出较高的离子导电率和较低的电子导电率，因此近年来受到广泛关注。掺杂 $BaCeO_3$ 材料具有最高的质子电导率，是目前研究最多的质子传导型电解质。主要研究方向是从离子的掺杂种类、含量和掺杂位置以及烧结助剂的添加等角度来调节材料的特性以满足 SOFC 的应用需要。目前 $BaCeO_3$ 在 SOFC 中应用的技术瓶颈在于其碱性较强，因此在酸性条件下不稳定，易发生界面反应生成 $BaCO_3$ 和 $Ba(OH)_2$，导致电阻提高和结构破坏。

在电解质薄膜的制备工艺方面，降低电解质厚度是当前 SOFC 的主要攻关方向。研究表明，在保证气密性的同时，将电解质厚度降低至 10 μm 以下，可以有效地减少欧姆损失，进而实现 SOFC 的低温运行。目前主要的电解质薄膜制备技术有流延成型法、丝网印刷法、磁控溅射法、热喷涂法等。其中，流延成型法工艺简单、成本低，是目前商业化电解质层的主要工艺，但其易产生开裂和褶皱，因此不适合制备 5 μm 以下的电解质生坯。丝网印刷法是最早应用在 SOFC 电解质的工艺，其设备简单、成本低、操作简单，便于大规模生产，缺点是丝印过程中薄膜上容易形成气泡，且薄膜厚度均一性不易控制。磁控溅射法是利用离子的电场作用，加速轰击靶材，大量的靶材原子被溅射并沉积在基片上，生长成膜的工艺。磁控溅射具有成膜性好、薄膜致密性好及溅射靶材多种多样等优点，易获得致密微纳米级别薄膜，而且能很好地解决电极材料与电解质之间界面反应的问题。该工艺的缺点是溅射过程耗时较长且需多次溅射，因此生产效率偏低。热喷涂法是利用热源将材料加热至熔融状态，然后借助火焰或流体配装基体将其沉积在基体表面形成涂层的方法。目前常用的热喷涂法是真空等离子喷涂法，采用真空等离子喷涂法制备的电解质层更加致密，与基体结合度更好，更适合制备电解质薄膜，但是其生产成本较高。

（2）阳极材料

SOFC 阳极是催化反应的主要进行场所之一，因此需要具备良好的催化活性、离子导电性、稳定性，同时还需具备适宜的孔隙率，以保证燃料气体供应。目前 Ni 基金属陶瓷和钙钛矿型材料是主要研究方向。其中 Ni 基金属陶瓷材料具有导电率高、催化性能好、化学稳定性高以及成本低等优势，是目前 SOFC 阳极材料的普遍选择。由于 Ni 在 SOFC 运行过程中会出现硫中毒和氧化现象，需在 Ni 中添加电解质相，制成 Ni 基电解质金属陶瓷阳极材料，YSZ 是目前常用的添加材料。同时，引入金属陶瓷材料可以提高阳极材料与电解质材料热膨胀系数的匹配性，使两者结合更加致密，并增加三相反应点位提高反应效率。除 YSZ 外，钆掺杂氧化铈和钐掺杂氧化铈也是研究的热门方向。ABO_3 型钙钛矿材料具有催化活性可调、组成成分选择性高等优势，因此，钙钛矿结构和双钙钛矿结构掺杂成为阳极材料的热点研究方向。一般来讲，A 位通常是碱土或稀土元素，B 位多采用过渡金属元素，通过在 A、B 位掺杂低价阳离子可以改变材料内部结构，增加氧空位浓度，有利于氧离子移动，从而提高导电率。目前，$LaSrO_3$ 和 $SrTiO_3$ 基是较为典型的钙钛矿型阳极材料，掺杂能够有效提高阳极的性能，常用掺杂的元素主要有 Mn、Fe、Ni、Ru、Co、Ti、V 等。

（3）阴极材料

阴极材料是 O_2 发生还原反应的主要场所，其主要性能要求与阳极材料相似。目前铂等贵金属材料和钙钛矿材料是常用的阴极材料，但由于铂金属成本较高，钙钛矿型阴极材料是当前的主要研究方向。目前，$LaSrMnO_3$（LSM）是较为常用的阴极材料，LSM 属于 p 型半导体材料，导电率价高，在 800℃下的导电率可达 100 S/cm。同时，LSM 在 1000℃下与 YSZ 有较好的相容性，因此常与 YSZ 混合使用。目前，LSM 与 YSZ 掺杂阴极材料的主要问题在于 LSM 会与 YSZ 生产高电阻相，从而降低 SOFC 性能，同时，Mn 元素也会发生迁移从而导致 LSM 阴极材料出现衰减。$LaCoO_3$ 作为 SOFC 中常用的阴极钙钛矿结构材料，其电导率

比 $LaMnO_3$ 更高，在 $LaCoO_3$ 中掺杂 Sr 后制成的 $La_{1-x}Sr_xCoO_{3-\delta}$（LSC），能够有效提高材料内部氧空位，增加氧离子扩散系数，提高离子电导率。但在高温环境下，Sr 会与电解质相生成绝缘的 $SrZrO_3$，Co 的存在也会使 La 更易扩散进入电解质层并与电解质发生固相反应生成高电阻相。可使用 Sr 与 Fe 掺杂，取代 $LaCoO_3$，制成镧锶钴铁氧化物（LSCF）材料，有效提高阴极材料与电解质材料热碰撞系数匹配度，从而提高导电率。

（4）连接体

连接体是决定 SOFC 体积功率密度的核心结构，其主要作用是将多个单电池片连接成 SOFC 系统。由于连接体需要连接多个电池的阴极和阳极，连接体材料除了需要具备较好的耐高温老化性和化学稳定性，还需具备较好的电子导电率。连接体按材料类型可分为金属连接体和陶瓷连接体。金属连接体一般采用合金材料，具有易加工、导电导热性好、成本低等优势，但也存在高温下容易出现蠕变和氧化以及阴极 Cr 中毒等问题，因此在中低温 SOFC 设计中应用较多。陶瓷材料高温下的稳定性相对较好，因此是目前主要的连接体材料，且多为 $LaCrO_3$ 和 $SrTiO_3$ 等钙钛矿材料。$LaCrO_3$ 是目前最为成熟的连接体材料，但 $LaCrO_3$ 连接体存在 Cr 在烧结过程中易挥发的问题，因此需要掺杂 Al、Sr、Ca 等元素减少 Cr 挥发以获得致密的连接体，但这也增加了其工艺难度。$SrTiO_3$ 的化学结构稳定，但导电率较低，可通过添加 La 形成 $SrLaTiO_3$（LST）进行改善。在还原气氛下制备的 LST 与 YSZ 电解质的热膨胀系数相当，因此常被用在 SOFC 连接体，尤其是在管式 SOFC 中应用更为广泛。

4.2.2.3 国内外技术水平对比

美国、日本等地区在 SOFC 技术方面处于领先地位，已初步实现了 SOFC 的商业化运行，产业规模不断扩大。目前美国 SOFC 装机量世界第一，SOFC 系统已在苹果、谷歌、易趣等众多公司备用，在应急电源等领域实现商用。与美国的 SOFC 市场偏向大中型工 / 商业用供电系统不同，欧洲市场的主要推广方向是微型热电联供系统。韩国则着力开发功率在百千瓦至兆瓦级的大型燃料电池分布式发电站系统。我国已经初步掌握了从原材料生产、单电池批量生产制备、电堆组装到SOFC系统的设计开发的全流程技术。但是同欧洲、美国、日本的先进水平及商业化应用相比，我国的SOFC产业处在工程示范向商业化应用的过渡阶段。潍柴动力通过战略投资控股全球领先的英国的SOFC技术公司锡里斯动力控股有限公司，已经实现了SOFC技术的工程化突破，其2023年2月发布的120 kW产品是全球首款大功率金属支撑SOFC，净发电效率超过60%，热电联产效率达到92.55%。

4.2.3 掺氨/纯氨煤电机组发电技术

4.2.3.1 煤电机组掺氨发电技术发展概况

掺氨燃烧技术原理为利用可燃的氨气替代一定比例的煤粉，掺混后进入锅炉共同燃烧。掺氨燃烧技术的难点包括氨气引燃控制、燃烧稳定性以及有效控制NO_x排放等问题。氨作为燃料具有两大优势：燃烧过程相对清洁，可实现零碳排放；热值较高，易储存运输且防爆特性好。

目前，国内外对氨煤混烧燃烧器的研究开发集中在气固两相燃烧器方面，均侧重于氨和煤在燃烧器内部的混合燃烧，鲜有利用现有电站锅炉开发合适的纯氨燃烧器并将氨和煤在炉内混合燃烧的研究。2023年4月，由氨邦科技公司实施的大型煤电机组大比例掺氨燃烧试验在皖能铜陵发电公司300 MW燃煤机组实现多工况负荷下10%~35%掺氨燃烧的平稳运行，最大掺氨量大于21 t/h，氨煤热量比超过1∶2，氨燃尽率达到99.99%，氨逸率低于2 ppm，锅炉效率与优质燃煤工况相当，达到国际领先水平。

总体来看，我国煤电机组掺氨燃烧设备已进入工程化验证阶段，不同工况下氨煤混合燃料的详细反应机理模型、火焰形态以及具体传热规律是现阶段研究的重点领域。整体来看我国在混氨燃烧技术方面已取得重要突破，相关技术和装备处于全球领先水平。

4.2.3.2 核心技术与关键装备

（1）燃烧器

目前氨燃烧器主要有煤掺氨和纯氨燃烧器两种（见图 4-18）。在氨煤混合燃烧过程中，煤掺氨燃烧器中的氨和煤粉颗粒可能会发生抢氧反应，造成未燃尽碳增加的风险。纯氨燃烧器虽然可以有效调控氨与煤粉颗粒的抢氧反应，但是其点火与稳燃过程控制难度较大。国内外在低氮氨燃烧器方面整体水平相当，国内在纯氨燃烧器方面局部领先。

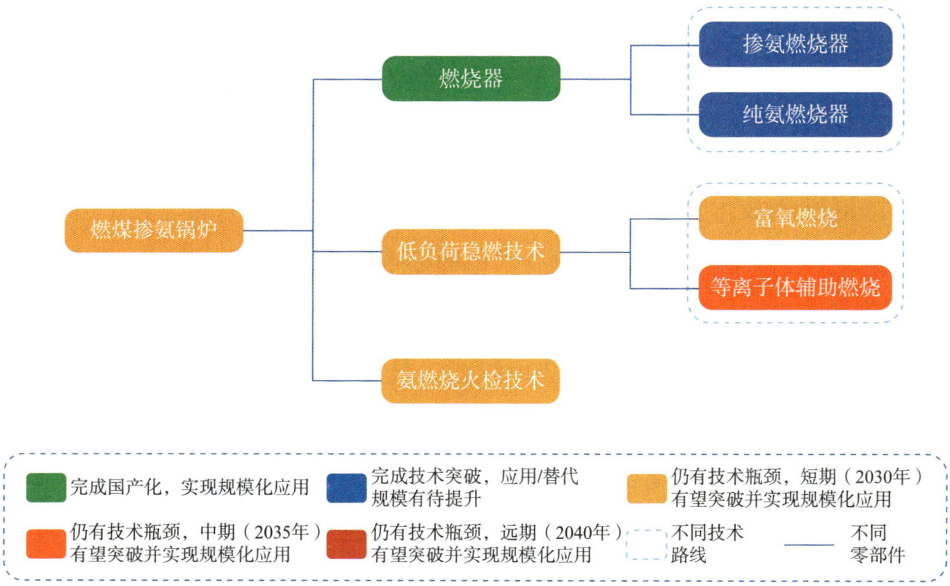

图 4-18 煤电机组掺氨发电技术图谱

资料来源：中国产业发展促进会氢能分会整理

（2）低负荷稳燃技术

在满负荷工况下，喷入炉膛的氨气能够快速燃尽，但是当煤电机组运行在深度调峰时（<20% 负荷），即低负荷运行过程中，则会出现氨逃逸现象，需要采用富氧燃烧、等离子体辅助燃烧等燃烧增强措施。

①富氧燃烧技术

富氧燃烧技术能够大幅提升氨燃烧的火焰传播速度，进而提升氨燃烧性能，减少氨逃逸的风险，但使用成本相对较高。充分利用水电解制氢及合成氨空分过程中的氧气可有效降低成本。

②等离子体炬

在低负荷掺氨燃烧工况下，等离子体炬需持续放电，长寿命电极是维持锅炉长时间稳燃的关键技术。虽然交流电弧等离子体炬电极的使用寿命相较于直流电弧等离子体炬更长，但当前仍无法满足掺氨燃烧寿命需求，国内电极寿命为200 h左右，俄罗斯和美国制造的电极可达到1000 h左右，但煤电锅炉实际低负荷运行时长远超1000 h，当前电极尚无法满足要求。

③火焰检测器

火焰检测器是保证燃烧器正常运行，防止发生爆炸的必需部件，具备火焰监测、诊断及故障排除功能。目前国产产品尚无适用于氨的火焰检测器，德国的蓝姆泰克公司已经在2023年7月成功开发出氨燃烧火检仪器。

4.2.3.3 国内外技术水平对比

国外混氨燃烧技术研究主要集中在工业锅炉领域，日本在这方面研究较早。2017年，日本电力水岛发电厂在156 MW燃煤机组上对原有煤粉燃烧器装置掺氨进行改造，实现了氨煤混燃（0.6%~0.8%）发电试验；IHI株式会社与日本东北大学合作，开发了一种可实现氨煤混烧的燃烧器，在已有旋流煤粉燃烧器的三段空气管道中插入氨专用燃烧器，并在10 MW实验炉成功实现了20%的氨煤掺混燃烧。

国内在掺氨燃烧技术领域虽然起步较晚，但发展较快。2021年，国家能源集团开发了全尺寸氨煤气固两相燃烧器，实现了全尺寸燃烧器在40 MW煤电机组掺氨25%的燃烧工程试验，标志着我国煤电机组掺氨技术达到国际领先水平。2023年7月，西安热工研究院在4 MW试验台上实现了0~100%全比例氨煤混燃，发现了掺烧方式和掺烧比例等因素对NO_x生成特性的影响规律，在富燃料工况下，掺烧氨增加了NO_x排放，掺烧10%氨时，NO_x排放是纯煤的2倍；采用空气分级可以降低NO_x排放，燃尽风比例为20%时，NO_x排放降低了30%。

2023 年 4 月，皖能集团完成了 300 MW 火电机组大比例掺氨燃烧工业试验，实现了多工况下 10%~35% 掺氨燃烧的平稳运行。自主研制了纯氨燃烧器、氨蒸发器、等离子体氨裂解器等核心装备，开发了长距离供氨气化控制系统、集成等离子的燃烧器控制系统及炉膛温度场和气体成分在线检测系统。

2023 年 11 月，中国神华在所属台山电厂 630 MW 煤电机组上成功实施掺氨燃烧试验，该试验采用氨煤预混燃烧技术，实现了 300 MW、500 MW 等多个工况下煤电机组掺氨燃烧平稳运行，锅炉运行参数正常，氨燃尽率达到 99.99%，氮氧化物控制平稳，排放浓度无变化。试验验证了氨煤气固两相燃烧强化、等离子裂解等多种创新技术的先进性，发现燃烧掺混方式对氮氧化物的生成特性具有显著影响。该项目是当前我国最大规模的煤掺氨燃烧项目，列入第三批能源领域首台（套）重大技术装备（项目）名单。国内外掺氨煤电锅炉参数对比如表 4–7 所示。

表 4–7　国内外掺氨煤电锅炉参数对比

锅炉	国内	国外
10 兆瓦（热）	—	日本 IHI 公司
40 兆瓦（热）	国家能源集团	—
156 兆瓦（电）	—	日本 IHI 公司
300 兆瓦（电）	皖能能源集团	—
600 兆瓦（电）	国家能源集团	
1000 兆瓦（电）	—	在建，2024 年完成， 日本 JERA、IHI、丸红

资料来源：中国产业发展促进会氢能分会整理

4.2.4　掺氢 / 纯氢燃气轮机发电技术

4.2.4.1　掺氢 / 纯氢燃气轮机发电技术发展概况

掺氢燃气轮机是在传统燃气轮机基础上改造的，实现氢气与天然气混烧的发电装备。与传统燃气轮机相比，同等出力下掺氢燃机可大幅降低碳排放，缓解天然气资源紧张的问题；与可再生能源发电相比，掺氢燃气轮机供电持续性高，可调节负荷，可提供可靠、可调度的清洁电力。掺氢燃气轮机的技术难点来自氢气与甲烷的燃料特性差异。氢气单位体积的热值低，为达到同样热负荷，燃料系统需要供应更大的体积流量，导致氢气流速是天然气的3倍，容易形成易爆环境。此外，在气体混合控制中，火焰靠近燃烧器喷嘴，喷射后势能低、凝聚性低，同时氢气具有腐蚀性，对材料的要求更高，因此掺氢燃气轮机存在着自燃、回火、NO_x 排放超标和燃烧震荡等问题。

我国掺氢/纯氢燃气轮机技术快速发展，近年来国内企业和科研单位不断加快相关技术的科研与应用示范。2021年12月，国家电投荆门绿动电厂在运燃机成功实现15%掺氢燃烧改造和运行，项目采用西门子SGT-800燃机，是中国第一次在重型燃机商业机组中完成掺氢燃烧优化测试与

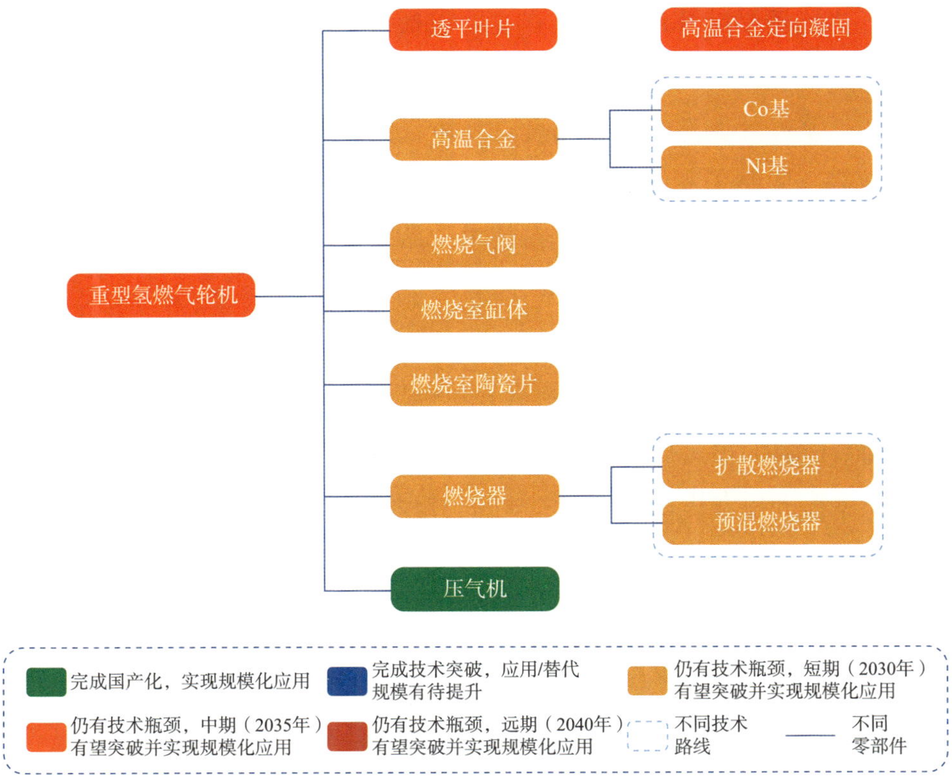

图4-19　重型氢燃气轮机技术图谱

资料来源：中国产业发展促进会氢能分会整理

应用，2022 年 9 月，该项目实现了 30% 掺氢燃烧改造和运行，在氢气掺混精准控制、NO_x 排放控制等方面达到国际领先水平。2023 年 12 月，明阳智能自主研制推出的 30 MW 级纯氢燃气轮机正式下线，该款燃气轮机是全球首款 30 MW 级纯氢燃气轮机，搭载明阳氢燃自主研发的“木星一号”纯氢燃烧室，可实现百分之百的纯氢燃烧。

4.2.4.2 核心技术与关键装备

（1）透平叶片

燃气轮机工作时，透平叶片处于高温、高压、高负荷的环境，因此对材料性能及加工精度的要求极高。目前国内透平叶片生产制造企业以高温合金定向凝固技术为主。整体来看，我国透平叶片的自主可控水平较低，国产化率不足，国内产能较低，可靠的批量制造技术仍处于研发阶段。当前透平叶片的制造难点主要包括：生产工艺落后，缺乏先进的生产设备和制造工艺，导致产品质量和性能难以达到国际标准；生产成本高，透平叶片制造需要高精度、高质量的材料和加工设备，导致生产成本较高，限制了我国透平叶片产业的发展；市场竞争激烈，全球透平叶片市场竞争激烈，我国企业在技术、品牌等方面相对较弱，难以在国际市场上获得竞争优势（见图 4-19）。

（2）燃烧器

与传统以天然气为燃料的燃气轮机燃烧器相比，掺氢 / 纯氢燃烧器需解决由氢燃料的掺入带来的火焰不稳定、熄火、回火、NO_x 排放增加、气动或声学振动以及机械耐久性的问题。目前，微混合燃烧器在掺氢 / 纯氢燃料轮机中应用较为广泛。在传统的燃气轮机燃烧方式中，火焰广泛地分布于整个燃烧室，微混合燃烧室则用大量的小火焰取代了大火焰。采用微混合燃烧室可减少反应物的停留时间，显著降低了 NO_x 生成。此外，从混合器出口极小喷嘴喷出的高速射流消除了回火的风险。最初，德国亚琛工业大学设计了高速空气和小孔氢气射流垂直交叉的结构，通过降低局部温度和缩短停留时间来减少 NO_x 排放。川崎重工、三菱日立和通用电气等均基于微混概念设计了喷嘴，并通过数量众多的毫米级微喷嘴组成阵列或簇状燃烧器。

（3）压气机

压气机气缸分为进气缸、压气机缸以及支撑压气机后面级和燃烧室的燃压缸三段，其中温度较高的压气机后面级通常采用带磁环的双层缸结构，以控制燃机在启停工况下的间隙，提高热变形调节能力。压气机动叶采用轴向燕尾形或轴向 T 形装配结构。为了保证启动稳定性和提高变负荷运行能力，燃机压气机采用可调静叶结构。F 级燃机一般仅进口导叶可调，H 级燃机为了提高运行灵活性，增加了可调静叶级数。静叶常采用带内外环的结构，外环与气缸相连，内环带有篦齿封严结构，可以减少泄漏，同时提高静叶刚性。部分 H 级燃机压气机除可调静叶外，其余静叶采用悬臂结构，悬臂结构可以降低加工制造成本，安装也更为方便。中国重燃自主研制了我国最大功率、最高技术等级的 300 MW 级 F 级重型燃机压气机。该燃机压气机共 15 级，通过采用多排可调静叶提高启动工况的稳定性和燃机变负荷性能，同时通过定制叶型和端弯设计，提高压气机效率。

4.2.4.3 国内外技术水平对比

美国、欧洲、日本等地区的主流燃机制造厂商正在加快开展氢混燃机或纯氢燃机的研发制造，并计划到 2030 年实现 65% 联合循环效率的纯氢燃机的市场化应用。其中，索拉透平聚焦小型氢燃气轮机研发，CT 等主要机型均可实现 20% 掺氢燃烧，其在全球掺氢燃气轮机的装机数量超过 120 台（见表 4–8）。GE 在全球已有超过 100 台掺氢机组在运行，累计运行小时数超过 800 万 h，其 E 级和 B 级燃机已具备 100% 燃氢能力，9HA 级燃机燃氢能力为 50%，预计在 2030 年前 GE HA 燃气机将具备 100% 燃氢能力。我国在气电掺氢方向积极探索，国电投荆门绿动对单台 54 MW 燃机进行了掺氢改造，并于 2022 年完成了 30% 掺氢燃烧试验运行。广东省能源集团惠州大亚湾石化区综合能源站项目实现了 9H 机组

10% 掺氢燃烧的稳定运行。

表 4-8　不同燃气轮机生产商燃烧技术现状对比

厂商	主要型号	燃料特征	市场占据份额
索拉	CT 系列、Titan 系列	20% 掺氢量；运行于高达 100% 氢气工况环境下	只覆盖小型燃气轮机的研发生产；全球共安装各类纯氢 / 掺氢燃气轮机超过 120 台
GE	LM2500、6B、7E、9E、6F、9F、9H	燃料体积含氢量从 5% 到 100% 不等，HA 级可实现 50% 的氢气混合燃烧比例	推出了 75 款以上成熟的氢燃料燃气轮机机型
贝克休斯	Nova LT 系列	在 DLN 模式下均可实现 30% 的掺氢燃烧，同时也具备燃烧纯氢的能力	约 70 台机组正使用氢含量大于 30% 的燃料
西门子	SGT6-9000HL、SGT5-8000H	DLE 模式 50 vol% 的掺氢运行；DLE 模式 30 vol% 的掺氢运行	至少有 55 台以上燃机已经燃烧过含氢燃料，累计运行时长超过 250 万 h
安萨尔多	GT36、GT26、AE94.3A	分别最高 70%、45%、40%	在商业电厂的氢气运行方面获得了广泛的经验

资料来源：中国产业发展促进会氢能分会整理

我国在中型氢燃气轮机方面已取得重要进展，据明阳智能消息，其研制的 30 MW 级纯氢燃气轮机已成功下线，该燃气轮机搭载其自主研制的纯氢燃烧室，可实现 100% 纯氢燃烧。整体来看，我国掺氢 / 纯氢重型燃机整机制造水平与国外尚有较大差距，现阶段我国掺氢 / 纯氢燃气轮机的自主可控水平较低，透平叶片、燃烧器等核心设备尚未实现规模化生产。目前完成示范的掺氢燃烧项目都由 GE、西门子等燃机主机厂提供改造方案。

4.3 化工领域氢能应用技术发展现状

4.3.1 化工领域氢能应用技术发展概况

相较于其他领域，氢气在化工领域已有长期、大量的应用且技术相对成熟，根据终端产品分类，绿氢化工技术主要包括绿氢合成氨、绿氢合成甲醇、绿氢合成 SAF 等液态燃料以及绿氢合成甲烷等。绿氢化工根据技术路线可分为间接合成技术与直接合成技术两类。间接合成技术是通过水电解制取绿氢，然后利用现有合成工艺合成化学品；直接合成技术是利用高温水电解等技术，在单个反应器内通过电化学还原反应直接生产化学品。相较于间接合成技术，直接合成技术无须布置独立制氢工段，系统紧凑性强、能源利用效率高，但直接合成技术在催化剂活性和稳定性等方面尚不成熟，难以满足工业生产应用，因此本章将重点围绕间接合成技术展开分析。

氢能化工领域应用技术以绿氢替代为主，根据终端产品折算，2023 年，我国氢气消费总量超 3800 万 t，用于制取甲醇、合成氨及炼化煤化等原料用途的占比为 90% 以上。预计到 2030 年随着绿氢经济性的改善，绿氢在传统合成氨以及炼化煤化领域的渗透率将达到约 7%，年需求量将达到 270 万 t 左右，并将保持高速增长；预计到 2040 年和 2050 年，绿氢在化工领域渗透率将分别提升至 35% 和 65%，对应绿氢年需求量为 1100 万 t 和 2200 万 t 左右（见图 4–20）。在此过程中，合成甲醇与合成氨

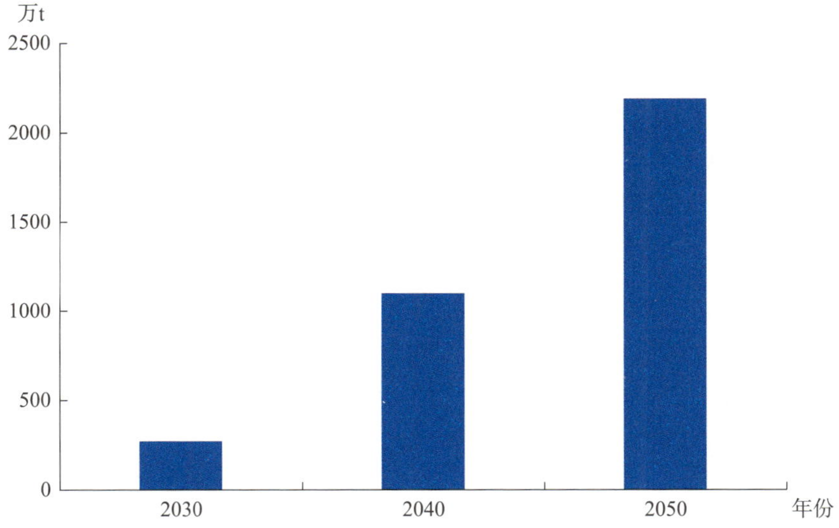

图 4–20　化工领域绿氢需求预测

资料来源：中国产业发展促进会氢能分会预测

需求将保持稳定增长，炼化领域则以绿氢替代为主，且随着各类新能源交通载具的不断增加，传统化石燃油需求将在 2030 年后步入衰减期，炼化行业将从以燃料油产品为主转向以烯烃、芳香烃等非油化工品为主，但由于长期范围内烯烃等产品需求波动不大，绿氢在炼化领域需求将随着石油炼化产品需求萎缩而逐步降低。

4.3.2 氢基化工产品绿色认证

当前各国正在加紧布局绿氢及其衍生物的国际贸易链，积极建立合作伙伴关系。认证体系是开展绿氢及其衍生物国际贸易的前置条件，欧洲、美国、日本等地区通过制定绿色产品认证标准，积极抢占国际贸易话语权。

在绿氢、绿氨及绿色甲醇等氢基衍生物认证标准方面，虽然中国、欧盟、日本、美国的认定条件与阈值各不相同，但认证过程需覆盖包括原料及运输的全生命周期已成为各国在制定标准时的一致共识（见表 4-9）。同时，绿色 CO_2 已成为决定含碳氢基衍生物是否符合“绿色”标准的关键，未来随着需求的不断增加，绿色 CO_2 将成为重要资源。

表 4-9 各国 / 地区绿氢及其衍生物认证标准对比

类型	国家 / 地区	定义	CO_2e 阈值
绿氢	欧盟	可再生能源生产设施与制氢设备直接连接所生产的氢气； 在可再生能源比例超过 90% 的地区采用电网供电所生产的氢气； 在低二氧化碳排放限制的地区签订可再生能源电力购买协议后采用电网供电来生产氢气	3.4 $kgCO_2e/kgH_2$
	日本	从原料生产到氢气生产的碳排放强度低于阈值	3.4 $kgCO_2e/kgH_2$
	美国	包括但不限于：使用带碳捕集、利用与封存技术（CCUS）的化石燃料，氢载体燃料（包括乙醇和甲醇），可再生能源，核能等	生产场所： 2 $kgCO_2e/kgH_2$ 全生命周期： 4 $kgCO_2e/kgH_2$
	中国（团体标准）	可再生能源水电解制氢	4.9 $kgCO_2e/kgH_2$

续表

类型	国家 / 地区	定义	CO_2e 阈值
绿氨	欧盟	采用可再生能源水电解制氢作为原料生产的氨	0.53 $kgCO_2e/kgNH_3$
	日本	生产链（含制氢过程）的碳排放强度低于 0.84$kgCO_{2e}/kgNH_3$	0.84 $kgCO_2e/kgNH_3$
	中国（团体标准）	水电解制氢合成可再生氨应全部使用可再生电力	0.53 $kgCO_2e/kgNH_3$
绿色甲醇	欧盟	“可再生用醇”：基于可再生燃料产品组“RFNBO”；补充条例提出，在工业中捕集获得的二氧化碳制备的甲醇可暂认为“可再生甲醇”	3.4 $kgCO_2e/kgH_2$
	美国	尚无官方机构和权威组织的统一定义	—
	中国	尚无官方机构和权威组织的统一定义	—
绿色航煤	欧盟	CO_2+H_2 直接制生物航煤的技术，其认证方式与可再生甲醇相同，包括原料 H_2 为可再生能源生产的绿氢、全生命周期碳排放，并规定非生物来源可再生燃料较传统燃料减排比例需达到 70%	—
	美国	规定了 11 种被认可的工艺路线及掺混比例	—
	中国	尚无官方机构和权威组织的统一定义	—

资料来源：中国产业发展促进会氢能分会整理

4.3.3 绿氨

4.3.3.1 核心技术与关键装备

合成绿氨的主要原料为氢气和氮气。氢气来自电解水制氢装置，氮气来自空分装置，主要辅助材料为合成氨催化剂。合成氨转化装置主要包括氨合成、氨冷冻两个单元。

合成氨是氢气和氮气在催化剂的作用下发生氨合成反应生成氨的过程，反应温度为 380~500℃（见图 4-21）。氨合成反应是可逆反应，因此仅部分氢气和氮气可以转化为氨。从热力学角度来看，较高的压力和较低的温度有利于该反应的化学平衡向氨的生成方向移动；而从动力学角度，高温下可以获得更高的反应速率，从而降低催化剂装填量，所以，各床层的温度选择需要综合考虑化学平衡和反应速率的计算后，才能得出最优化的结果。

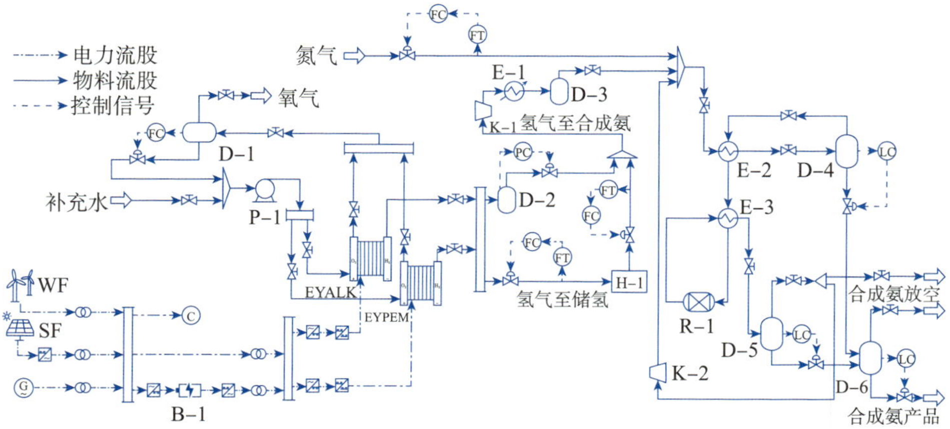

WF—风电场；SF—光伏电站；B-1—电化学储能装置；P-1—水循环泵；H-1—固态储氢装置；R-1—合成氨反应器；K-1—补充氢压缩机；K-2—循环氢压缩机；E-1—氢气冷却器；E-2—合成氨一级换热器；E-3—合成氨二级换热器；D-1—氧气分离罐；D-2—氢气缓冲罐；D-3—氢气稳压罐；D-4—合成氨进料稳压罐；D-5—合成氨产品一级分离罐；D-6—合成氨产品二级分离罐；EYALK—碱液电解槽；EYPEM—质子交换膜电解槽

图 4-21　合成氨工艺流程

资料来源：李默，郭永坚，董晓莹．绿氢—绿氨工艺流程的多稳态模拟和动态响应［J］．可再生能源，2024，42（4）：433-439.

4.3.3.2　国内外技术水平对比

目前，国内绿色合成氨技术已基本实现国产化并处于国际先进水平。绿色合成氨技术的核心在于通过柔性控制技术解决合成氨原料供给的波动性问题。国外知名合成氨技术提供商托普索公司（简称托普索）、伍德集团、凯洛洛·布朗·路特集团（KBR）等已经开发了 10%~100% 负荷调节的柔性技术并已在沙特 NEOM 120 万 t/a 绿氨项目中应用。中国寰球工程有限公司（简称寰球公司）开发的柔性合成氨技术创新了氨合成工艺流程，并具有超宽负荷、快速调节的动态控制技术，该装置可在 10%~100% 范围设计负荷内连续运行。

我国柔性合成氨技术路线目前处于工程化阶段，预计到 2025 年将进入产业化阶段，随着一批绿氨建设项目的投产，国产化柔性合成氨工艺技术将完成关键突破，市场占用率预计将达到 60% 以上；预计到 2050 年，该技术路线将发展至产业化成熟阶段，国产化技术将取得全面突破，市场占用率达到 90% 以上。

4.3.4 绿色甲醇

4.3.4.1 核心技术与关键装备

绿色甲醇技术路线主要包括生物质循环利用制甲醇（生物甲醇）及绿电制绿氢合成甲醇（绿电甲醇）。两种路线的主要区别在于原料气（CO_2、CO、H_2）的获取途径和组分不同。生物甲醇以生物质气化为源头，将生物质原料进行预处理后，通过气化反应，产生含有 CO、CO_2、H_2 的合成气。可持续生物质原料包括林业和农业废弃物及副产品、垃圾填埋场产生的沼气、污水、城市固体废物和制浆造纸业的黑液。绿电甲醇以绿氢和可再生 CO_2 组成合成气，其中可再生 CO_2 来自生物质产生或从空气捕集 CO_2（见图 4-22）。不同来源的原料气经过成分调节与升

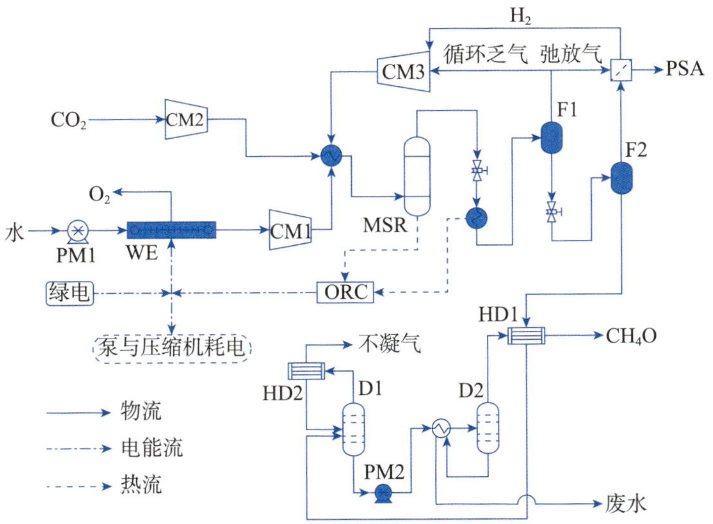

CM1、CM2 和 CM3—压缩机；PM1 和 PM2—水泵；WE—电解装置；D1 和 D2——、二级精馏塔；F1 和 F2——、二级闪蒸器；MSR—甲醇合成反应器；ORC—有机朗肯循环发电单元；HD1 和 HD2—换热器；PSA—变压吸附单元

图 4-22 绿电甲醇工艺流程

资料来源：宋国辉，梁珑鑫，叶荣昕，等．CO_2 与绿氢合成甲醇的过程模拟及储能性能分析［J］．可再生能源，2024，42（6）：725-731.

压后与甲醇合成回路循环气，混合进入合成气压缩机循环段，升压后经过热交换器加热，进入甲醇合成塔内，并在催化剂作用下生成甲醇。出合成塔的气体加热入口的原料气并进行热量回收，再逐级冷却，在甲醇分离罐中分离出粗甲醇产品，不凝气经过循环气压缩机增压返回合成回路，粗甲醇减压后送往精馏单元，分离水和其他杂质，得到甲醇产品。同时，由于绿色甲醇合成过程中原料气成分与传统煤或天然气制甲醇不同，对催化剂的性能要求也有所不同。目前可用于合成绿色甲醇的催化剂包括 Cu 基催化剂、In 基催化剂、固溶体催化剂和贵金属催化剂等（见表 4–10）。

表 4–10 绿色甲醇催化剂类型

催化剂类型	催化剂组分	反应温度 /℃	反应压力 /MPa	CO_2 单程转化率 /%	甲醇选择性 /%
Cu 基催化剂	$Cu^{2+}/Zn^{2+}/Al^{3+}$	270	5.0	24.5	57.6
	$Cu/ZnO/ZrO_2$	220	3.0	18.9	80.2
	$CuO/ZnO–SiO_2$	220	3.0	14.1	57.2
	10Cu/Zn/Cr	220	3.0	14.1	57.2
In 基催化剂	In_2O_3	300	5.0	3.7	100
	In_2O_3/ZrO_2	300	4.0	10.5	53.0
	$Pd/In_2O_3–SBA–15$	260	5.0	12.6	83.9
固溶体催化剂	ZnO/ZrO_2	320	5.0	10.0	86.0~91.0
	Cd/ZrO_x	270	5.0	12.4	80.0
	$ZnO/ZrO_2/MgO$	320	3.0	12.9	81.5
贵金属催化剂	$Pd/Zn/CeO_2$	200	2.0	14.1	97.2
	$Pd/Ga–SiO_2$	250	2.5	19.7	98.0
	Pd/Ga_2O_3	250	5.0	19.6	51.5

资料来源：叶之远，饶娜，夏莒佑，等 .CO_2 加氢制甲醇催化剂与项目进展［J］. 洁净煤技术，2024，30（8）：150–161.

4.3.4.2 国内外技术水平对比

绿色甲醇技术路线的核心主要为催化剂。目前在CO_2加氢制甲醇领域，技术差异主要体现在催化剂性能方面，CO_2转化率、甲醇选择性和副产物生成量均会影响装置的性能。

近年来，我国科研院所开展了对绿色甲醇的一系列研究，已取得了阶段成果，中国科学院上海高等研究院和中国科学院大连化学物理研究所李灿院士团队开发的催化剂进入了中试阶段。目前催化剂普遍存在CO_2转化率低（15%~20%）、甲醇选择性较低（约70%）等问题，从而导致甲醇产品成本较高。随着氢能产业的快速发展，国内绿色甲醇技术应用也取得了突破性进展，中煤鄂尔多斯能源化工有限公司10万吨/年液态阳光—二氧化碳加绿氢制甲醇技术示范项目已正式开工建设，项目采用自主研发的ZnO/ZrO_2固溶体催化剂，规划产能为10万t/a。

国际知名绿色甲醇催化剂技术提供商有托普索、科莱恩公司和庄信万丰，目前各家催化剂性能相近，但仅有庄信万丰的绿色甲醇催化剂有工程业绩，最大规模为10万t/a。冰岛CRI采用庄信万丰催化剂（双方已签订长期独家催化剂供应协议）开发出了ETL专有甲醇合成工艺，并建成了产能4000 t/a的示范工厂，能够满足冰岛甲醇燃料需求量的2.5%。目前国内已建设绿色甲醇项目以引进技术为主，例如河南顺成集团CO_2制绿色低碳甲醇联产LNG项目、盛虹石化10万t/aCO_2制绿色甲醇项目等，都采用了冰岛CRI公司的技术。

在甲醇反应器方面，寰球公司针对绿色甲醇合成工艺特点开发了列管式等温甲醇反应器和低能耗精馏技术，该技术具有高催化剂利用率、移热迅速、反应温度控制灵敏及高位能回收反应热的优势，能耗低，投资少。装置CO_2单程转化率40%，总碳转化率95%以上，甲醇选择性99%以上。

4.3.5 可持续航空燃料

4.3.5.1 核心技术与关键装备

美国可持续航空燃料（SAF）的认证和使用需要与飞机及其发动机型号匹配，为此美国制定了相对完善的 SAF 认证体系和使用规则。截至 2024 年 9 月，ASTM D7566-24a《含合成碳氢化合物的航空喷气燃料标准规范》批准了 11 种可持续航空燃料制造工艺（见表 4-11），并对其混合比例提出了限定，此外，被视为“未来 SAF”的合成燃料技术已经进入验证阶段，预计将于 2025 年被纳入许可范围。

表 4-11 ASTM 批准的 SAF 合成工艺

序号	工艺名称	工艺代号	生产原料	最高掺混比例
1	酯和脂肪酸加氢合成石蜡煤油	HEFA-SPK	餐厨废油、废弃动物油脂、其他油基生物质	50%
2	费托加氢合成石蜡煤油	FT-SPK	农林废弃物、城市固体废物	50%
3	糖发酵加氢合成异构烷烃	HFS-SIP	甘蔗、蔗糖等糖类	10%
4	含芳香烃的费托合成石蜡煤油	FT-SPK/A	农林废弃物、城市固废、能源植物等	50%
5	醇制合成石蜡煤油	AtJ-SPK	淀粉、糖、纤维素等生物质，工业生产过程中排放的废弃	50%
6	催化水热解法制备合成煤油	CHJ	大豆油、麻风果油、茶花油、亚麻籽油等	50%
7	烃、酯和脂肪加氢处理合成石蜡煤油	HC-HEFA SPK	海藻油	10%
8	可再生原料与原油中间馏分共加工的加氢处理酯和脂肪酸煤油	Co-processed HEFA	餐厨废油、废弃动物油脂、其他油基生物质与原油	5%
9	可再生原料与原油中间馏分共加工的费托合成煤油	Co-hydroprocessed FT	农林废弃物、城市固体废物与原油	5%

续表

序号	工艺名称	工艺代号	生产原料	最高掺混比例
10	含芳烃的醇制合成航煤	AtJ-SKA	淀粉、糖、纤维素等生物质以及其他形式的碳氢转化	50%
11	共加氢处理合成煤油	Co-hydroprocessed synthesized kerosene	煤、天然气、生物质、脂肪酸酯、脂肪酸等非石油来源	10%

资料来源：中国产业发展促进会氢能分会整理

目前 SAF 的主流生产技术路线有四种，分别是酯类和脂肪酸类加氢工艺（HEFA）、醇喷合成工艺（AtJ）、费托合成工艺（FT）和电转液工艺（PtL）（见图 4-23）。

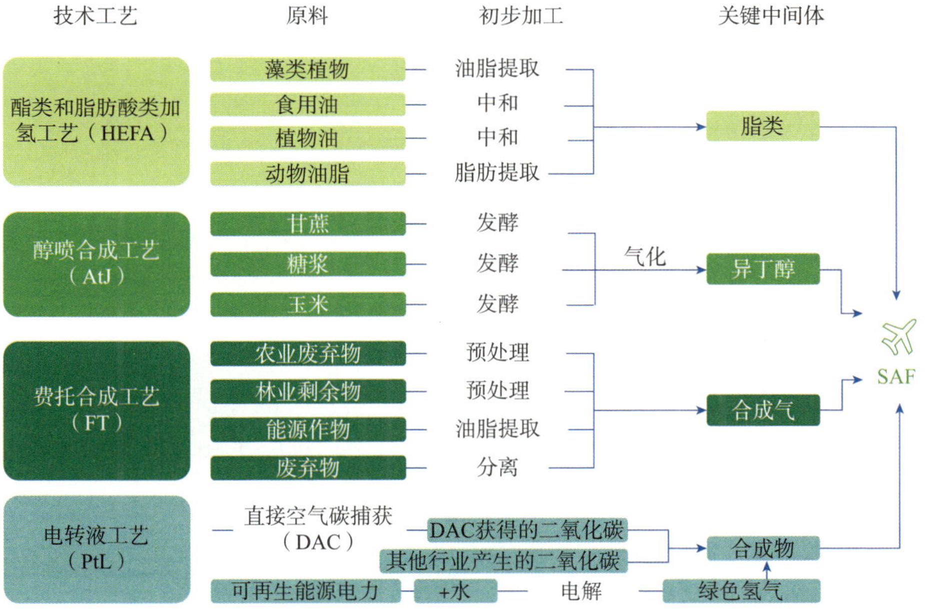

图 4-23　4 种主要 SAF 工艺技术路线

资料来源：德勤．中国的可持续航空燃料——航空业碳中和之路［R/OL］.（2023-09-28）［2024-06-30］. https://www2.deloitte.com/content/dam/Deloitte/cn/Documents/energy-resources/deloitte-cn-saf-zh-230922.pdf.

（1）酯类和脂肪酸类加氢工艺

酯类和脂肪酸类加氢工艺（HEFA）是一种对植物油、餐饮废油和动物脂肪中的甘油三酯、饱和及不饱和脂肪酸进行加氢处理的过程。该工艺主要分为 3 个步骤：

催化加氢：通过催化加氢的方法将不饱和脂肪酸以及甘油三酯转化为饱和脂肪酸。过程中甘油三酯通过 β－氢消除反应生成脂肪酸。

加氢脱氧和脱羧：饱和脂肪酸通过加氢脱氧和脱羧反应转化成 C15~C18 的直链烷烃。早期主要使用沸石或氧化物负载的贵金属催化剂，后来逐步改用过渡金属如 Ni、Mo、Co 或其负载型的双金属催化剂。

裂化和异构化反应：脱氧直链烷烃进一步选择性加氢裂化和深度异构化生成高度支化的烷烃。常用的催化剂包括负载 Pt 的 Al_2O_3、沸石分子筛等。最后通过分馏过程将混合的液体燃料分离为轻质气体、石脑油和 SAF（见图 4–24）。

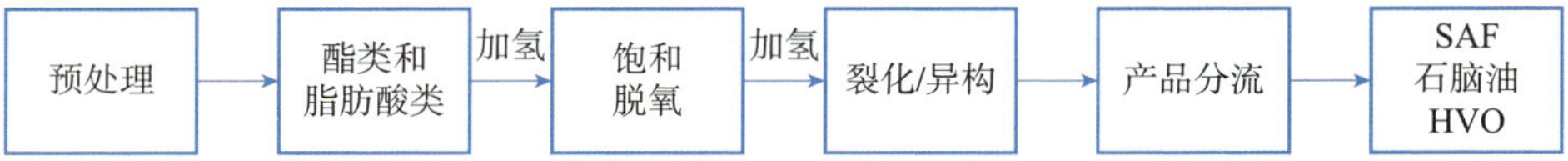

图 4–24　HEFA 工艺生产 SAF 工艺流程

资料来源：中国产业发展促进会氢能分会整理制图

（2）费托合成

费托合成（FT）工艺是一种通过合成气生产液体碳氢燃料的过程。FT 制 SAF 的流程可以分为 6 个步骤：原料预处理、生物质气化、气体调节、酸性气体去除、FT 合成和合成原油精炼。其中，催化剂的选择对产物种类和性质有着重要影响，可以使用的催化剂包括 Fe、Ni、Co 和 Ru，工业常用的催化剂是 Fe 和 Co。高温 FT 和低温 FT 是 FT 合成的两种不同的反应类型，高温 FT 主要产生汽油、溶剂油和烯烃，而低温 FT 主要产生煤油、柴油、润滑油和石脑油。

FT 技术通过对原料的气化与合成反应，可生成不含 S、N 且具有高热稳定性的液体燃料。一般情况下，FT 的转化率为 10%~15%。在碳排放方面，利用 FT 合成生产的 SAF 的温室气体排放为 5.3~28.5gCO_{2e}/MJ，相当于能够实现航空燃料全生命周期 67%~94% 的碳减排。然而，由于 FT 合成的 SAF 中的芳烃含量相对较低、能量密度相对较低，在生产过程中需要进一步改进和优化（见图 4-25）。

图 4-25　FT 合成工艺生产 SAF 工艺流程

资料来源：中国产业发展促进会氢能分会整理制图

（3）**醇喷合成工艺**

醇喷合成（AtJ）工艺分为醇的生产和醇的转化两部分。醇的生产主要为水解、发酵等过程。原料包括富含淀粉或纤维素的农作物等。AtJ 技术将醇作为基本原料转化为长链碳氢化合物。该过程通常分 4 步，首先是醇脱水生成烯烃，然后烯烃在催化剂作用下低聚生成中间馏分；接着，中间馏分加氢得到烷烃；最后，精馏制得 SAF。工业上常使用乙醇、丁醇和异丁醇作为中间产物将生物质转化成 SAF（见图 4-26）。

图 4-26　AtJ 合成工艺生产 SAF 工艺流程

资料来源：中国产业发展促进会氢能分会整理制图

（4）**电转液工艺**

电转液（PtL）工艺可以分为：绿氢制备、CO_2 制备、制备合成气、合成气转化、产品加氢精制五部分（见图 4-27）。绿氢通过可再生能源水电解制氢获得。CO_2 可来源于空气捕集、生物质气化 / 燃烧发电、沼气或其他生物质发酵。合成气转化部分有两条路线，一是合成气制甲醇、甲醇制合成油工艺，二是合成气通过 FT 工艺制合成油；合成油经加氢异构 / 裂化处理后分馏获得 SAF 产品。

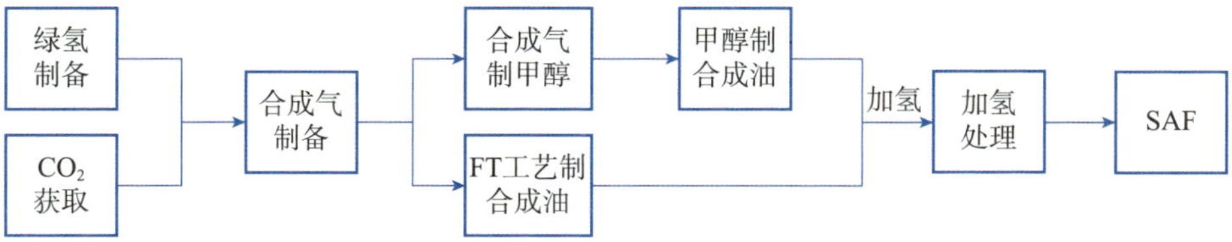

图 4-27　PtL 合成工艺生产 SAF 工艺流程

资料来源：中国产业发展促进会氢能分会整理制图

航煤合成装置中，CO、CO_2、H_2 在合成航煤反应器中发生反应，生成粗航煤和反应水。粗航煤经过一系列分离单元分离出航煤产品。未反应的合成气，绝大部分将通过循环返回反应器。少量的合成弛放气进入 PSA 提氢装置中分离出氢气，返回航煤合成装置的入口，作为解吸气提供反应所需热量。

4.3.5.2　国内外技术水平对比

（1）HEFA

适用于 HEFA 工艺的原料较多，以油脂为主，包括动物油、植物油、餐饮废弃油等，也包括藻类物质。该技术路线已较为成熟，目前绝大部分的 SAF 生产均采用 HEFA 工艺，中国已经投产的项目也均为 HEFA 工艺。镇海炼化是国内 HEFA 工艺的领导者，具备利用废弃食用油、非食用油、生物质等多种原料制造 SAF 的完整工艺包，目前已为国内航空公司提供了超过 1000 t SAF。

（2）FT

FT 工艺当前也具备较高的技术成熟度，其最初的应用是将煤炭和天然气等化石原料转为液体燃料或其他化工品，Shell、Sasol 等公司均有此类项目，中国一些企业的煤制油项目也运用了此类工艺。目前，采用 FT 路线的项目大多处于示范和中试阶段，Fulcrum 公司在美国采用 FT 路线的 SAF 项目已开始进入商业化规模运行。2023 年 11 月，中科合成油在 FT 工艺制备 SAF 领域也取得了突破，完成了万吨级中试试验。

（3）AtJ

AtJ 是指将糖和淀粉类原料通过发酵产生醇类物质，或通过其他途径获得醇类物质，再通过脱水、低聚、加氢以及蒸馏转化为 SAF。醇类物质的来源有多种，如玉米、甘蔗等农作物，以及农林废弃物、含碳的工业尾气等。多样化的原料来源是该技术路线的一个优势，不过在不同国家和地区，原料可获得性存在较大差异。如在美国和巴西，农作物原料较丰富；而在中国，此类原料的可用量则有限，因此相对其他三种技术路线，我国对 AtJ 技术的研究较少。

（4）PtL

PtL 工艺具有减碳能力强、无原材料供应上限制约等优势，是当前全球 SAF 领域研究的重点方向。近年来，中国在 PtL 技术上取得了显著进展。清华大学魏飞—张晨曦团队开发的 CO_2AF 技术采用金属纳米晶与表面规整纳米分子筛为催化剂，通过气固多相流动反应器形式，将生物质合成气一步法高选择性制备 C8~C12 组分，并伴有环烷烃和芳烃，烃基总收率大于 80%。与仅能采用 CO 和 H_2 作为原料的 FT 相比，CO_2AF 技术不仅能采用 CO 和 H_2 作为原料，还可采用 CO_2 和 H_2 为原料，进行定向合成，加氢精制后 SAF 产品收率达到 90%，实现了高选择性地将 CO_2 转化为 SAF。此外，2023 年，国家电投与国泰航空达成战略合作，并签署备忘录，国家电投将采用 PtL（或类似技术）技术在国内设立 4 个产能为 5 万 ~10 万 t 的 SAF 生产基地，并在 2024 年至 2026 年期间投产。

4.4 冶金领域氢能应用技术发展现状

4.4.1 冶金领域氢能应用技术发展概况

钢铁工业具有资源和能源密集的特点。我国钢铁生产以高炉—转炉长流程工艺为主，2023 年钢铁行业碳排放量约占全国碳排放总量的 15%，是我国碳排放量较多的产业之一。氢冶金工艺技术具有低碳乃至零碳的优势，其应用是我国钢铁产业实现低碳绿色转型升级的根本途径，技术路线包括富氢高炉氢冶金技术、氢基竖炉直接还原氢冶金技术、富氢熔融还原氢冶金技术三大技术路线，其中氢基直接还原冶金又分为氢基竖炉直接还原冶金和基于流化床的氢基直接还原冶金。

富氢高炉氢冶金技术通过高炉风口或炉身底部向炉内吹喷焦炉煤气、天然气、氢气等富氢气体，利用氢气还原铁矿石渗透速度快、还原能力强、低碳环保等优势，替代煤粉和部分焦炭，发挥还原剂和热源作用，最终达到降低高炉燃料比和二氧化碳排放量的目的。由于氢气无法完全取代焦炭在高炉炼铁中的骨架作用，减排能力有限，为 10%~30%，但考虑到我国以高炉—转炉长流程工艺为主的现状，富氢高炉氢冶金技术作为我国钢铁行业实现“双碳”目标过程中的重要过渡工艺，开展富氢高炉氢冶金技术研究具有重要意义。

氢基竖炉直接还原氢冶金技术是以竖炉装备为基础，将高比例富氢或纯氢气体作为还原剂，以高品位球团矿、块矿为原料，通过气—固直接还原方式生产固态海绵铁。海绵铁经过电炉冶炼后获得高品质铁水或钢水。相比富氢高炉氢冶金技术，氢基竖炉直接还原氢冶金技术属于短流程工艺，可以从源头上避免化石燃料的使用，被认为是最有发展潜力的低碳冶金技术之一，纯氢竖炉炼铁的二氧化碳减排量可达 98%。

高炉和竖炉使用的铁原料均需经过高温造块，而流化床是一种高效直接还原铁粉矿的工艺装置，因此基于流化床的氢基直接还原冶金技术可使用铁粉作为原料，使用富氢气体或纯氢直接对其还原，无须对矿粉进行造块，因此被认为是一种极具潜力的低碳冶金技术。但该技术存在高温流态化还原过程中铁矿粉颗粒极易黏结团聚造成失流等瓶颈。基于流化床的氢基直接还原冶金技术在工艺控制难度、能量利用率、生产效率和成本等方面的影响，该技术整体仍处于研究阶段。

富氢熔融还原氢冶金技术将氢气与传入煤基熔融还原技术融合创新，通过吹喷富氢气体替代焦煤作为还原剂和热源，降低碳排放，实现低碳冶金。与氢基竖炉直接还原工艺和富氢高炉工艺相比，富氢熔融还原工艺的原料使用范围更广，以块矿、球团矿或铁矿粉等为原料，其产品为与高炉铁水成分相似的熔融铁水。目前氢基熔融还原工艺仍处于基础研究阶段。其中，富氢高炉冶金和氢基竖炉直接还原冶金是当前的重点研究方向，以下将重点围绕此两种路线展开分析（见图 4-28）。

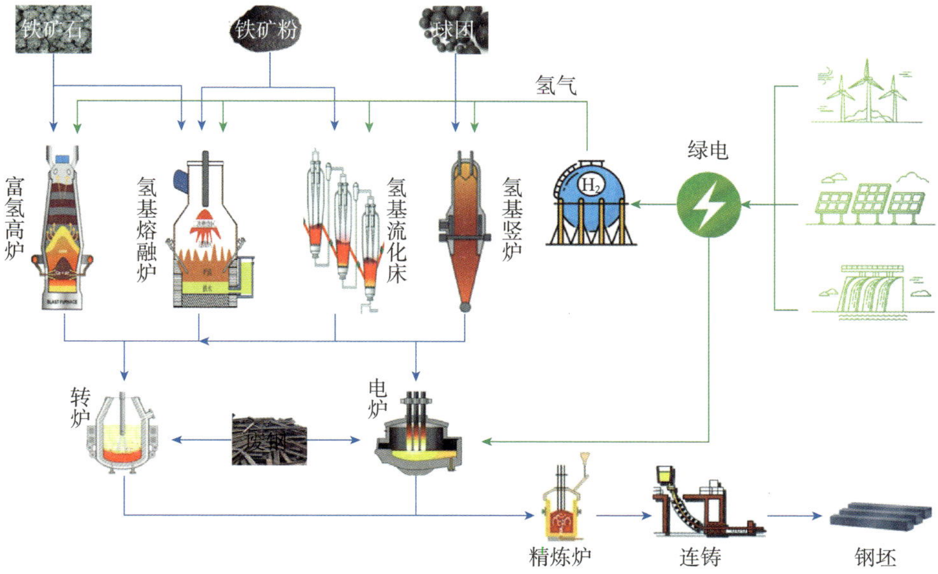

图 4-28 不同路线氢冶金流程

资料来源：中国产业发展促进会氢能分会

氢基竖炉短流程工艺因其减碳能力强等优势，已成为国内外研发的热点，瑞典 SSAB、德国蒂森克虏伯、日本制铁、日本 JFE、韩国 POSCO 均在研发氢基竖炉短流程工艺，部分示范工程已建成或应用。我国高度重视氢冶金技术研发和应用，中晋太行在左权建设 30 万 t 直接还原铁项目，形成 CSDRI 富氢竖炉直接还原技术，CO_2 排放减少 28%。河钢引进 HYL-ZR 工艺，建设 60 万 t 基于焦炉煤气的富氢竖炉示范工程。宝武在湛江建成百万 t 级富氢竖炉示范工程。此外，鞍钢、建龙等分别发布低碳冶金路线图，明确提出发展氢基竖炉技术。

根据测算，生产 1 t 生铁需要 601 Nm^3 氢气，补偿吸热反应需要 67 Nm^3 氢气，加热熔化到 1600℃需要 85 Nm^3 氢气，按照 75% 热效率计算，生产 1 t 生铁最终需要的氢气量为 1004 Nm^3。而在传统工艺中，生产 1 t 生铁需要 300 kg 焦炭和 200 kg 煤粉。按照当前的炼焦成本估算，钢铁产业用氢替代碳进行还原，可接受的氢气成本为 0.65 元 /Nm^3。随着我国大型基建工程建设接近尾声和退役废钢量不断提升，预计 2050 年我国粗钢需求约为 3.5 亿 t，2030 年左右我国氢直接还原技术将逐步走向商业化阶段，2040 年左右将达到约 13% 的市场渗透率，2050 年市场渗透率将逐步提升至 45%。对应的绿氢需求量在 2030 年、2040 年和 2050 年分别将达到 20 万 t、310 万 t 和 720 万 t 左右（见图 4–29）。

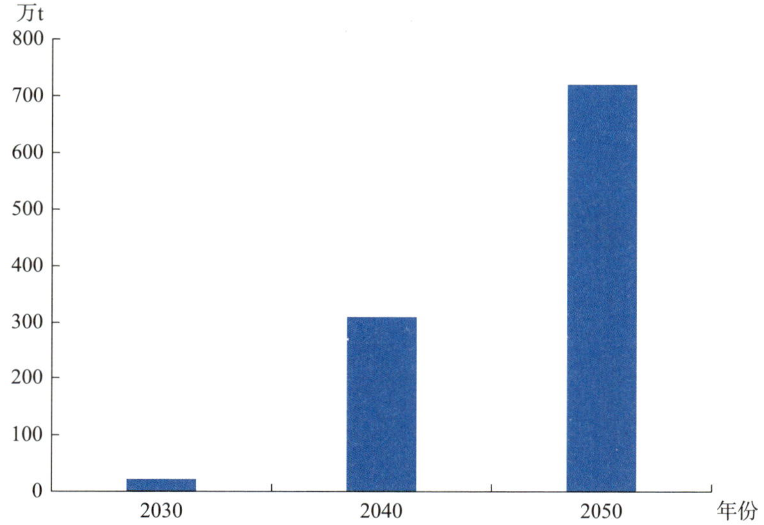

图 4–29 冶金领域绿氢需求量预测

资料来源：中国产业发展促进会氢能分会预测

4.4.2 富氢高炉氢冶金技术

4.4.2.1 富氢高炉氢冶金技术发展概况

高炉喷吹富氢燃料是一种在压力作用下，利用喷枪将经过处理的含氢固体燃料、液体燃料、气体燃料经风口喷入高炉，并在风口受到快速加热产生回旋区运动燃烧的技术。可用于高炉喷吹的富氢燃料包括废塑料和生物质等富氢固体燃料，重油等液体燃料和天然气、焦炉煤气、发生炉煤气等气体燃料，不同富氢介质的适宜喷吹量、喷吹效果存在差异。

其中，焦炉煤气具有发热值高、燃烧速度快、环境污染小的特点。并且，炼焦工业为高炉冶炼提供主要原料，通常会与高炉炼铁分布在同一地区甚至同一厂区，为高炉冶炼获取焦炉煤气提供了便利条件。因此，使用焦炉煤气作为富氢介质进行富氢高炉冶金是当前的主要发展路线。焦炉煤气主要由 H_2、CH_4 和 CO 组成。将焦炉煤气喷入高炉可以改善风口煤气流的燃烧，提高煤气利用率。喷吹焦炉煤气具有设备简单，投入少、技术成熟等优点，但也存在萘和焦油等含量比较高等不足，易堵塞输送管道和大量喷吹焦炉煤气缩短风口氧化带，导致边缘气流发展，造成炉墙及风口损坏等问题。

与传统高炉相比，高炉喷吹富氢燃料可以降低理论燃烧温度，增加炉腹煤气量，促进铁矿石的间接还原反应，改善高炉透气性，改变初渣成分，优化炉内温度场分布，影响煤气流分布，降低生产成本。研究表明，高炉喷煤的同时吨铁喷吹焦炉煤气 133～359 m^3，吨铁碳消耗减少 0%～5%、CO_2 减排率 0%～6%；吨铁喷吹纯 $H_2$167～500 m^3，吨铁碳消耗减少 8%～12%、CO_2 减排率 9%～13%。如果将两种富氢气体分别预热到 950℃，吨铁碳消耗减少率与 CO_2 减排率都能提高 1 倍左右。

与焦炭相比，喷吹 H_2、天然气或焦炉煤气等富氢气体带入炉内的灰分将减少，因此渣量降低，且由于氢还原能力较强，炉渣的成分与终渣相近，炉腹渣熔化性和流动性更好，可改善造渣过程。高炉喷吹富氢气体时焦比降低，由焦炭带入的灰分总量减少，降低了入炉硅含量，铁水硅含量随之降低，且带入的 P、S 等杂质成分减少，生铁质量提高。

但由于焦炭在炼铁过程中具有不可替代的骨架作用，高炉喷吹富氢燃料的技术对碳减排的效果受到限制。一般来说，单独喷吹富氢燃料的碳减排潜力仅为 10%～30%。目前高炉喷吹富氢燃料与焦炭的置换比大约为 0.3。提高置换比，进一步提高节能降碳比例，是未来富氢高炉氢冶金技术研究的主要方向。

4.4.2.2　核心技术与关键装备

基于铁氧化物还原反应物质平衡和热量需求，在保证富氢碳循环氧气高炉稳定运行的条件下，通过喷吹氢气或富氢气体有助于增加生铁产量，并在一定程度上实现节焦或节煤，降低碳排放，理论碳耗最低可以降至 310 kg/tHM 左右。通过碳—氢—电耦合的富氢碳循环氧气高炉炼铁流程优化，可降低煤炭使用，实现比传统高炉碳输入减少 30%，能量输入减少 10%。2023 年 12 月，日本新日铁通过在高炉中加入氢气，实现了 33% 的 CO_2 减排，创下了世界纪录。

由于喷吹氢气或富氢气体后，炉顶煤气中氢气利用率不断降低，喷入的氢气未能高效利用，综合考虑在同时喷吹煤粉且炉顶煤气不循环利用的情况下，焦炉煤气的适宜喷吹量为 50 Nm^3/tHM 左右，天然气的适宜喷吹量为 75 Nm^3/tHM 左右，且在炉内掺入氮气等杂质成分（由于鼓风使炉内煤气含有 50% 左右的氮气），增加了炉顶煤气分离难度，炉顶煤气循环成本高。同时，氢气或富氢气体的成本增加将制约高炉喷吹富氢气体的综合经济效益。另外，由于高炉的冶炼特性，焦炭的骨架作用无法被完全替代，氢气喷吹量存在极限值。因此，高炉通过喷吹含氢介质，富氢还原实现碳减排的潜力受到限制，一般认为高炉富氢还原的碳减排幅度可达 10%~30%，难以实现更大幅度的碳减排以及碳中和的目标，但结合我国钢铁生产以高炉—转炉长流程为绝对主力的行业现状，高炉富氢喷吹技术在我国仍有较大发展空间（见图 4–30 ~ 图 4–32）。

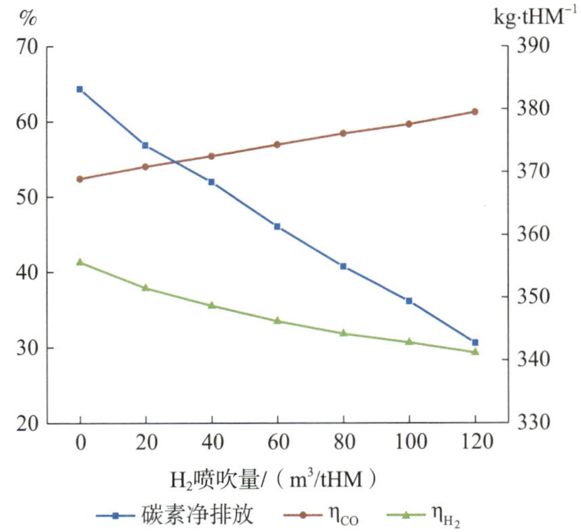

图 4–30 高炉喷吹 H_2 的气体利用率和碳排放

资料来源：中国产业发展促进会氢能分会整理

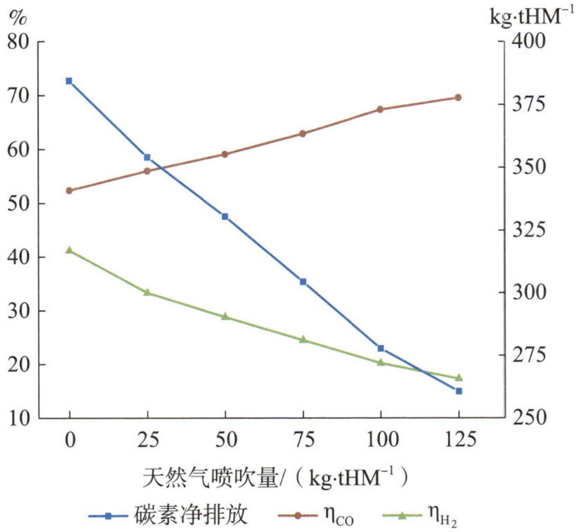

图 4-31 高炉喷吹天然气的气体利用率和碳排放

资料来源：中国产业发展促进会氢能分会整理

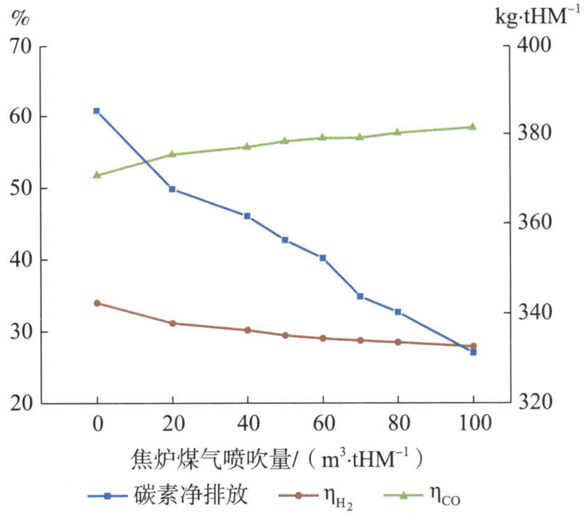

图 4-32 高炉喷吹焦炉煤气的气体利用率和碳排放

资料来源：中国产业发展促进会氢能分会整理

4.4.2.3 国内外技术水平对比

国外开展富氢高炉氢冶金研究较早，并已取得一定成果。日本COURSE50项目通过开发高炉富氢还原炼铁技术和高炉炉顶煤气 CO_2 捕集储存技术，将钢铁生产 CO_2 排放减至最小。2013年，在瑞典LKAB试验高炉上完成了焦炉煤气喷吹的工业试验。富氢改质焦炉煤气通过炉身下部 3 个喷吹口喷进高炉，而普通焦炉煤气通过炉缸风口喷吹。研究表明，在炉身喷吹改质焦炉煤气能有效改善炉墙区域的透气性和增加间接还原度。由此得到了改质焦炉煤气的理想喷吹条件：改质焦炉煤气喷吹量应控制在 200 m^3/tHM 以上，同时喷吹煤气的比例达到 20% 以上。为了支持氢还原试验，日本在新日铁住金君津厂建成试验高炉（12 m^3），试验高炉上部安装有喷吹口。2023 年 12 月，新日铁在高炉炼钢中利用氢气，使高炉本身的 CO_2 排放量减少了 33%，创下了世界纪录。

我国钢铁产业结构以高炉长流程冶金为主，因此近年来也积极开展富氢高炉氢冶金技术研究，并已取得阶段性成果。

山西晋南钢铁两座 1860 m^3 高炉基于风口喷吹焦炉煤气和工业副产氢气开展了设备改造。在吨铁富氢气体喷吹量为 65 m^3 条件下，富氢气体与固体燃料的置换比为 0.49 kg/m^3；喷吹富氢气体以后，炉内氢气的利用率平均为 37.3%，CO 的利用率约为 43.2%；吨铁 CO_2 排放量可降低 80 kg 左右，高炉 CO_2 排放降低了 5.6%。兴国铸业与上海大学联合建设的“30 万 m^3/d 绿电电解水制氢—储氢—450 m^3 高炉富氢冶炼”示范项目已于 2024 年建成投运，项目吨铁喷吹纯氢量达到 103 立方米，每小时的纯氢喷入量达到 8700 m^3，固体燃料置换比达 0.36～0.5 kg/Nm^3，实现高炉炼铁减碳 8%～11%。

4.4.3 氢基竖炉氢冶金技术

4.4.3.1 氢基竖炉氢冶金技术发展概况

由于高炉本身堆积移动床的特性，需要使用焦炭作为主要燃料，其碳减排的能力相对有限，无法满足远期“碳中和”的目标。相比于富氢高炉工艺，氢基直接还原炼铁工艺的碳减排能力可达到 50% 以上，耦合绿氢、近零碳排电炉和 CCUS 技术，以及氢基直接还原炼铁短流程技术有望实现近零碳排钢铁冶炼的目标。因此，氢基直接还原工艺是实现钢铁行业大幅度减碳发展的主要路线。氢基直接还原技术按采用的反应器种类可以划分为两类，分别是氢基竖炉工艺和氢基流化床工艺，其中氢基竖炉工艺是当前研究的热点，本章将围绕氢基竖炉工艺进行研究。

现阶段，尚未出现采用纯氢生产直接还原铁的规模化项目投运，但采用高比例 H_2 与少量 CO 混合的气体生产直接还原铁的技术相对成熟，其中 Midrex 和 HYL- Ⅲ工艺应用较为广泛。该类氢基直接还原工艺是在竖炉内利用 H_2、CO 混合气体，将铁氧化物转化为直接还原铁的工艺技术。其主要过程是通过还原气重整炉将天然气重整为 H_2、CO 气体，在竖炉内将球团还原成为直接还原铁，该工艺能够从源头控制碳排放。

河钢集团张宣科技在 HYL-ZR 的基础上进行了自主工艺改进，氢基竖炉采用焦炉煤气作为原料气，其 H_2 含量为 55%~65%，CO 含量大于 5.7%，CH_4 含量为 20%。焦炉煤气在竖炉内原位重整为 CO 和 H_2，H_2 与 CO 的比值可达 8 以上，是目前工业化生产 H_2 比例最高的直接还原工艺。为了提高还原气浓度和还原效率，张宣科技采用 N- 甲基二乙醇胺（MDEA）为原料进行化学物理吸附，脱除 CO_2，并通过醇喷钝化剂的方式，减少球团矿还原过程中的黏结。

4.4.3.2 核心技术与关键装备

氢基直接还原竖炉工艺是通过使用还原剂（H_2 与 CO 混合气体），将铁矿石直接还原为铁，再将其投入电炉进一步冶炼。根据还原气氛中氢的含量，可分为富氢冶金和全氢冶金。氢基直接还原竖炉工艺不需要炼焦、烧结、炼铁等环节，能够从源头控制碳排放，减排潜力较大。对基于煤制气、焦炉煤气、天然气和绿氢的氢基竖炉—电炉短流程以及常规高炉—转炉长流程进行生命周期评价，相比于高炉—转炉流程，基于煤制气、焦炉煤气、天然气和绿氢的氢基竖炉—电炉短流程吨钢碳排放可分别减少 14.44%、39.96%、62.80% 和 86.44%，其他污染物排放量也均有一定程度降低，生命周期总体环境影响可分别减少 53.59%、56.16%、78.46% 和 89.76%（见图 4-33）。但氢基竖炉存在吸热效应强、入炉氢气量增大、生产成本升高、还原速率下降、产品活性高和难以钝化运输等

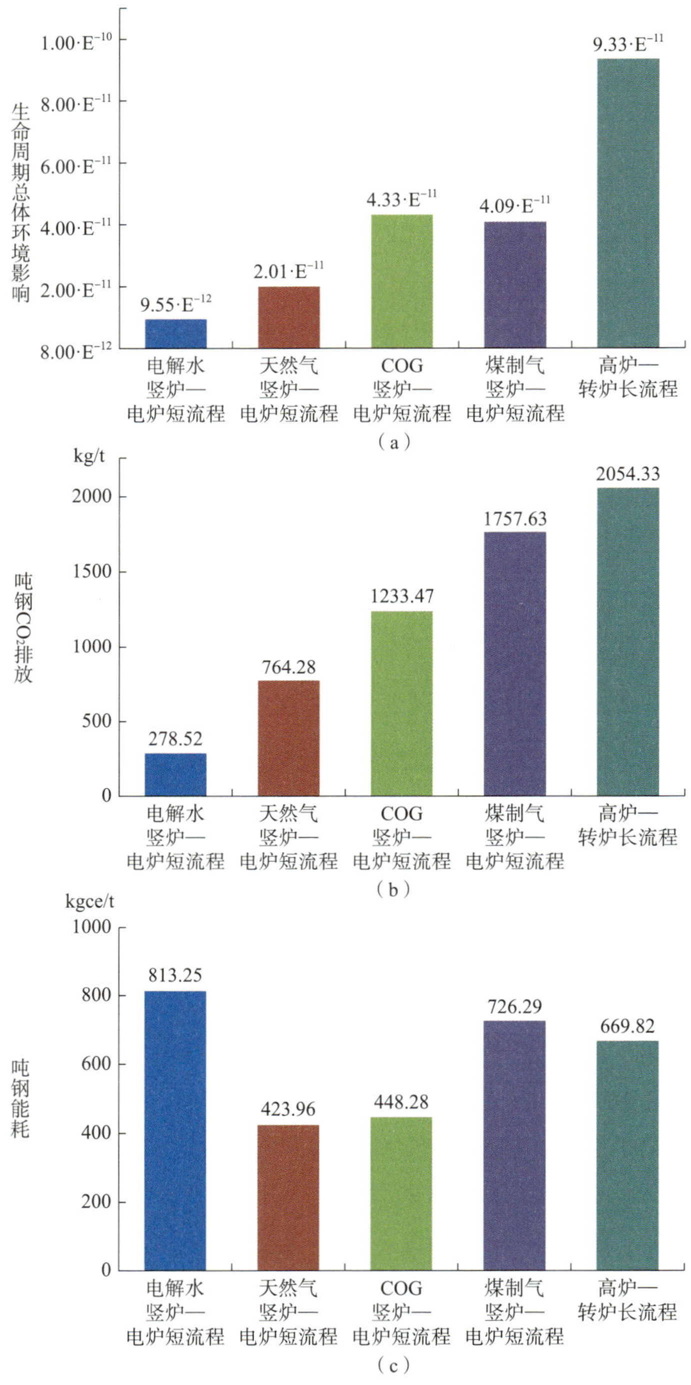

图 4-33 基于不同氢源的氢基竖炉—电炉短流程与高炉—转炉长流程生命周期总体环境影响（a）、碳排放（b）和能耗（c）对比

资料来源：中国产业发展促进会氢能分会整理

诸多问题。针对全氢竖炉或富氢竖炉氢冶金工艺，含氢的竖炉炉顶煤气通过净化和循环可实现氢气高效利用（竖炉炉顶煤气无氮气等杂质成分掺杂，气体捕集分离难度和循环利用成本远低于高炉），从而降低能耗和生产成本。瑞典 HYBRIT 项目通过工艺改进，吨铁生产过程中 CO_2 排放较传统工艺降低了 98.44%。

4.4.3.3 国内外技术水平对比

国外氢基竖炉直接还原技术相对成熟，并已建立了较为全面的标准体系，主流的氢基竖炉直接还原工艺主要有 MIDREX、HYL、PERED 三种，其中 MIDREX 和 HYL 工艺应用较为广泛（见表 4-12）。相比之下，我国氢基竖炉直接还原工艺处于起步阶段，以引进国外技术为主，尚无有自主知识产权的工艺技术及装备。

国内钢厂多引进 HYL 工艺，成本较高。常见的 HYL 工艺主要为 HYL- Ⅲ和 HYL-ZR 工艺。HYL- Ⅲ采用蒸汽重整技术制取还原气，其还原气中氢气比例较高，H_2/CO 体积比可达到 3.0~6.7。随着技术进步，HYL- Ⅲ工艺取消了水蒸气重整工艺环节，将天然气直接加热进入竖炉使用，推出了甲烷零重整的 HYL-ZR 法，该工艺是将天然气与循环的炉顶煤气的混合气体加热到 950℃，在入炉前再补吹氧气将工艺煤气温度提高到 1050℃，反应后形成的炉顶煤气经处理后循环利用。

HYL-ZR 工艺可通过焦炉煤气和天然气炉内自重整满足氢气需求，也可直接输入氢气，以符合未来高氢、全氢冶炼的技术工艺要求。目前河钢与宝武均引进此工艺，但非自主知识产权、引进费用高的煤气压缩机等设备需进口。

表 4-12　不同气基还原竖炉技术对比

工艺	特点
HYL-Ⅲ	1. 工艺成熟，产能占全球 15% 左右； 2. 炉内压力高，一般为 0.6~0.9 MPa，设备较昂贵； 3. 需补充的工艺煤气比例仅占 1/4； 4. 还原气含氢高，压力高，炉料不易发生粘结，百万 t 以下竖炉内部无活动部件，设备空间布置紧凑； 5. 单体设备产能最大可达 250 万 t/a
MIDREX	1. 工艺成熟，规模大，产能占全球 60% 以上； 2. 竖炉运行 0.15~0.3 MPa，设备易本地化； 3. 含 CO_2 的炉顶煤气占 70% 返回重整炉利用，需要重整补充的工艺煤气约占 1/2； 4. 还原气中一氧化碳含量高，炉料易发生粘结，需设置用于松动炉料的活动部件； 5. 单体设备产能最大可达 200 万 t/a
PERED	1. 工艺成熟，产能占全球 3% 左右； 2. 竖炉低压运行，设备易本地制造； 3. 炉顶煤气双导管排出，减少煤气偏行； 4. 70% 还原气从下进气口入炉，其余从上排围管入炉，扩大了高温区，有利于提高生产率； 5. 尚无产能 150 万 t/a 以上生产装置
中晋太行焦炉煤气竖炉	1. 引进 PERED 工艺，产能 30 万 t/a； 2. 焦炉煤气干重整，H_2/CO 比例在 1.5~2.0 范围内可调； 3. 竖炉低压运行 0.3 MPa，设备易本地化
河钢 HYL-ZR 工艺	1. 引进 HYL-ZR 工艺，竖炉产能 60 万 t/a； 2. 焦炉煤气零重整，H_2/CO 比例可达 8：1 以上； 3. 竖炉压力高 0.78 MPa，煤气压缩机等设备需进口； 4. 引进费用昂贵
宝钢 HYL-ZR 工艺	1. 引进 HYL-ZR 工艺，竖炉产能 100 万 t/a； 2. 气源可为 COG/NG/H_2 的灵活搭配； 3. 竖炉压力高 0.9 MPa，煤气压缩机等设备需进口； 4. 引进费用昂贵

资料来源：中国产业发展促进会氢能分会整理

第5章 我国氢能产业链发展建议

5.1 加大技术创新研发力度，强化全球知识产权布局

一是加大关键材料与核心装备技术攻关力度。通过政策引导和资金支持，制定关键材料与核心装备重点研发计划，引导高校、研究院所等加强基础材料研发，提升材料性能水平，鼓励企业加大对氢能关键技术和设备的研发投入，推动氢能技术的自主创新，降低对进口技术和设备的依赖。

二是鼓励技术攻关发展模式创新。以市场需求为主导，强化企业创新主体地位，引导各领域氢能产业龙头企业整合行业优势力量，以“链主”发榜，“链员”揭榜的模式，开展产业技术难点攻关，带动产业链协同创新。

三是强化专利保护机制，鼓励企业加强核心知识产权的海外布局。推进自主知识产权维护及专利鼓励政策，加强企业、高校的专利保护意识，关注产业链上下游技术发展，做好相关领域国际专利申请和布局，提升参与国际市场的核心竞争力。加强高校与传统产业优势企业的合作，结合各方优势，促进核心技术的研发与应用，通过专利许可、专利转让等形式，尽快实现技术创新成果的市场价值最大化。

5.2 建立技术攻关长效机制，加强跨领域联合攻关

打造国家和地方两级技术攻关机制。国家层面，搭建高能级创新平台，聚焦共性技术开发，提高原始创新能力。建立国家级共享实验与检

测平台，为国内氢能企业提供研发资源及技术应用测试场景，为我国氢能产业链技术的高起点、高质量发展提供强有力的科技支撑。依托行业骨干企业、科研机构和高校，联合组建国家级实证基地、国家实验室、国家制造创新中心等平台，聚焦氢/氨燃机稳定混燃技术、碱性电解槽与质子交换膜电解槽混合制氢控制系统、可逆固体氧化物电堆、高压力大口径掺氢/纯氢管道输氢装备、天然氢形成机理与勘测方法、地下储氢安全性评估体系、氢气泄漏监测装备、高功率长寿命燃料电池电堆及发动机、大流量低温透平膨胀机、大型及超大型的氢液化装置等关键共性技术开展科研攻关，建立氢能知识产权开源机制。引导高校及科研院所进一步合理优化与利用科学资源，对外开放大型实验设备，最大化地实现资源价值，为企业高水平技术创新提供支撑。

地方层面，以项目需求为牵引，加强跨领域跨产业联合攻关，突破关键技术。以联合体等形式深化产、学、研、用产业链协同创新合作，"串点成链，织链成面"，推动产业链协同发展，利用不同地区的资源和产业优势，联合打造"氢能联合体"促进氢能产业打破区域限制，打造地方之间合作交流机制，优势互补、资源共享、错位协调发展，避免重复投资，实现跨地域联合发展。支持制氢装备制造车间智能化升级改造，提高企业生产效率和产品品质，降低生产成本，增强企业和产品的竞争力。引导企业和院校重点聚焦制氢、储运、加注、燃料电池等产业链核心环节，围绕先进分离纯化工艺、高压电解槽密封技术、低成本阴/阳极催化剂、跨温区质子交换膜、水电解制氢系统在线监测诊断系统、大容积高压Ⅳ型储氢容器、高载氢量、长寿命、可适中温度快速储放氢低成本固态储氢和有机液储氢载体、燃料电池在线测试诊断平台、高功率密度高耐久性膜电极、高集成度电堆、质子交换膜及原料树脂、大流量氢气压缩机和加氢枪等关键环节开展技术攻关与商业化示范。探索将氢能产业纳入全国行业专业竞赛范畴，强化各层级氢能人才培养，重点培养氢能大国工匠和高技能人才。

5.3 推进绿色氢基能源认证，提升全产业链绿色价值

一是推动绿色氢基能源的减排量纳入全国碳市场。从国家层面统筹协调开展氢能领域 CCER 方法学研究，建立完善绿色氢基能源全生命周期碳排放核算体系，出台各领域氢能碳减排量化核准标准，打造清洁低碳的生产供应链。推动绿色能源碳资产管理平台的应用和普及，建立各类氢基能源项目碳排放数据监测体系，以碳价值激励氢基能源产业规模化发展。

二是明确绿氢及绿色氢基能源认证标准，推动国内外标准兼容。加快构建氢基能源认证标准体系，明确绿氢、绿氨、绿醇、绿色航煤等氢基能源定义，确定绿色化学品与绿色燃料的制备、生产场景，明确各个产品认证对应的温室气体排放阈值。加强与国际组织的合作，大力推动绿色氢基能源全生命周期碳排放核算方法学及认证体系与国际标注接轨和互认，主动应对氢能产业贸易壁垒，积极参与国际氢能贸易标准规则制定，提升我国技术的国际影响力。

5.4 加强对外交流合作，增强国际产业链分工主导权

一是在人才引进、技术研发、标准制定与产业投资等领域积极开展国际合作。吸纳国际先进经验和技术，培育氢能领域的国际先进人才，建立国际合作与创新平台，鼓励实施氢能源国际大科学计划和大工程，实现技术引进吸收再创新，推动我国氢能产业的国际化发展。

二是提升我国国际氢能产业链分工的主导权。发挥“一带一路”国际合作纽带作用，鼓励国内企业积极开展国际投资。加强对北非及中东等未来潜力巨大、当前基础设施与技术水平相对薄弱、投资成本相对较低、现阶段氢能发展相对滞后地区的投资，将有助于中国进一步强化区域合作，建设稳固的合作伙伴关系，在全球氢能贸易格局构建过程中占

据产业链和供应链上的有利地位。同时，积极鼓励中国企业布局海外氢能资产，包括甲醇和氨贸易港口，抢占贸易节点，强化风险抵抗能力，提高国际贸易话语权，推动我国从氢能大国向氢能强国转变。

5.5 加强先进技术示范引领，推动一批试点项目落地

加强先进技术应用场景供给保障，优先在重点领域开展一批试点示范项目，探索具有可借鉴、可推广的经验和模式。

在氢制取方面，优先支持高性能兆瓦级国产 PEM 制氢装备及 ALK 与 PEM 耦合大规模离网制氢技术等先进装备和重点技术示范应用。将可再生能源离网制氢技术与深远海资源开发相结合，研究开展规模化海上风电离网制氢技术实证。在氢储运方面，优先支持符合条件的企业开展高压纯氢管道建设与示范运营。加快开展主干天然气管道掺氢输送可行性研究，规划 1~2 个实证项目。在氢加注方面，积极开展液氢加氢站建设与示范运营。支持内河水上加氢站建设，开展船—船同步加氢技术研究，谋划 1~2 条氢能内河航道。

在氢应用方面，加快在副产氢聚集区推动一批化工、能源、冶金、交通领域示范应用项目建设。积极开展海上氢能应用示范项目，在山东、海南、福建等有条件地区，选取海上风电制氢、海上输运氢、海上加氢、海上能源岛等海洋氢能典型场景稳步开展试点示范。以大型港口及沿海工业园区等为应用场景，打造 1~2 个氢基燃料基地。在煤电锅炉掺氨方面，建立国家级氢氨融合燃烧实验平台，鼓励优先对服役年限较长的煤电机组进行评估和改造，进行设备更新，推动一批煤电锅炉掺氨混燃改造商业化运营示范项目。

参考文献

［1］ IEA.Global Hydrogen Review 2023［R］. 2023.

［2］ IEA.Global Hydrogen Review 2024［R］. 2024.

［3］ 中国产业发展促进会氢能分会 . 国际氢能技术与产业发展研究报告 2023［M］. 北京：中国经济出版社，2023.

［4］ Hydrogen Council.Hydrogen Insights 2023［R］. 2023.

［5］ 刘斌，毕宗岳，李中祥，等 . 国内外纯氢及掺氢输送管材研究进展［J］. 焊管，2024，47（7）：8–17.

［6］ 任相坤，袁明，高聚忠 . 神华煤制氢技术发展现状［J］. 煤质技术，2006（1）：4–7.

［7］ 张云洁，李金英 . 天然气制氢工艺现状及发展［J］. 广州化工，2012，40（13）：41–42.

［8］ 刘思明，石乐 . 碳中和背景下工业副产氢气能源化利用前景浅析［J］. 中国煤炭，2021，47（6）：53–56.

［9］ 陈健，姬存民，卜令兵 . 碳中和背景下工业副产气制氢技术研究与应用［J］. 化工进展，2022，41（3）：1479–1486.

［10］ 陈健，王啸 . 工业排放气资源化利用研究及工程开发［J］. 天然气化工（C1 化学与化工），2020，45（2）：121–128.

［11］ 殷文华，李克兵，赵明正，等 . 焦炉煤气净化提取氢燃料电池用氢气［J］. 天然气化工（C1 化学与化工），2019，44（1）：87–90.

［12］ 唐通鸣，裴一，倪红军，等 . 氢气纯化方法和装置［J］. 化工新型材料，2015，43（5）：254–257.

［13］ 王永锋，张雷 . 氢气提纯工艺及技术选择［J］. 化工设计，2015，25（2）：14–17.

［14］ 程婉静，李俊杰，刘欢，等 . 两种技术路线的煤制氢产业链生命周期成本分析［J］. 煤炭经济研究，2020，40（3）：82–84.

［15］ 刘旭，赵雨桐，周毅昕．天然气转化制氢工艺技术研究［J］．中国仪器仪表，2024（5）：90–92.
［16］ 赛迪研究院．绿色氢能产业发展白皮书［R］．赛迪研究院，2024.
［17］ 赵玉晴，蒋文明，刘畅．氢能产业发展现状及未来展望［J］．安全健康和环境，2023，23（1）：1–12.
［18］ 郭土，孙兆松，张伟．固体氧化物燃料电池产业发展现状及前景分析［J/OL］．（2023–06–28）［2024–06–30］．https://kns.cnki.net/kcms2/detail/11.2172.tq.20230628.1614.006.html.
［19］ 刘玮，万燕鸣，熊亚林，等．碳中和目标下电解水制氢关键技术及价格平准化分析［J］．电工技术学报，2022，37（11）：2888–2895.
［20］ 中咨公司氢能产业发展咨询中心，能景研究．2024 全球氢能产业展望报告［R］．北京：氢基能源绿色发展论坛，2024.
［21］ 孙龙林，方益成，李飞．可再生能源制氢系统制氢电源研究［J］．太阳能，2022（4）：133–139.
［22］ 吴启亮，章雷其，赵波．可再生能源制氢建模技术研究［J］．浙江电力，2023，42（5）：18–33.
［23］ 荆涛，陈庚，王子豪，等．风光互补发电耦合氢储能系统研究综述［J］．中国电力，2022，55（1）：75–83.
［24］ 钱圣涛，何勇，翁武斌，等．阴离子交换膜电解水制氢技术的研究进展［J］．新能源进展，2024，12（1）：1–14.
［25］ 刘铉东，张颖超，栾学斌，等．甲醇水蒸气重整制氢过程的能耗和经济性分析［J］．石油炼制与化工，2024，55（9）：136–143.
［26］ 崔振莹．氢能储运技术现状及发展分析［J］．中外能源，2024（7）：31–39.
［27］ 李敬法，李建立，王玉生，等．氢能储运关键技术研究进展及发展趋势探讨［J］．油气储运，2023，42（8）：856–871.
［28］ 段志祥，黄强华，薄柯，等．我国固定储氢压力容器发展现状综述［J］．中国特种设备安全，2022，38（4）：5–10.
［29］ 郑津洋，马凯，叶盛，等．我国氢能高压储运设备发展现状及挑战［J］．压力容器，2022，36（3）：1–8.
［30］ 张惠，侯华丽．盐穴地下空间开发利用产权体系探究［J］．中国国土资源经济，2023，36（3）：58–65.
［31］ 丁建峰，贾莉．竞速“氢”赛道“链”出新机遇［N］．宁夏日报，

2024-09-01（001）.
［32］ 李银平，马洪岭，施锡林，等.我国盐穴地下储库建设的挑战与对策研究：从“金坛模式”到“××模式”［J］. 岩土力学，2024，45（10）：2859-2869.
［33］ 王海波.我国地下储气库发展现状及地质导向的应用［J］. 西部探矿工程，2021，33（7）：84-86.
［34］ 陆佳敏，徐俊辉，王卫东，等.大规模地下储氢技术研究展望［J］. 储能科学与技术，2022，11（11）：3699-3707.
［35］ 闫伟，冷光耀，李中，等.氢能地下储存技术进展和挑战［J］. 石油学报，2023，44（3）：556-568.
［36］ 潘松圻，邹才能，王杭州，等.地下储氢库发展现状及气藏型储氢库高效建库十大技术挑战［J］. 天然气工业，2023，43（11）：164-180.
［37］ 闫光龙，郭克星，赵苗苗.储氢技术的研究现状及进展［J］. 油气储运与处理，2023，41（5）：1-9.
［38］ 魏蔚，胡忠军，严岩，等.液氢技术与装备［M］. 北京：化学工业出版社，2023.
［39］ 中国制冷学会.中国氢液化、储运技术及应用发展研究报告（2023）［J/OL］.（2023-10-18）［2024-06-30］. https://www.car.org.cn/ueditor/php/upload/file/20231018/1697624967252412.pdf.
［40］ 徐常安.LH2（液氢）运输船关键技术研究［J］. 科学技术创新，2022（14）：153-156.
［41］ 刘汉鹏，陆佳，高洁，等.40 英尺超低温罐式集装箱的研制［J］. 化工机械，2019，45（5）：587-589.
［42］ 冯晨.氢液化装置中板翅式换热器沸腾换热特性与结构优化研究［D］. 杭州：杭州电子科技大学，2024.
［43］ 徐升.液氮温区正仲氢等温转化与流动特性实验和数值研究［D］. 杭州：浙江大学，2024.
［44］ 黄青.有机液体储氢技术现状及其脱氢催化研究进展［J］. 广东化工，2024，51（19）：94-96.
［45］ 李海波.固态储氢技术现状与发展趋势分析［J］. 现代化工，2024，44（4）：13-18.
［46］ 张晓飞，蒋利军，叶建华，等.固态储氢技术的研究进展［J］. 太阳能学报，2022，43（6）：345-354.

[47] 刘应都，郭红霞，欧阳晓平．氢燃料电池技术发展现状及未来展望［J］．中国工程科学，2021，23（4）：162–171.

[48] 陈雷，Zurnstein Christian，唐荣彬，等．双碳背景下全球氢内燃机发展现状及应用前景［J］．中国资源综合利用，2023（12）：163–165.

[49] 孙柏刚，包凌志，罗庆贺．缸内直喷氢燃料内燃机技术发展及趋势［J］．汽车安全与节能学报，2021，12（3）：265–278.

[50] 李心成，万军杰，吕亮，等．零碳及低碳燃料内燃机应用进展分析［J］．车用发动机，2024，6（3）：1–9.

[51] 姜千．大容积兆瓦级发电氢内燃机关键技术介绍［J］．发电设备，2023，37（5）：277–282.

[52] Clarksons Research.Green technology tracker［EB/OL］．（2023–04–24）［2024–06–30］．https://insights.clarksons.net/green–technology–tracker/.

[53] 第三次航空与代用燃料会议．中国可持续航空燃料进展［EB/OL］．（2023–10–20）［2024–06–30］．https://www.icao.int/Meetings/CAAF3/Documents/CAAF.3.IP.011.2.3.ch.

[54] 宋薇薇，杨凤田，项松，等．氢能飞机研制进展及产业化前景分析［J］．中国工程科学，2023，25（5）：192–201.

[55] 侯绪凯，赵田田，孙荣峰，等．中国氢燃料电池技术发展及应用现状研究［J］．当代化工研究，2022（17）：112–117.

[56] 孟翔宇，顾阿伦，曾静，等．中国氢能交通产业的现状、挑战与展望［J］．科技导报，2024，42（3）：6–26.

[57] 曹冰，吕迎波，高义宇，等．氢气内燃机在重型商用车上发展前景及关键技术［J］．重型汽车，2023（3）：12–13.

[58] 许传博，刘建国．氢储能在我国新型电力系统中的应用价值、挑战及展望［J］．中国工程科学，2022，24（3）：89–99.

[59] 彭苏平，张志宾，熊星宇，等．固体氧化物电池技术及其在新型电力系统中的应用前景［J］．新型电力系统，2023，6（1）：66–73.

[60] 郭土．固体氧化物燃料电池电解质材料的研究进展［J］．当代化工，2023，52（10）：2446–2480.

[61] 毛翔鹏，李俊伟，方东阳，等．固态氧化物燃料电池材料发展现状［J］．中国陶瓷，2023，59（7）：10–20.

[62] 陈汝妍，高九涛，高园，等．管式固体氧化物燃料电池技术进展［J］．硅酸盐学报，2024，52（6）：1900–1916.

［63］ 邹鹏，王晓娜，王光礼，等．燃煤锅炉混氨燃烧技术研究进展［J］．节能，2024，43（6）：113–116.

［64］ 余春华，阙晓斌，吴宏．重型燃气轮机压气机技术发展趋势［J］．动力工程学报，2024，44（9）：1317–1327.

［65］ 姜悦辉，李玉刚，郑康东，等．燃气轮机掺氢技术及应用现状综述［J］．内燃机与配件，2023（20）：102–104.

［66］ 朱志劼，徐前，徐望人，等．氢混重型燃气轮机关键参数影响及热力性能分析［J］．动力工程学报，2024，44（9）：1482–1492.

［67］ 阮仁晖，许京元，崔保崇．燃煤发电锅炉掺氨燃烧技术研究进展及应用分析［J］．能源科技，2024，22（4）：43–47.

［68］ 邱一苇，吉旭，朱文聪，等．面向新能源规模化消纳的绿氢化工技术研究现状与关键支撑技术展望［J］．中国电机工程学报，2023，43（18）：6934–6954.

［69］ 李默，郭永坚，董晓莹．绿氢–绿氨工艺流程的多稳态模拟和动态响应［J］．可再生能源，2024，42（4）：433–439.

［70］ 宋国辉，梁珑鑫，叶荣昕，等．CO_2与绿氢合成甲醇的过程模拟及储能性能分析［J］．可再生能源，2024，42（6）：725–731.

［71］ 德勤．中国的可持续航空燃料：航空业碳中和之路［R/OL］．（2023–09–28）［2024–06–30］．https://www2.deloitte.com/content/dam/Deloitte/cn/Documents/energy–resources/deloitte–cn–saf–zh–230922.pdf.

［72］ International Council on Clean Transportation. EU finalizes transport fuel regulations under the fit for 55 policy package［EB/OL］.（2023–04–24）［2024–06–30］. https://theicct.org/publication/fuels–fit–for–55–red–iii–ch–april24–2/.

［73］ 国家发展和改革委员会．氢能产业发展中长期规划（2021—2035年）［S］．北京，2021.

［74］ 国际氢能委员会．Hydrogen Scaling Up［R］．国际氢能委员会，2017.

［75］ 欧盟．可再生能源指令（RED）［S］．欧盟，2023.

［76］ 日本经济产业省．低碳氢认证［S］．日本经济产业省，2023.

［77］ 德国技术检测协会．TUV绿氢认证［S］．德国技术检测协会，2023.

［78］ 国际氢能协会．低碳氢、清洁氢与可再生能源氢的标准与评价［S］．国际氢能协会，2023.

［79］ 国际可再生能源署．创新场景：可再生甲醇［R］．国际可再生能源署，

2021.
[80] 叶之远，饶娜，夏菖佑，等．CO_2加氢制甲醇催化剂与项目进展[J]．洁净煤技术，2024，30（8）：150–161.
[81] 王新东，侯长江，钟金红．氢能产业发展现状及其在我国钢铁行业的应用[J]．河北冶金，2024（7）：1–8.
[82] 严珺洁．超低二氧化碳排放炼钢项目的进展与未来[J]．中国冶金，2017，27（2）：6–11.
[83] 周渝生，储满生．氢冶金的历史、现状以及我国的发展方向[J]．中国废钢铁，2021（3）：47–49.
[84] 崔小杰，胡长庆．高炉富氢冶炼发展现状与展望[J]．中国冶金，2024，34（5）：1–10.
[85] Tonomura S. Outline of course 50[J]. Energy procedia，2013（37）：7160–7167.
[86] 李海峰，郭铖乾，王新东，等．高炉低碳炼铁技术路径分析及发展建议[J]．钢铁，2024，59（9）：56–70，101.
[87] Vogl V，Åhman M，Nilsson L J. Assessment of hydrogen direct reduction for fossil-free steelmaking[J]. Journal of cleaner production，2018（203）：736–745.
[88] Abdul Quader M，Ahmed S，Dawal S Z，et al. Present needs，recent progress and future trends of energy-efficient（Ultra-Low Carbon Dioxide（CO_2）Steelmaking（ULCOS）Program）[J]. Renewable and sustainable energy reviews，2016（55）：537–549.
[89] Project "Wind H2"[EB/OL].（2021-03-15）[2024-06-30]. https://salcos.salzgitter-ag.com/en/windh2.html.
[90] 林圣华．氢能在钢铁冶金中的应用及发展趋势研究[J]．中国煤炭，2022，48（10）：95–102.
[91] 褚润林，路鹏，王海涛，等．张宣科技氢基竖炉示范工程工艺设计特点[J]．炼铁，2024，43（4）：72–76.

中国产业发展促进会氢能分会
简　介

中国产业发展促进会于2006年1月成立，是国家发展改革委为贯彻党的十六大关于加快培育和建设具有社会服务功能和社会监督职责的中介机构的精神，推进国民经济重要产业发展战略和规划决策科学化、促进产业发展，经国务院批准，在民政部审核登记注册，由境内外从事中国产业发展和产业政策研究工作的机构、团体和境内各类具有行业影响力的大型企业自愿组成的全国性联合组织。促进会有会员企业单位800余家，涵盖能源、化工、材料、机械、建筑、信息技术等多个行业。

为全面贯彻习近平总书记关于能源工作的重要指示批示精神，补齐产业短板、调整能源结构，推动我国能源安全战略的落地，支撑国家发展改革委、国家能源局及有关部委氢能相关工作，中国产业发展促进会氢能分会（简称氢能促进会）于2020年8月正式挂牌成立。

氢能促进会目前拥有清华大学、中国石油大学、上海交通大学、同济大学、西安交通大学、华北电力大学、中国石油大学（北京）、加拿大滑铁卢大学等17所合作高校和260余家覆盖氢能全产业链的国内外重点企业。成员单位包括：中国石化、国家电投、中国能建、中国电建、航天科技、中国船舶、水电总院、恩泽基金、交通银行、农业银行、华能新能源、中广核新能源、中核汇能、华电科工、华电辽宁、中国寰球、华电氢能、宝石机械、渤海装备、中车时代、中远海运、东方氢能、许继电气、中材科技、有研科技、上海电气、京能集团、北京燃气、浙能燃气、新奥天然气、冀中新能源、山高新能源、金开新能、协合新能源、深能南控、陕西交控、阳煤化机、中集安瑞科、中国氢能、水木清氢、国核电力院、吉化工程、伊泰集团、东风汽车、宇通集团、北汽福田、北奔重汽、厦门金龙、三一氢能、阳光氢能、隆基氢能、派瑞氢能、双良氢能、中集中电、正泰新能源、科华数能、远景能源、明阳智能、特变电工、紫明低温、英飞源、天合元氢、天能氢能、海泰新能、重塑科技、国鸿氢能、鸿基创能、洺源科技、通达电磁能、雷动智创、电堆科技、考克利尔竞立、天津大陆、青骐骥、液空厚普、海德利森、康普锐斯、国富氢能、爱德曼、锋源氢能、维纳氢能、旭强瑞、西部材料、海德氢能、舜华新能源、恒大高新、保时来、优捷特、盈锐高科、鑫思创、英特利、艾迪森、天海氢能、中科富海、中科清能、中氢源安、兴国公司、兴燃科技、氢锐科技、宝鸡钛业、氢导智能、华爱色谱、上能电气、山海氢、能耀科技、四平吉泰，以及沙特阿美、BP、壳牌、法液空、林德、康明斯、西门子、蒂森克虏伯、舍弗勒、荏原埃理奥特、AG Energy、TUV 南德、必维国际、落基山研究所等。

氢能促进会以国家产业政策为指导，以市场为导向，本着“为政府决策服务，为产业发展服务”的理念，向国家有关部门建言献策；以企业为主体，搭建产、学、研、用的平台，积极支持国家氢能战略规划及路线图的制定，参与国家氢能专项课题的研究，提升会员企业的研究开发、生产制造、集成应用和服务水平，促进国际交流与合作，组织相关标准的制定和完善，提升氢能产业与技术的应用水平，完善我国氢能产业链，同时做好推广宣传，促进我国氢能产业的健康发展，不断增强中国氢能产业的竞争力。

风光无限　清新未来

吉林电力股份有限公司简介

吉林电力股份有限公司（简称吉电股份）是国家电力投资集团有限公司（简称国家电投）实际控制的上市公司，股票代码“000875”，是国家电投8家大一类企业之一，也是国家电投绿色氢基能源平台，负责国家电投系统内绿色氢基能源项目“投建营”“产供销”一体化管理。主要业务涉及新能源、绿色氢基能源、综合智慧能源及火电、供热、生物质能、电站服务等领域，重点打造绿色氢基能源产品制备、储运及应用三大核心业务。

公司秉承“创新、协调、绿色、开放、共享”五大发展理念，打造了东北、西北、华东、华中、华北5个区域新能源基地，发展项目遍及全国30个省（区、市），开创并引领绿色氢基能源产业发展，走出了具有吉电特色的“绿色、创新、融合”发展之路。截至2024年末，公司管理装机1667万千瓦，其中，清洁能源装机1217万千瓦，占比73%。

新时代新征程，公司将完整、准确、全面贯彻新发展理念，深入践行“四个革命、一个合作”能源安全新战略，全面落实国家电投“均衡增长战略”，以“新能源+”和绿色氢基能源为双核驱动，深度融入国家“一带一路”建设和吉林省“氢动吉林”行动，着力打造覆盖氢能全产业链条的生态体系，加快建设世界一流清洁能源企业（上市公司），为广大投资者提供更加稳定的回报，为促进国民经济发展和社会进步做出应有的贡献。